ゼロからはじめる
小中一貫キャリア教育
大阪府高槻市立第四中学校区「ゆめみらい学園」の軌跡

前文部科学省調査官
筑波大学教授
藤田 晃之／監修

高槻市立 赤大路小学校・富田小学校・第四中学校／編著

実業之日本社

平成 22（2010）年四中校区。
子どもたちは，一生懸命であることを恥ずかしがっていた。
一生懸命であることを隠そうとしていた。
教職員は必死に“一生懸命させたい”と悩んでいた。

平成 26（2014）年ゆめみらい学園　いまみフェスタ。
そこには子どもたちの一生懸命があふれていた。
教職員は穏やかなまなざしで今の姿を見守り，一生懸命の先の未来を見ていた。

子どもたちも，教職員も生まれ変わったのではない。
でも，変わることができる。
子どもは変わる。教職員も変わる。その軌跡がここにある。

はじめに 「ゆめみらい学園のチャレンジ」

大阪府高槻市立第四中学校区（赤大路小学校，富田小学校，第四中学校）の取組が本になる。長い間の校区の願いが，ようやく今，実現しようとしている。校区は，長年にわたって子どもたちの０歳から18歳の育ちをともに担うことを大切にし，小中学校と家庭や地域，保育所，幼稚園，高校が協働して，学力向上や進路保障に取り組んできた。しかし，変化の激しい社会状況は，校区の子どもたちの成長にさまざまな影を落としてきた。自尊感情や学習意欲が育まれにくいといった課題や，学習習慣・生活習慣が思うように確立できず，学びから逃避する子どもたちの姿，不登校や進学した高校を中退してしまう姿等々。私たちは，何よりもこのような子どもたちの厳しい実態を直視することから出発し，その課題解決をめざして研究を進めてきた。

「学び」に必要性や意欲を感じられず，自らの生活や将来とのつながりを感じにくい現状を「学びの空洞化」と名づけた。そして，学びの空洞化を克服し，「学び」を子どもたちの生活や将来とつなげ，主体的なものにしたいと考えた。そのためには「社会参画力」の育成が重要と考え，平成22（2010）年度より，文部科学省の研究開発学校の指定を受け，新領域「いまとみらい科」の研究開発に小中一貫して取り組んできた。また，本研究では，学び方にもこだわり，「Ｓ－ＲＰＤＣＡ学習サイクル」を開発した。

“いまみ”（「いまとみらい科」を校区の教職員も子どもも愛着をもってこう呼んでいる）でも教科でも，この学習サイクルを活用しているが，その真骨頂は「S」〔スタンディング〕＝「課題と自分との関係（立ち位置）を見つめる」ことにある。今やこの「S」は合言葉となり，職員室の日常会話の中でもやりとりされている。「おまえの『S』は何やねん。『S』をはっきりさせへんかったら，子どもの中に落ちていかへんぞ！」というふうに……。校区はこの「S」が気に入っている。教職員として子どもの前に立つ意味を，常に意識しながら日々の教育活動をおこなうには，教職員自らの立ち位置を問わずにはいられない。「S」を大切にすることは，この仕事をするものにとって，不可欠だと考えるからである。

４年間の指定を終え，現在，研究は「いまとみらい科」から各教科へと広がりを見せている。

本書は，私たちの取組をふり返るとともに，今後の方向性を明らかにしようとしたものであるが，キャリア教育の取組にせよ，連携型小中一貫教育としての取組にせよ，まだまだ途についたばかりであり，研究をさらに充実させねばならないと痛感している。広く読者の皆様のご指導，ご意見をいただければ幸いである。グローバリズムという言葉に象徴される変化の激しい社会の中で，大人ですら翻弄され続ける毎日である。しかし，翻弄されてばかりではいられない。これからの社会をしなやかに生き抜くための力と仲間を得て，「いまとみらい」に責任を果たそうとする「将来の市民」を育むべく，日々大人も子どもも格闘しているのだから。少しばかりいい古された言葉だが，”Think globally, Act locally.”――あるいは，”Act globally, Think locally.” か？――いずれにせよ，「故郷である校区に思いを馳せ，世界と地域を舞台に大活躍する」。そんな人を私たちの校区から，きら星のごとく産み出したいものである。

最後に，本書を発刊する機会を与えていただき，監修の労をとっていただいた筑波大学の藤田晃之先生，そして実業之日本社の関係者の皆様に心から感謝を申し上げたい。

〜いまとみらいにかがやく〜
ゆめみらい学園
高槻市立第四中学校区

高槻市立赤大路小学校　校長　小澤　康信
高槻市立富田小学校　校長　野呂瀬　雅彦
高槻市立第四中学校　校長　沖田　厚志

目　次

はじめに …… 3

プロローグ：監修者から読者の皆様へ …… 6

「いまとみらい科」の魅力

1. 高槻市立第四中学校区との出会い
2. 研究開発学校とは
3. 高槻市立第四中学校区による研究開発の魅力
4. 「いまとみらい科」のエッセンス

序　章　なぜ「いまとみらい科」だったのか …… 11

1. 「いまとみらい科」立ちあげまでの試行錯誤
2. 「研究開発学校」をチャンスとして
3. 合言葉は“課題解決”

第 1 章　私たちの原点

――Standing　幸せになってほしいねん―― …… 29

1. 子どもたちの実態にこだわった研究に

第 2 章　研究の方向性を探って

――Research　がんばりたいけどわからへん―― …… 45

1. 歩きながらつくる

第 3 章　「いまとみらい科」をつくる

――Plan　社会とつながってほしいねん―― …… 65

1. 見えてきた研究の方向性　――何をしようとしたのか――

第 4 章　実践！　「いまとみらい科」

――Do〈Ⅰ〉この子らすごいやん―― …… 91

1. 「いまとみらい科」の取組　――その願い――
2. 「いまとみらい科」実践紹介　――子ども・教職員・まちが熱くなる――
3. 「いまとみらい科」をより豊かなものに

第５章　推進！　小中一貫教育
――Do〈Ⅱ〉 もうひとつの研究開発―― ……………………………129
1. 小中一貫教育の取組
2. 一貫が生み出したもの

第６章　成果と課題
――Check どうやったん？ ちゃんと見取らなあかん！―― …………157
1. 研究の成果
2. 研究の課題

第７章　校区の未来・チャレンジは続く
――Action 子どもの笑顔が見たいねん！
四中校区は今も未来もがんばります―― ……………179
1. 改善の取組
2. 校区の未来

終　章　あらためて考えるこの校区の価値……………………………………209
1.「力のある学校」研究から
2. 校区のあゆみ
3. まとめ
4. 校区の私たちから読者の皆様へ

表紙イラスト「みらいおん」
（※本文 154 ページを参照）

プロローグ：監修者から読者の皆様へ

「いまとみらい科」の魅力

筑波大学 人間系（教育学域）教授　藤田　晃之

1. 高槻市立第四中学校区との出会い

私がはじめて高槻市立第四中学校区の先生方に出会ったのは，平成 22（2010）年 5 月である。

当時の私は，文部科学省初等中等教育局教育課程課で，高校の特別活動を担当する教科調査官としての役割を担っていた。同課が所掌する「研究開発学校」の指導助言は職務のひとつである。新たに研究開発学校としての指定を受けた「高槻市立第四中学校　外二校」の指導助言担当者として指名されたのは，杉田洋調査官（現視学官）と私だった。私たちは新規研究開発学校対象の連絡協議会に出席し，赤大路小学校長であった辻井先生，市教育委員会教育指導課副主幹であった中西先生にお目にかかった。

考えてみれば，教育課程課において高校教育担当の調査官のひとりであった私が，「ゆめみらい学園」とのご縁をいただくことは，そもそも不思議な話である。おそらく，赤大路小学校・富田（とんだ）小学校・第四中学校から文部科学省に提出された「研究開発課題」が，「『今の課題に向き合い，未来をよりよく生きる力を育てる』――連携型小中一貫教育による児童・生徒の発達の段階に応じた新領域の指導内容開発と指導方法の工夫に関する研究――」であったことが，第四中学校区と私を出会わせてくれたのだと思う。「研究開発課題」に記された「未来をよりよく生きる力を育てる」という文言と，私が初等中等教育局児童生徒課において全学校段階でのキャリア教育を担当する生徒指導調査官を兼務していたことが，そのきっかけとなったに違いない。まさに運命の出会いともいえよう。

ところが，この“運命の出会い”は，私の「片思い」からのスタートを切ることになる。

詳細は本書「第 1 章」に譲るが，赤大路小学校・富田小学校・第四中学校の先生方の当初の構想には「キャリア教育」を基軸にする予定などはなく，出会いの場となった連絡協議会では，指導助言を担当した杉田調査官と私とで歯に衣着せぬ質問を浴びせかけ，ご出席いただいた辻井校長先生に「研発やめてもよろしいか」といわせてしまうというオマケつきだった（「第 2 章」所収エピソード参照）。出会いとしては，最悪の部類に属するかもしれない。

2. 研究開発学校とは

私の片思いの理由とその顛末は後に触れることとして，まずは「研究開発学校」制度の概要を簡略にまとめておきたい。

研究開発学校――通称「研発（ケンパツ）」――とは，学習指導要領によらない教育課程の編成とそれに基づく教育実施を文部科学省が認めた学校であり，創意工夫ある実践研究を通して新しい独自の教育課程や指導方法を開発することが期待されている。文部科学省は，学習指導要領の見直しをほぼ 10 年に一度の間隔でおこなっているが，その改訂のための審議をおこなうのは同省内に常設される中央教育審議会初等中等教育分科会教育課程部会である。各研究開発学校における実践の成果は，絶えず当該部会における審議に生かされ，次期学習指導要領の方向性や内容にも影響を及ぼし得る。

研究開発学校としての指定を希望する学校は，第一次審査（「研究開発実施希望調書」審査），第二次審査（「研究開発学校指定申請書」審査）を経て，原則として4年間（平成24年度以前は原則として3年間），文部科学大臣からの指定を受けることになる。研究開発学校としての調査研究に要する費用は「委託経費」として扱われ，文部科学省が支出する。ただし，研究開発学校としての指定期間終了後には，通常の教育課程に戻らなくてはならない。つまり，研究開発学校は，一定期間，それぞれが直面する教育上の課題の改善に向けた教育活動を学習指導要領の法的拘束力から脱して自由に構想し，実践するチャンスが与えられ，そこで得られた経験と知見は通常の教育課程に戻った後にも活用される。国のカネを使いながら教育改善に向けた取組をなし得る絶好のチャンスであると同時に，現行学習指導要領の枠内でも実施可能なものはそもそも対象とはならず，その成果は全国の学校に還元されるべきものとして期待されるのである。

3. 高槻市立第四中学校区による研究開発の魅力

このようなハードルの高い事業に自ら手をあげるには，相当の覚悟がいることは自明だろう。しかし現実には，「ケンパツが回ってきた」「ケンパツが降ってきた」等々のいい回しが，それほどの違和感なく使われることも少なくない。教育委員会としての“お家の事情”によって管内の特定の学校を選定し，説得にあたり，それを承諾した学校が「研究開発実施希望調書」等を作成するといった経緯が実態に近いケースもあるように推察する。そういった場合，そつの無い，無表情な研究構想が指導助言担当の調査官の手元に届く。 無論，お家の事情は察するに余りあるし，オトナの世界には“いろいろある”のが常である。しかし，「研究開発学校になって，独自の取組をして，いったい何を解決したいのですか？」「今，まさに直面している教育上の課題は何ですか？」と問いたい衝動に駆られることも事実である。

だが，「高槻市立第四中学校　外二校」から提出された書類は違った。

いわゆるフォーマルモードで記された文面からは，先生方の「何とかしたいねん」という声が聞こえてくるようだった。私が“惚れた”のは第一にこの点である。本書「序章」や「第1章」で語られるように，「私たちの学校に通うこの子たちを幸せにしたいから，立ち止まってはいられない」という先生方の決意ともいうべき想いを前提として，学校の実情や子どもたちの実態が記されていた。この決意があれば，研究開発の結果はたとえどうあれ，指定期間の取組は第四中学校・赤大路小学校・富田小学校にとって無駄にはならないし，その記録は全国の学校における教育改善の背中を押すものとなるに違いない（研究構想自体も当初から完璧であったといえば，それはお世辞であるが……）。いずれにしても，私の片思いはこうしてスタートしたのである。

その後，片思いはほとんど先生方に届かぬままに時間が経過したが，平成24（2012）年1月，指定期間の2年目も終わりを迎えようとした時期に，私にとっての幸運が訪れた。

文部科学省主催の「研究開発フォーラム（指定最終年度の研究開発学校の発表やポスターセッションを中心としつつ，指定期間内の学校に対しては指導助言をする機会）」に，予定より早く会場に到着した私は，偶然にも，第四中学校区の先生方と立ち話をする機会に恵まれたのである。正規の指導助言の場では，当然ながら，私は調査官として期待される立ち居ふる舞いをする。たとえば，言葉の選択にしても，仮にICレコーダーで録音され，後日それが研究開発学校内での教員研修資料とされても支障が出ない程度をめざす。ときにそれは冷淡に響くであろうし，私の表情も硬くなっているはずである（しかも私の「よそ行き」の顔は，仏頂面でとりつく島がないとよくいわれる)。だが，立ち話であれば別である。

これを契機に，先生方との距離がグッと縮まった。たとえば，同年度末の３月，辻井先生のご後任として赤大路小学校の校長になられた服部先生をはじめ４名の先生方が文部科学省に足を運ばれ，私を質問攻めにしたことは，身近な同僚たちが「あの先生方，いつ帰るのかと思いました」「よくあれだけ質問がありましたよね」と，しばらくの間幾度か話題にしたほどである。その後，校区にお邪魔する機会も何度か設けていただき，それは，平成 25（2013）年度に私が筑波大学に赴任した後も継続した。平成 25 年７月のある日，午前中は校区全体の研修会（一貫研）でお話しをさせていただき，午後には各学年の先生方との膝をつき合わせた研究懇談会（9 セッション！）が続いたことは忘れ難い。

研究開発学校としての運営指導委員をされていた千葉大学の天笠先生が「第２章」でご指摘の通り，この校区は「研究者を使いこなす」のが本当にうまい。私は，先生方の発する質問にその秘訣があるのだと密かに思っている。「子どもたちにこの力をつけたくて，これをこんな風にやりたいと計画しているのですが，このままだとこの点に課題が残るのではないかと不安なんです」。第四中学校区の先生方からの質問は，たいていこういう展開をとる。まず，子どもたちに身につけさせたい力を念頭に置き，実践の細部にわたるシミュレーションをする。そして，その中での子どもたちの反応や理解度，授業を終えてからの子どもたちの姿までを具体的に想定してから，質問されるのである。問いが明確であるゆえに答えやすい。「そこまでお考えであれば……」という，こちら側の“欲”まで掻き立てる。

私が“さらに惚れた”のは，このような問いを立てることができる先生方である。しかも，研究の中核となる数名の先生方だけではない点が特筆に値する。先生方が一丸となって，新たな学びの場を構築しようとしていらっしゃる様子を拝見し，その実践の一端に触れる機会を与えていただいたことは，研究者冥利に尽きるといってもまったく過言ではない。

一方，ひとりの研究者としての私自身がお返しに貢献できたことは，ほとんどない。強いてあげれば，研究開発学校というハードルの高さに引っ張られ，何らかの答申や先行する実践報告書・研究論文などを引き写してきたようにも読める研究構想や指導案を拝見した際に，「先生方の目の前の子どもたちは，この文面のどこにいますか？」「ここでいう『地域』は高槻のどこですか？『地域の人々』とは具体的に誰ですか？」と問いかけたことぐらいだろう。

4.「いまとみらい科」のエッセンス

このような第四中学校区３校の先生方が，研究開発学校として構想し，実践されたのが「いまとみらい科」である。ここでは，本書「第２章」以降のいわゆる「ネタバレ」にならない程度に抑えつつ，そのエッセンスの整理を試み，監修者から読者の皆様への言葉の結びとしたい。

- 教育活動全体を通したキャリア教育のひとつのモデルとなり得ること
  - あとにも触れる通り，「いまとみらい科」は“学びの空洞化”という子どもたちの実態を少しでも改善したいという先生方の想いを基盤として構想されたものである。学校での学習に自分の将来との関係で意義が見いだせずに，学習意欲が低下し，学習習慣が確立しないといった日本の子どもたちの状況を視野に収めるとき，学校生活と社会生活や職業生活を結び，関連づけ，将来の夢と学業を結びつけることにより，子どもたちの学習意欲を喚起するキャリア教育実践が強く求められる。「いまとみらい科」は，まさにそのモデルのひとつといえる。

- 子どもたちの実態に根ざした取組であること
  - 「目の前の子どもたち」の実態――具体的には，学校で学んだことを自分の生活に生かせず学ぶ意味を見いだせずにいる，友だちと人間関係をうまく築けずに傷つき・傷つけている，急速に進む情報化社会の中で情報に翻弄されている，未知なる経験や新しい問題に出会った際にどう解決を図っていけばよいかわからず最後までやり抜くことができない，厳しい社会状況・生活背景の中で自分の将来を前向きに展望できずにいるなど――を“学びの空洞化”ととらえ，その背景を「内容のずれ」「学び方のずれ」「気持ちのずれ」に求めつつ，新たな学びの仕組みを構築している。この点は，各学校において「地域や学校の実態及び児童の心身の発達の段階や特性を十分考慮して，適切な教育課程を編成する」上で大きな参考となろう。
- 中心に「社会参画力」を据え，子どもたちにとってのリアリティを追求していること
  - 子どもたちを取り巻く身近な社会（「家庭」「学校」），これから子どもたちが踏み出す社会（「地域・社会」）で出会う可能性の高い課題を題材としつつ，子どもたちの発達の段階に即した体系的な取組となっている点は，「主体的に社会の形成に参画し，その発展に寄与する態度を養う」という教育の基本的な目標（教育基本法第２条）にも呼応する重要なねらいといえる。
- 「S － RPDCA」を全学年，全単元に共通した学習・教授のためのサイクルとしていること
  - 今日，広く求められているPDCAサイクルに，「S（スタンディング：課題と自分との関係を見つめる）」と「R（リサーチ：多様な情報を精査することで視野を広げる）」を加え，とりわけ「S」を重視することで，子どもたちの問題意識，課題解決の意欲，学習意欲を高め，同時に，先生方の教育実践をより確かなものにしようとしていることは，今後多くの学校で参考にされるべき発想であろう。
- 各時間，各単元に，「ソロタイムⅠ（個）→コミュニケーションタイム（集団）→ソロタイムⅡ（個）」を効果的に配置し指導していること
  - 自分で考えたことや気づいたことについての「話し合い活動」を通して，他者や社会とつながりながら，自分の考えを深める学習活動を設定していることは，言語活動の充実を重要な柱のひとつとしつつ進められている各学校での授業改善に大きな示唆を与えるに違いない。
- 手作りの９年一貫の取組であること
  - 20年以上にわたって第四中学校区の教育実践に対するアドバイスに当たられている鳴門教育大学の葛上先生や，教育連携会議「つなぬく」（「序章」参照）など，「いまとみらい科」の構想と実践の過程は，多くの方々によって支えられてきた。しかしながら，「いまとみらい科」は，本校区の先生方全員，とりわけ研究開発の中核組織「拡大事務局会議」を構成する先生方による“七転び八起き”あるいは“汗と涙”の結晶であることは疑いない。そんな先生方に出会えたことは私にとっての幸運であったし，先生方にお会いするたびに元気をわけていただいてきた。本書を通して，ひとりでも多くの読者の皆様に元気のおすそわけが届きますように。

序章

なぜ「いまとみらい科」だったのか

校区では，「いまとみらい科」だけでなく，小中一貫教育を含む，教育活動の見直しや改善，創造についても，Ｓ－ＲＰＤＣＡ学習サイクルで考えてきた。校区の取組を理解していただくために，このサイクルに沿って，本書をまとめることにした。

序章　なぜ「いまとみらい科」だったのか

1.「いまとみらい科」立ちあげまでの試行錯誤

(1) 研究指定を受け続けて

① 校区について

高槻市立第四中学校区は，大阪府北部の衛星都市，高槻市の西部に位置し，2つの小学校とひとつの中学校で構成されている。校区にはJRと私鉄の2つの駅があり，大阪市や京都市のベッドタウンとしても絶好のロケーションである。近年とりわけ，JR駅前のマンション開発が進み，赤大路小学校の児童数が増加し続け，現在では各学年ともほぼ3学級の規模となっている。一方，歴史ある寺社や造り酒屋の立ち並ぶ風情ある町並みを残す富田小学校区には，1960年代以降に建設された十数棟に及ぶ市営住宅がある。明治6年創立の富田小学校は，児童数が1,000名を超えた時期もあったが，居住者の高齢化が進み，児童数はここ10年来，減少の一途をたどっている。現在ではほぼ全学年が単学級に近い規模である。このように学校規模も，その地域性も大きく異なる2つの小学校区の児童が進学するのが第四中学校である。

■ 3校の児童生徒数と学級数（平成26（2014）年5月1日現在）

学校名	児童生徒数	学級数	創立
高槻市立第四中学校	322名	9＋5*	昭和22（1947）年
高槻市立赤大路小学校	538名	17＋6*	昭和48（1973）年
高槻市立富田小学校	204名	8＋2*	明治6（1873）年

〈注〉学級数のうちアスタリスク（*）は特別支援学級数を示している。

赤大路小学校

第四中学校

富田小学校

そんな３校が文部科学省「研究開発学校」の指定を校区として受け，紆余曲折を経ながら，４年間にわたって研究を進めてきた。国の指定を終えた現在も，高槻市の指定を校区として受け，研究を継続している。教育改革の必要性が強調される現在でも，学校にとっては研究指定を受けることはそれなりの覚悟が必要である。大学の附属校でもない普通の公立学校である私たちの校区にとっては，決して敷居の低いことではない。それなのになぜ，指定を受け，校区としての足並みをそろえた研究が可能となったのか。いや正直に告白すれば，なぜあえて校区として研究に着手しなければならなかったのかを，校区のあゆんできた歴史とその背景をふり返りながら考えてみたい。

② なぜ研究指定を受け続けてきたのか

今回の文部科学省「研究開発学校」の指定を受けるずっと以前から，第四中学校区の各校の研究の歴史は始まっている。今から20年と少しをさかのぼる平成４（1992）年４月早々の職員会議で，文部省（当時）のある研究指定を受けることをめぐって終日かけて侃侃諤諤（かんかんがくがく）の議論をしたこともあった。20年前といえば，まだまだ教職員と管理職との対立姿勢が色濃く残っていたころであり，国や大阪府，高槻市からの研究指定を，「お仕着せの官製研究」と決めつけ，異を唱える教職員も少なからず存在した時代である。教職員の学校づくりや研究の歩調を合わせることは至難のことであった。

そんな時期に，第四中学校と富田小学校が相前後して文部省の研究指定を受けることになったのは，当時，大阪の人権教育が大きな転換期を迎えていたことと，管理職のリーダーシップに負うところが大きい。研究主題を，第四中学校が「『みんなでつくる人間尊重の授業』―― 一人ひとりが生き生きと主体的に学び，集団で高まる授業の創造をめざして――」，富田小学校が「『君が輝くとき』―― 一人ひとりが生き生きと取り組み，みんなで高めあう授業をめざして――」と設定し，全国に向けて研究発表会を開催した。赤大路小学校も，この時期，国語教育に重点を置いた研究を独自に続けていた。

注目すべき点は，各校の当時の研究の核心が「授業改善」に置かれていたことである。各校とも，それまでの人権教育を基盤とした集団づくり等の一定の成果を踏まえ，学校の重点目標を「魅力ある授業づくり」に絞り，「授業改善」の取組を活性化させていったのである。

90年代に入った頃，大阪の人権教育において学力保障に重きが置かれ，「授業改善」の取組が注目されつつあった。高槻の第四中学校区においても，早くにこの授業改善に取り組んだのである。この時期の研究実践をきっかけに，校区では，毎年のように指定を受け，研究を続けてきた。これは，いうまでもなく，校区の子どもたちの学力と進路保障というきわめて重い課題の解決を迫られてのことである。研究指定を受け続けることで，校区としてどのような教育内容を創造し，授業改善をおこなうのかを，内外から常に問われ続けてきたのである。

子どもたちの厳しい生活実態とそのために引き起こされる「荒れ」などの状況を前に，無力感にさいなまれることも多々あった。そのような中，なんとか子どもたちの課題解決にヒットする取組はないものか，そして，何よりも，教職員が少しでも元気を出して日々の教育の営みに携われるよう，教職員のベクトルをそろえ，学校がひとつになって取り組むことはできないか，そのきっかけを研究指定の中に模索していたともいえる。

校区は，これまで大学や行政関係の数多くの研究者にさまざまなご指導をいただき，励まされてきた。そのひとりである，大阪大学の池田寛教授（故人）は，常に校区の教職員に寄り添い，文字どおり寸暇を惜しんで学校を訪れてくださった方である。そんな先生が「『地域という単位で教育を考える』という当たり前のように思えることが，多くの学校や地域では当たり前になっていない。なぜ，地域のことまで責任を負わなければならないのかと考える教師は少なくないし，子どもの教育のことは学校にまかせておけばよいと考える保護者も多い。今，学校と家庭が，学校と地域がともに手を取り合って，子どもの教育を支えていくことが大切なのである」という言葉を残したのは平成 12（2000）年のことであった。それから多くの歳月が流れているが，そのことに今もなお，向き合い続けているのである。

■近年の研究指定等の一覧

平成 14（2002）年度 ～16（2004）年度	文部科学省委嘱「人権教育総合推進地域事業」
平成 17（2005）年度 ～18（2006）年度	大阪府「確かな学力向上のための学校づくり推進事業」
平成 19（2007）年度 ～20（2008）年度	高槻市教育センター「小中連携によるキャリア教育の推進」
平成 20（2008）年度 ～22（2010）年度	文部科学省「学校支援地域本部事業」
平成 22（2010）年度 ～24（2012）年度	文部科学省「研究開発学校」 高槻市教育委員会「ラーニング S プロジェクト小中一貫教育推進モデル校」
平成 25（2013）年度	文部科学省「研究開発学校」（名目指定延長） 高槻市教育委員会「教育力向上事業による連携型小中一貫教育研究」
平成 26（2014）年度 ～27（2015）年度	高槻市教育センター「授業改善推進モデル校区」

■本書における頻出用語の解説

第四中学校区独自の用語については初出箇所において説明を加えることを原則としたが，本書全体を通して頻出する 4 用語についてはここにまとめて説明を付しておきたい。

- **一貫研**…校区の全教職員が集まる研修会（小中一貫研究推進研修会）
- **3 校長会**…赤大路小学校長・富田小学校長・第四中学校長による会議
- **事務局会議**…小中一貫研究推進事務局。小中一貫教育等を進めるための担当者会議（各校担当者）
- **拡大事務局会議**…上記に 3 校の校長が加わる会議（3 校長＋各校担当者）

(2) 教育連携会議の立ちあげ

第四中学校区では，子どもたちの日常の生活をめぐって，保育所・幼稚園と小学校の間でも頻繁に連携のための会議が開催されていた。しかし，それにもかかわらず，地域の「低学力・非行」の実態を十分に克服することができずに，昭和 61（1986）年 3 月，第四中学校の卒業生の高校進学率が厳しい結果に終わったのである。このことにショックを受けた学校，地域関係者が，昭和 62（1987）年 2 月に校区の児童・生徒の低学力・低進学率の克服を喫緊の課題として，学校，地域，行政などからなる「学力保障プロジェクト（以下「学プロ」）」を結成した。

しかし，「学力」にかかわる課題を前面に押し出した議論に対して，当時の学校現場には，まだまだ戸惑いと抵抗が強かったのが実状であった。「学力だけがすべてではない」「学力は数字では測れない」「学力だけで子どもを見るのは誤りだ」等々，とりわけ，当時の小学校現場ではこのような見解が根強く主張され，そこが小中の一致した取組をなかなか創出し得ない大きな要因であったように思う。

しかし，子どもたちにとって学力とはまさしく「社会を生き抜くための力」であり，学力保障の取組は子どもたちの進路保障と直結する最重要の課題なのである。「学プロ」は，粘り強く議論を重ねる中，さまざまな調査を実施し，その結果を踏まえて，各教育機関で学力保障体制の見直しが進められた。そして，子どもたちの客観的な学力実態を把握するために，小中学校で学力診断テストを新たに導入していったのである。

学力診断テストを実施することにより，子どもたちの学力実態を客観的に把握することが可能となった。そして，これまでの国語や算数・数学の授業が学力保障に十分つながっていたのかどうかを総点検した。少人数分割授業やティームティーチング，習熟度別授業の実施等，一人ひとりの子どもにこだわる授業のあり方について検討が進められていった。これらの取組が 90 年以降，研究指定等を積極的に受けつつ，授業改善をめざす校区の研究スタイルに継承されていったのである。

こうして，「学プロ」の議論を中軸に据えながら校区の教職員の合意を形成していき，子どもたちの学力と進路保障を校区のすべての教育関係者の「共通目標」として掲げるようになっていったのである。

「学プロ」は，その後，「学力」にとどまらず，地域の教育力を高めることをめざし，平成 17（2005）年度から，現在の「四中校区教育連携会議（呼称：つなぬく）」として活動を継続している。『つなぬく』は，古語の「つなぬく（貫く）」から命名し，0 歳から 18 歳を預かる地域の教育機関が一貫して取組をおこなうことを意識した。また，校区のすべての教職員と地域関係者，そして保護者と子どもたちといった，人と人とが「つながり」，互いに「ぬくもり」のあるかかわりが生まれることへの願いも込められた名前である。

■ 四中校区教育連携会議『つなぬく』組織図

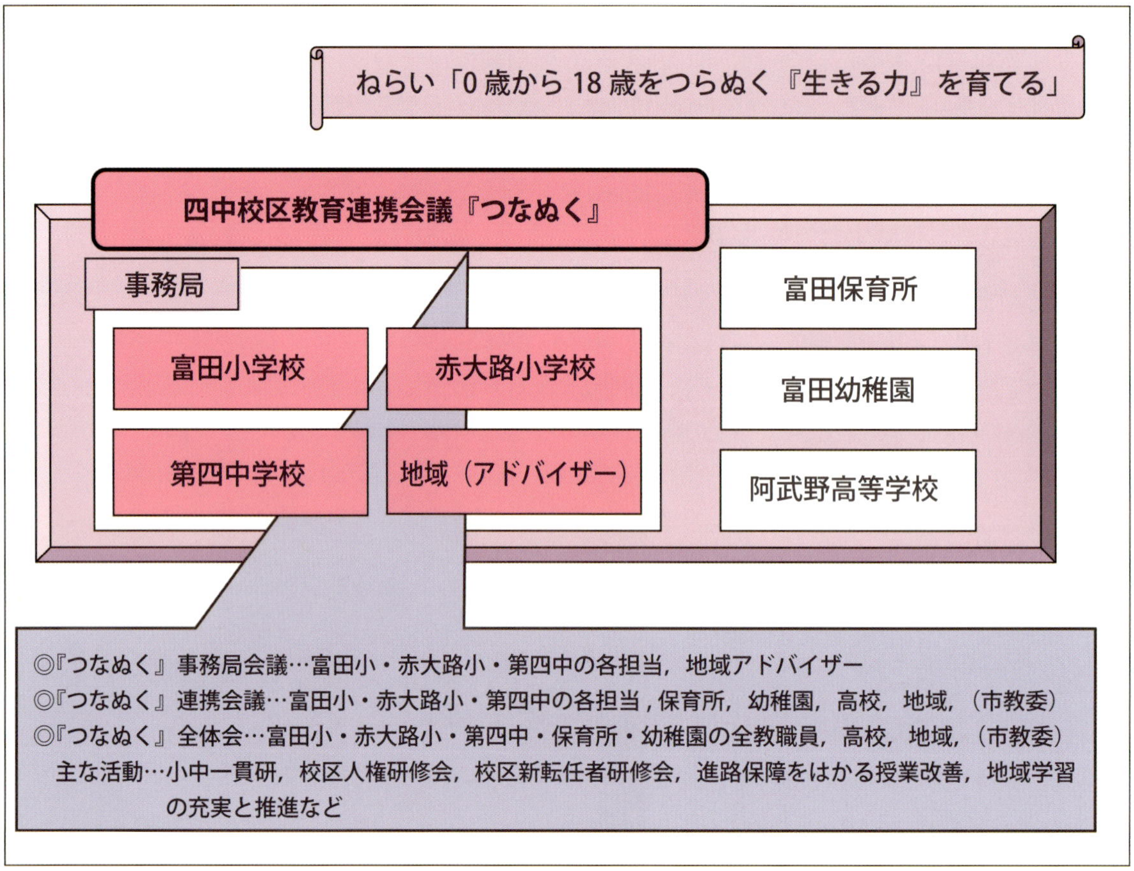
ねらい「0 歳から 18 歳をつらぬく『生きる力』を育てる」
四中校区教育連携会議『つなぬく』
事務局
富田小学校
赤大路小学校
第四中学校
地域（アドバイザー）
富田保育所
富田幼稚園
阿武野高等学校
◎『つなぬく』事務局会議…富田小・赤大路小・第四中の各担当，地域アドバイザー
◎『つなぬく』連携会議…富田小・赤大路小・第四中の各担当，保育所，幼稚園，高校，地域，（市教委）
◎『つなぬく』全体会…富田小・赤大路小・第四中・保育所・幼稚園の全教職員，高校，地域，（市教委）
主な活動…小中一貫研，校区人権研修会，校区新転任者研修会，進路保障をはかる授業改善，地域学習の充実と推進など

(3) それでも解決しない課題

学校・地域では，ずっと子どものことを考えてきた。それでも四中は，何度も大きな「荒れ」を経験した。子どもたちを取り巻く状況は安定したものばかりではなく，さまざまな要因からくる「荒れ」「無気力」「低学力」を前に苦しみ，傷つく子どもたちを前に悩んできた。授業が成立しない。非行。トラブル。次々起こる課題に対して，後追いの生徒指導に疲弊する教職員の姿もめずらしくはなかった。荒れる子どもを前に，「自尊感情の育成を」と思いながらも，心に染み入る指導というより，“教師として押さえる”指導で勝負するしかないこともあった。「授業よりまず生徒指導や」といった言葉も聞かれた。そんな四中を見て，小学校は，「四中が子どもたちのことを丁寧に見てくれないからではないか」と思い，四中は，「小学校が，きちんと指導しきれていないから四中でこうなるのだ」と思っていた。連携が進んでいない校区ではなかったが，それでも本音の部分で，互いの取組への不満や不信が残っていた。

小学校にとっては，“中 1 ギャップ”，中学校にとっては“高校中退”。今いるところから次の社会に出たときや，より多様な人と出会ったときに，うまく人間関係を築けない，ねばり強く努力できず投げ出してしまうといった姿は，どうしても解決しきれない課題であった。

① 子どもたちの厳しい実態とキャリア教育

校区は，このような子どもたちの実態を前にしてきたからこそ，研究することに必然性を感じてきた。本校区に限らず，「満足のいく授業ができた」とか，「今年の学級集団づくりはうまくいった」というような満足感を得ることは，簡単ではない。教職員にとって思うようにならないことも多く，頭を抱えて立ち止まってしまうこともしばしばあるのが現実である。事実，「学プロ」以降，各校が授業づくりや日々の補充学習，家庭学習の指導等に力を入れ，学力と進路保障に取り組んできたにもかかわらず，決して十分に満足のいくような成果があげられず，校区の教職員が苦悩する日々も少なくはなかったのである。

ところで，四中校区では教育連携会議の発足以前からも，国や府のさまざまな事業や研究指定を校区３校で受けることがあった。しかし，大きなテーマを共有しながらも，研究の具体的なテーマ設定やその詳細については，各校の裁量に委ねられていたところが多分にあり，一体となった（＝小中一貫した）研究というには程遠い状況であった。また，実際の授業や行事において３校の教職員と子どもが相互に乗り入れ，交流する場面もごく限られていた。

そんな３校が協働し校区としての研究に本格的に着手し始めたのは，キャリア教育の実践研究においてである。校区では，子どもたちの生活実態から，全教育活動を通じて主体的に自己の進路を選択・決定できる能力を育成することが重要であると考え，平成 19（2007）年度から平成 20（2008）年度，高槻市教育センターの指定を受け，「小中連携によるキャリア教育の推進」についての研究に取り組んだ。当時の研究冊子では，校区の子どもたちに「依然として残る負の実態」にあらためて目を向け，次のような課題をあげている。

- 規律のない毎日の生活
- 夢をもてない生活，無気力，無関心
- マナー，礼儀，社会的なルールなど，ソーシャルスキルが身についていないふる舞い
- 高校中退
- 偏ったジェンダー観
- よきモデルとの出会いの少ない生活

徐々に進学率は上昇したが，低学力の課題がそれで解決したわけではない。進路変更等による中途退学の課題もあり，校区の子どもたちに，さまざまな「生き抜く力」を育む必要があった。同様に，小学校から中学校へ進学した時点ですでに学力や生活面に大きな課題をもつ生徒も少なからず存在しており，①自尊感情が低く「どうせ自分なんか……」「無理！」など，自分を大切にしない言葉が出ることがある，②人間関係の結び方に課題があり，場面に応じたコミュニケーションがとれない，③自分に自信がなく新しい課題に取り組むことが不得意である，等々の課題が指摘されていた。

これらの子どもたちの課題の解決に向けて，キャリア教育の視点から今一度，校区一体となって取組を充実させていく必要があるとして，以下の観点を大切にした取組の創出をおこなっていったのである。

- 自分の存在価値の実感（自尊感情の育成）
- 自分らしい人生設計
- 職業・将来への夢，希望，展望
- 社会の中での自分の居場所づくり
- 仲間とのかかわりあい方
- 地域とのかかわり

② 小中一貫の可能性と必然性

今思えば，結果として校区でキャリア教育に取り組むことになったが，３校のこれまでの連携のあり方についても，私たちはあらためて連携の意味をとらえなおし，課題を共有する必要に迫られていた。当時の主な課題をあげれば次の通りである。

- 第四中学校での取組と両小学校６年間の取組との関連を十分に整理できていない。
- 一人ひとりの子どもの情報の共有が不十分なために連続的な指導ができていない。
- 富田小学校と赤大路小学校との取組に対する考えの共有が不足し，中学校の取組へのスムーズな移行ができていない。

このような課題を前にして，これまでの連携のあり方を，見直す必要性を感じていったのである。

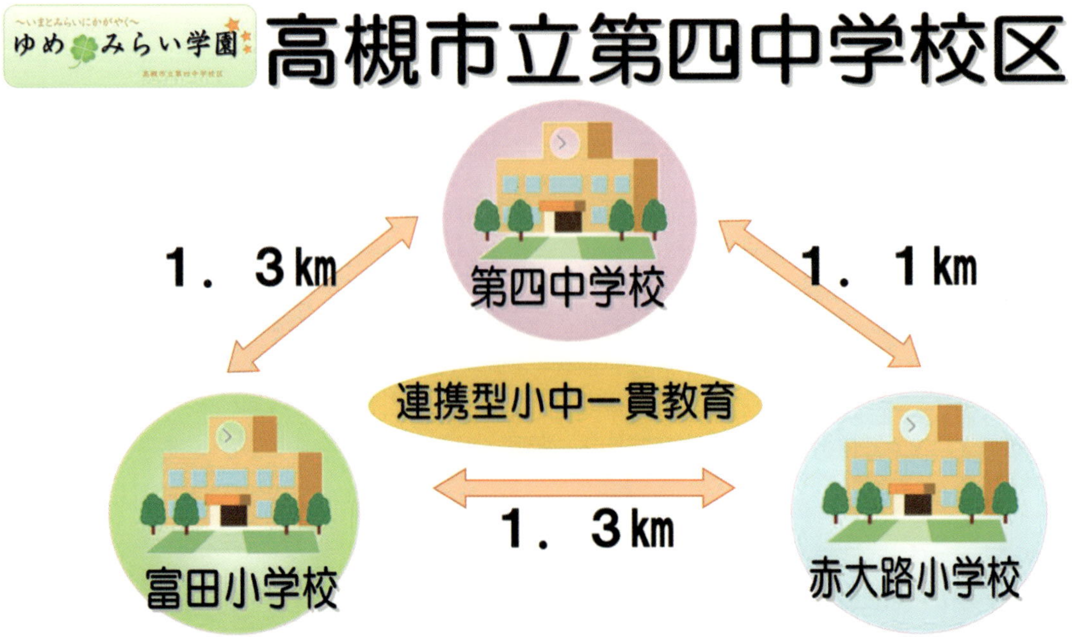

エピソード：帰ってきた四中校区

「こうちょう先生は，お父さんが中学生のとき，国語の先生やったん？」

平成26（2014）年度，富田小に赴任して間もない頃，ある児童が不思議そうにたずねてきた。中学校の卒業アルバムを父親に見せてもらい，そこに私が写っているのがどうも納得いかないようである。父を教えた中学の先生がなぜ今自分の通う小学校の校長先生なのか，もひとつ理解できないのだろう。私も同じだ。気がついたら富田小の校長室に座っていたというのが率直な感想だ。それでもこんな私にあたたかい声をかけてくださる方が幾人もいる。「お帰りなさい！」「がんばりや！」と。そして，昔の愛すべきゴンタが今，親になって富田小に帰ってきている。みんな頼れるよきお父ちゃん，お母ちゃんだ。

15年以上も前に四中にいたころのこと。当時の校長は，砂山の上に砂を積むような困難の連続だった取組をふり返り，いくぶん自嘲気味に，そして大いなる愛着を込めて「壮大なるゼロ」と評したことがある。私は横でそれを聞いていて変に納得したことを覚えている。それほどまでに生徒指導と学力保障の課題は重く，暗いトンネルを這いずり回るような日々が続いていたのである。

同じ時期，富田小も生徒指導上，厳しい状況にあった。高学年で授業自体が成立せず，教職員もかなり疲弊していたように記憶している。当時から，校区3校の研究推進者は今ほど頻繁ではなかったにせよ，それでも週に幾度も顔を合わせて，連携し合う環境にあった。そのため，私も何度も富田小に足を運び，当該学年の様子を見ていた。

しかし，どこか他人事で，「この子たちが来年は中学校に上がってくるのだな」程度の意識で，「入学してきたら，生徒指導をしっかりして，押さえなければ！」「甘い顔を見せたらアカンなあ」などと考えていたのだろう。そんな不遜な考え方で「連携」しに行っていたものだから，小学校側の「問題点」ばかりを数えあげ，それもおもいきり中学校の立場で，「あんな指導をしていたらだめだ」とか「中学校のような指導に変えなければ」などと「上から目線」の「アドバイス」をくり返していた。だから，小学校の担当者とも胸襟を開いて話し合う関係性を築くことができず，3校の関係は今でいう「協働」の見地からはほど遠かったのではないかと思う。

久しぶりに四中校区の教職員となり，子どもたちの落ち着いた学びの姿を目にして，あらためてこの間の取組の成果を実感している日々である。この変化がなぜ訪れたのか，その要因がどこにあるか，本書の中に，そのヒントが埋め込まれているにちがいない。

ただ，私がいちばん新鮮に思うのは，四中校区の教職員に，「校区としてのアイデンティティ（我々意識）」を強烈に感じることだ。ひと昔前にはなかったことである。

そしてこの「我々意識」こそが，校区の子どもたちの「元気」の源になっているのだと思う。校区が手に入れたこの「元気」をさらに確実なものにしていくためには何が必要か，その手立ては何か，もう少し時間をかけて自分なりに納得いく答えを見つけだしたいと考えている。

【野呂瀬　雅彦　富田小学校　校長（平成26年度～）】

2.「研究開発学校」をチャンスとして

(1) 3 校長の決意── 研究開発・小中一貫ダブル指定 ──

大阪の教育は大きな変化のときを迎えていた。それまで，学校づくりの中で大きな柱としてきた「人権教育の取組」が，社会の変化，世代交代などの中で揺らいでいた。高槻市でも，本校区でもその状況は同じであった。第四中学校区の連携の歴史は長い。長年にわたって，いろいろなチャレンジをくり返しながらも，今ひとつ，教職員のベクトルを絞り込めないもどかしさも感じていた。目の前の激しく，大きな揺れを見せる子どもたちの課題を前に，ベクトルをどのように合わせればよいのか，その方法を模索していた。そのベクトルを問い直し，そろえるきっかけを，今回の文部科学省研究開発学校及び高槻市小中一貫教育研究指定に求めたのである。しかし，「研究開発学校」の委嘱が，どのような研究指定なのか，ことの重大さが十分にはわかっておらず，知らぬということの恐ろしさを思い知ることに時間はかからなかった。それでも，委嘱を希望し，受けた限りはやめることは許されない。校区の子どもたちと教職員の顔を思い浮かべながら，3人の校長は，何度も顔を合わせ，決意の更新を重ねていった。

エピソード：最後のチャンス

この研究に「出会えてよかったなぁ」「やってよかったなぁ」と，今だからこそいえるが，指定当初の 1 年余りは愚痴や怒り，暗中模索の連続であった。

何度も開いた，何度も問い合った，そして壁を超えていった「3 校長会（3 校校長会）」については第 5 章をご覧いただくとして，研究を整理し，方向づけ，職員の研究へのモチベーションを高めていくことは困難だった。研究開発学校の指定は厳しかった。あいまいは許されず，必ず，そのあいまいさを指摘された。そして，強烈なスケジュールが，次々に設定されていった。丁寧で優しい言葉ではあったが，「あなたたち校長自身，研究の意味がわかっているのか。本当にやる気はあるのか」と，問われたように思うことも，一度や二度ではなかった。そうなると，3 校とも互いに普段は踏み込まない，「各職場のモチベーションはどうか」「研究推進のために具体的にどう働きかけているのか」といったところまで踏み込まざるを得なくなること，研究を推進する事務局の基盤づくりを担わなければならないこともとくに 1 年目は連続していた。それでも，3 校長会を開き続けた。その原動力は何だったのか。それは，複雑に絡み合った長年の校区の課題を解き明かしたい，子どもも，教職員も生き生きとした意欲的な学びの場を創りたい，そんな熱い思いであった。

連携を考えるとき，小中の間には，学校文化の壁があるといわれる。生徒指導，教科担任制，受験等々学校文化には大きな違いが存在する。しかし，同じ子どもが通うという点で，まだ共通の課題が明確に存在する。その点でいうと，連携で難しいのは，じつは小小であるとよくいわれる。では，小小連携は，何が違い，なぜ，困難なのであろうか。連携を阻んでいたものは何だったのか。今回の研究開発は，その答えを私たちに与えてくれたように思う。

熱い思いは確かにあった。しかし，「思い」は，ときに「思い込み」を生む。目の前の子どもの課題解決のためという名目の「ローカルルール」がある。熱い思い込みは，感情である。感情は，根拠が乏しく議論がしにくいため，改善が難しい。ここに小学校が学級王国といわれる所以があるのかもしれない。各学級，各学年，各学校には，きわめて色濃くその先生，その学校の「ローカルルール」があった。

今回の研究を通して，課題解決が進んだ糸口は，この「思い込み」を超えて自分たちの取組を点検し，再考する機会を与えてもらったことである。つまり，「教育を科学する」ということを学ばせてもらえたことである。後でも述べられると思うが，4 人の研究者との出会い抜きには語ることはできない。

研究開発は，私たちに，「学習指導要領」を読み込む機会を与えた。読み込んだ上で，「学習指導要領」はどんな組み立てになっているのか，どこが不十分で，何によってどう改善するのか，常に問われた。「熱い思い」だけでは，3 校の教職員のベクトルはそろわなかっただろう。「思い」だけの実践から，「学習指導要領」という明確なものさしを提示され，それに照らして，自分たちの取組の意義や位置を科学的に確かめることを知った。「熱い思い」と，論理的・科学的に教育・研究を進めることの融合，そして，その方法を 4 人の研究者からそれぞれ示していただいたのである。

これなら，3 校の壁を超えられるかもしれない。課題解決に向け，一歩先へ進めるかもしれない。地域がすでに始めていた“ほんまもん”のキャリア教育の芽を学校教育で具体化できるかもしれない。目の前の子どもや教職員の課題を解決する小小連携・小中連携・地域連携，そして，新しい学びの創造ができるかもしれない。長年励ましてくれた保護者・地域の願いにこたえることができるかもしれない。

この研究指定は，校区に熱い夢をもたらした。自分たちの年齢を考えたとき，校区で取り組む課題解決に向けた最後のチャンスだった。

【小野　忠夫（前富田小学校　校長　現阿武野小学校　校長）】

■第四中学校区　校長の入れ替わり

年度	研究	赤大路小学校	富田小学校	第四中学校
平成 21	研究開発学校指定申請	辻井　進	小野　忠夫	髙木　恒夫
平成 22	研究開発学校 1 年目	辻井　進	小野　忠夫	沖田　厚志
平成 23	研究開発学校 2 年目	服部　建	小野　忠夫	沖田　厚志
平成 24	研究開発学校 3 年目	服部　建	小野　忠夫	沖田　厚志
平成 25	研究開発学校延長（名目）	服部　建	小野　忠夫	沖田　厚志
平成 26	高槻市教育委員会研究指定	小澤　康信	野呂瀬　雅彦	沖田　厚志

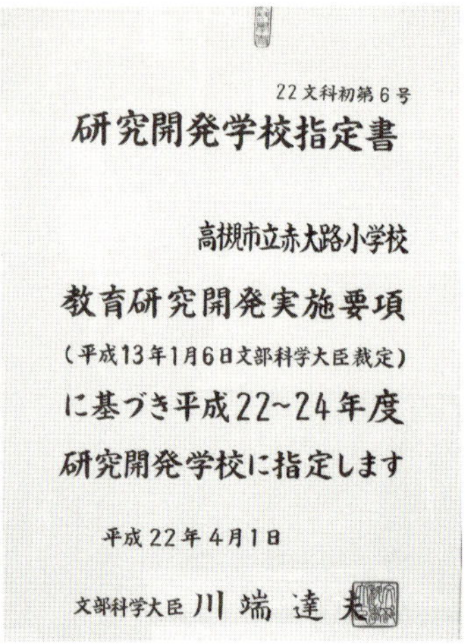
22文科初第6号
研究開発学校指定書
高槻市立赤大路小学校
教育研究開発実施要項
(平成13年1月6日文部科学大臣裁定)
に基づき平成22~24年度
研究開発学校に指定します
平成22年4月1日
文部科学大臣 川端達夫

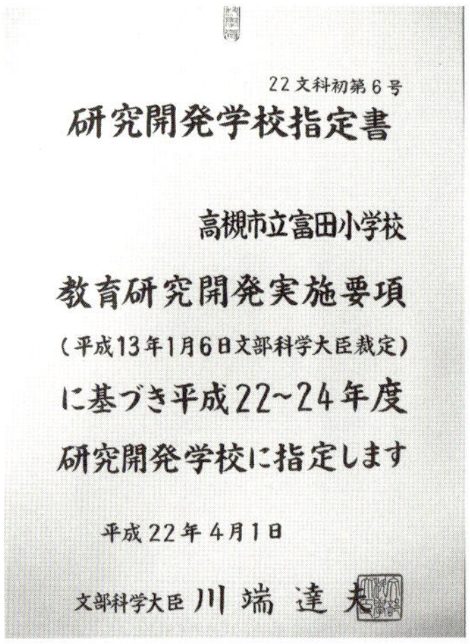
22文科初第6号
研究開発学校指定書
高槻市立富田小学校
教育研究開発実施要項
(平成13年1月6日文部科学大臣裁定)
に基づき平成22~24年度
研究開発学校に指定します
平成22年4月1日
文部科学大臣 川端達夫

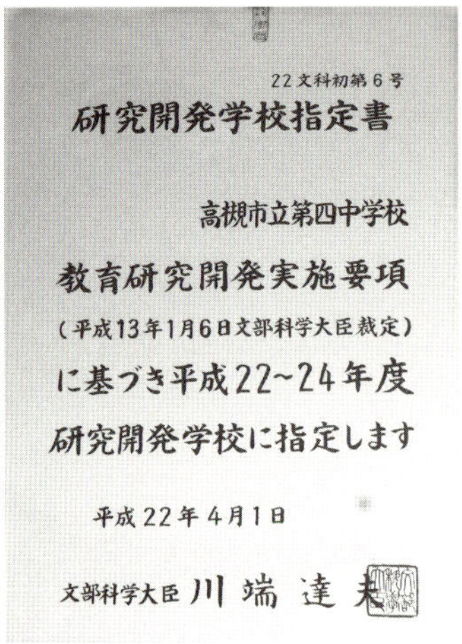
22文科初第6号
研究開発学校指定書
高槻市立第四中学校
教育研究開発実施要項
(平成13年1月6日文部科学大臣裁定)
に基づき平成22~24年度
研究開発学校に指定します
平成22年4月1日
文部科学大臣 川端達夫

(2) 研究指定に込めた行政の願い

研究開発学校は，行政と校区，それぞれの思惑が一致したからこそ，大きな成果を得ることになったと考えている。四中校区が，この研究で“校区の課題解決を図る”と決意する一方で，高槻市としてこの研究に寄せる大きな期待があった。「小中一貫教育」である。

高槻市は，これまでも「教育」を重点課題として掲げ，家庭・地域と連携し，特色ある教育施策を進めてきた。そして，子どもたちのために，よりよい教育をめざす「教育改革」をおこなうことで，教育を充実・発展させてきた。そのひとつが，平成19（2007）年度から導入した「2学期制」である。高槻市では，「子どもたちの2学期制」として，授業改革・行事改革・評価改革・意識改革という4つの改革を進めた。2学期制に踏みきった背景には，一人ひとりの子どもを伸ばす「評価」へのこだわりがある。50日間ほどしかない3学期における評価の難しさ，学期の枠を超えたダイナミックな総合的な学習の時間等に対する評価を考えたとき，より長いスパンでの評価活動が必要であると考えた。また，より長い区切りにすることで，各校が創意工夫あるカリキュラム編成をおこなえるようにするとの狙いもあった。つまり，「2学期制」によって，1校の「横」のカリキュラムの弾力化を図り，各校の裁量権を拡大したのである。

大きな枠組みの変革，「2学期制」の次に高槻市がめざしたのが，「縦」のカリキュラムの弾力化である。小学校と中学校の文化的段差によるさまざまな課題もあった。そこで，9年間という義務教育の枠組みで，教育をとらえ直す「小中一貫教育」を進めたいと考えた。小中一貫教育で一貫させたかったのは，「学習指導」「生徒指導」，そして「地域連携」である。平成20（2008）年には，子どもを取り巻くさまざまな資源を結びつけることで，教育の相乗効果を生み出そうという「学びの連鎖強化ビジョン」，平成22（2010）年には，四中校区の取組につながる「ラーニングS（シナジー・スパイラル・シンフォニー）」という小中一貫教育への明確なイメージをもっていた。小中9年間を核とした幼小中高大という縦の接続と，家庭・地域社会・企業等との横の連携により，学びの量と質を向上させたかったのである。平成28（2016）年度からの全校区での小中一貫教育実施を考えたとき，高槻市としては，看板となる先進モデル校が必要であった。行政としておこなうべき支援についての検証も必要であった。そう考えたとき，一定の校区連携や地域連携の実績がある，四中校区の名前があがった。

教育の枠組みを変える大きな教育改革のために，文部科学省の研究開発学校を活用しようという行政の考えと，校区の課題解決の必然性が重なった。すべての子どもに生きる力としての学力を育む小中一貫教育が，高槻市の子どもたちのために必要だと考えたのである。校区の決意と同じように，市としても，校区への支援は惜しまない覚悟であった。一貫したいものの中に，「地域連携」を入れていたことは先に述べたが，横の連携を活かすことでなし得る「まちづくり」を意識した新教科の構想もあった。18 ある市内の中学校区に対して，小中一貫教育のひとつのモデルを示してほしい。そう強く期待したのである。

「啐啄同時」。現在の高槻市教育委員会教育指導部長・樽井は，このときの高槻市と四中校区の関係をのちにこう表現した。

(3) 大きな研究指定。そのとき地域は ―― 富田の地域は懐深いんやで ――

この本を出版するにあたり，序章 1.（2）にもあげた教育連携会議「つなぬく」のメンバーに，研究指定のことをふり返り，ざっくばらんに語ってもらった。以下，その概要を記しておこう。

「学校だけが，がんばったんやない。『懐の深い地域』に学校は育まれてきたんやで」

痛烈な本音トークで座談会は始まった。この校区のプライドは，こんな話ができることだ。つまり，地域と教育機関が一緒になり，本気で課題解決を図りながら，子育てをしてきたということである。それは，今回の研究指定より，ずっと前から取り組まれてきたことで，そのことを抜きにして今回の研究を語ることはできない。子どもたちの課題解決を，小学校から中学校の 9 年間にとどまらず，0 歳から 18 歳でとらえ，取り組んできたこの校区にとって，地域と学校は，何度も互いの取組を問いながら，厳しい会議をおこなってきた関係である。ところが，それでも，解決しきれない子どもたちの課題があり，今回の研究指定をチャンスとして，本気で解決したいと奮起する 3 校に地域としても期待をした。

しかし，初年度，保護者や地域からは，「小中一貫って意味あるの」「学校がやっていることが何も伝わってこない」といった声が聞こえてくる。「学校は大丈夫か」「どないなってるんや」「むしろ混乱しているだけやないか」といった意見を学校に伝えるものの，3 校に余裕はなく，地域として様子を見る日々が続いた。小中 9 年間の一貫教育を 3 校で進めることは応援したい。しかし，今までの地域連携については，どう考えてくれているのか。この校区の合言葉は，「0 歳から 18 歳まで」であるのに，就学前教育との連携はどうなるのか。これまでの連携関係がかえって，希薄にならないか。今までの連携とは，別物が始まると考えないといけなくなるのか。「従来の連携会議」を減らしてでも，3 校の会議や研修日程を確保する姿を見ながら地域として心配した。

3 校が「小中部会」の濃密さを増していく中で，富田幼稚園と富田保育所は，「保幼部会」を充実させていくことになった。0 歳から 18 歳という長いスパンの中で，就学前の取組が果たす役割は大きく，自分たちが大切に温め，育んだ子どもたちを小学校に送っているという自負をもちつつ，小中学校の教育と就学前教育をどうつなげていくのか，この機会に保幼部会として突き詰めていった。小中部会の研修会や授業研究会にも可能な限り参加したが，保幼の思いを発信したくても，忙しそうな 3 校に遠慮していえなかったこともあった。小中の研究の動向を共有しながら，保幼の取組に返せることを探っていった。

地域は，まさしく小中ギャップに苦しむ子どもを目の前で見ていた。赤大路小と富田小の子どもたちが混じり合ったときに，互いを大切にしながら，新しい文化を築いていくことができているとは思えない場面も見てきた。「研究はいいけど，目の前の子どものことを，ちゃんと見ることができているのか」「とにかく，現実に目を向け，ぶれない研究をしてほしい」。そんな願いと不安をもっていた。

教育連携会議「つなぬく」のメンバーだけではなく，「いまとみらい科」が開発されていく中で，協働していくことになる地域の人たちは，学校のことをよく見ている。いいかえれば，大切な子どもたちのこと，そして，子どもたちを育むこの「まち」のことを誰より考えていて，そのためになることなら，協力は惜しまない。学校は，その時々で「協力をお願いします」といってみたり，「今は余裕がないので無理です」といってみたり，姿を変えることがあるが，地域は懐が深く，また，いうべきことははっきりいう。だから，学校にとって，ときに厳しいこともある。逆に学校から，家庭や地域に返されることもある。ただし，四中校区の場合，それは傍観者が互いを論評し合っているのではなく，“子ども”を育む仲間として，どこより厳しく，どこよりぬくい（大阪弁であたたかいの意）関係性がある。この校区の何を取りだしたとしても，この長年の地域との関係性に行きつくはずである。（第6章1.に続く）

(4)「『ケンパツ』って何？」教職員の戸惑い

教職員が，研究開発学校の指定を受けることを知ったのは，平成21（2009）年度末の校区連携会議である。その年度の総括が終わり，会議も終盤に近づいたころ，「研究開発学校」という研究指定を受けるという発表があった。そして，新教科をつくる指定であること，今までの研究指定とは，予算の規模がひと桁違うこと，その分“発信する”義務が強烈に課せられることなどが伝えられた。校長だけが，ことの重大さを認識して，興奮気味に伝えていたが，その場は，聞かされた内容に反応するというより，わからないことだらけで，会場からあまり言葉らしい言葉すら出なかった。ただ「大変そうやなぁ」「忙しくなるんやろなぁ」。それだけは，誰もが感じていた。

新年度が始まり，4月から5月にかけて慌ただしい毎日の中，学級づくりを進めていたが，頭のどこかには「ケンパツ」が引っかかっていた。大きな研究なのに，進んでいるのだろうか。担任としてどうかかわっていけばいいのだろうか。わからないことだらけで，次第に周りからも不安の声が聞こえるようになった。

そんな中，「一貫研」が始まった。大阪府や高槻市教育委員会からの参加もあるという，いつもとは違う物々しい雰囲気の中，校長と事務局と呼ばれる研究推進者だけが，必死になっている感があった。課題解決を図っていこうという熱さだけは伝わってきたが，「？」が消えることはなかった。初年度から参加型の研修が多く，3校の教職員が集まり，校区の子どもの課題をあらためて考えたり，新教科のイメージを膨らませたりした。それでも，この研究がどこへ行こうとしているのか，自分は何をすればいいのか，なかなか見えてこないというのが正直な感想だった。

毎日の多忙感の上に，大きな指定を受けたことに対する反発の声も聞こえた。前向きに研究を進めていこうというメンバーと，そうは思えないメンバーが混在する一貫研が続いた。“ケンパツ"1 年目は，少し進んでは，また修正することのくり返しだった。混迷する研究を見ていて，不安は募った。やるからには，しっかりやりたいのに，具体的にやることがわからない。見通しがもてないことは恐怖であった。何やらよくわからない大きな研究「ケンパツ」の正体をつかむために，戸惑い，もがいた 1 年。「研究開発学校」の正体がわかるには，もう少し時間が必要だった。

エピソード：「研究開発学校」校長として腹をくくるまで

赤大路小を去って 4 年が瞬く間に過ぎていった。「研発」の記憶はだんだん遠のいているのが自覚できる。功績は，あとを継いでくれた先生たちに負う所が大きい。苦しかったことは忘却の彼方へ，楽しかったことは記憶に残るといわれるが，まさにその通りである。この研発の話を進めた高木元校長が汗を流して文科省に提出する文章を作成するために，パソコンと格闘していたとき，小野校長と 2 人，わけがわからず校長室で，はしゃいでいたことだけを鮮明すぎるほど憶えている。

まだ自分と研発の距離が遠すぎて実感として感じられなかった。府内ではもう 1 校区が 3 年次に突入するであろうから四中校区は当選圏内に入るはずがないと高をくくっていた。

年度が明けて沖田校長が四中に赴任してきた。このあたりから研発は，現実味を帯びてきたのである。私が，総責任者みたいな格好になってしまい，3 人の校長でよく話し合ったものだ。研究開発校としての重みがずしんとくる。新しい教科をつくっていくフロンティアといえば格好いいが，どこからどう切り込んで，何をどのようにするのかはまったく浮かばなかった。文科省に何回も訂正して出した計画書は，今から思えば，キャリア教育に近いものであった。

その五里霧中のなか，各校で職員会議を開いて意思統一をしなければならなかった。赤大路小の先生も研究には熱心だし，ほかの研究指定なら二つ返事とまではいかずとも，ある程度は理解してくれるだろうが，市教委や府教委の指定とは違い，東京の霞ヶ関とのやりとりになると思うと，グッと肩に食い込む重みを感じていたのではないだろうか。

私の校長としての願いは，なんとかして先生だけがしゃべる授業を変えたいということだった。子どもたちにも先生にも授業の楽しさを思いっきり味わってほしかったし，教師として授業の醍醐味を感じてほしいと常々思っていた。研発が最後のチャンスかもしれないが，私の退職がすぐそこに迫っていて，「いい出しべー」で終わることに無責任さも同時に感じていた。この 2 つが頭の中をくるくるかけめぐった。

平成 21 年度最後の職員会議。口には出さぬとも先生方がいいたいことは手にとるようにわかる。目がものをいっているのだ。いくつか予想通りのやりとりがあった。富田小ではすでに職員会議が終わったとの情報も入ってきた。もう腹をくくるしかなかった。そのとき立ち上がって何かを答えている自分を回顧できるのだが，何をどのようにいったのかわからない。大きすぎる負荷をかけられることには反対であったはずである。その意見も出た。そんな雰囲気の中で，よくも校長を罵る言葉もなく，なんとか指定を受けることに「賛成」してくれたのは，赤大路小の先生方の見識であると思う。校長の一歩も後へ引かない気迫に押されたというようなものではなく，この先を案じながらも道標のないトンネルに足を踏み込もうとしてくれた。教育者としての良識が，不安ながらも一歩前に進めさせた瞬間ではなかったかと思う。しかし，これから暗中模索が続く中，誰もが２年後の研究発表会の姿を想像し得なかったのではないかと思う。「子どもの授業への姿勢が大きく変わった」。退職後，研究発表会に行っての素直な感想である。いくつかのページで書かれているように，これは３校の教職員たちの努力以外にない。　　【辻井　進（元赤大路小学校　校長　初代一貫研会長）】

3. 合言葉は " 課題解決 "

学校・地域が総力をあげて校区の子どもたちの課題解決に向かうことになった。しかし，今も昔も学校現場は忙しい。でも，ここで懸命に生きる子どもたちがいる。子どものことが心配でならない保護者・地域の姿がある。奮闘する教職員がいる。研究開発は紆余曲折するが，最初からぶれなかったものは，この校区にかかわる人を大切にし，少しでもよりよい校区にする研究でありたいということだった。

(1) 子どもが元気になる研究にしたい

「あの子が今日の勉強おもしろかったといってくれた」「今日はあの子がいきいきしていた」「あの子の元気がなかった」。本校区には，約 1,000 人の子どもたちがいる。どの子も大切であり，その子らしく幸せになってほしいと願っている。そう願い，教育にあたってきた。しかし，子どもたちの日々の姿を見ていて，子ども自身のもつ力を最大限引き出し，育てることができたと思える学級・学年・年度ばかりではなかった。

「勉強おもろない（勉強わかりたい）」「ムカついたからたたいてしまった（仲よくしたいのに）」「悪口いってしまった（さみしかったから）」「どうせ俺なんてどうでもいいねん（不安やねん。助けてほしい）」「先生は，わたしらのことわかってくれへん（本音をちゃんと受け止めて）」「高校やめてん（ねばれへんかった）」。それらは，ときにさみしく，ときに激しく，さまざまな形で表現される。傷つく姿，傷つける姿もたくさん見てきた。勉強することに，遊ぶことに，つまり生きることに意欲的になれない子どもたちの姿も見てきた。子どもには，それぞれの背景があり，生活がある。家庭・学校・地域，それぞれの社会の中で，必死に生きている。本校区の研究は，この子たちを救うものでなければ意味がない。

退職したあるベテラン教員が校区の後輩に残した言葉がある。「どの子もわくわくして入学してきた。どの子も『100 点取りたい 』と願って入学してきた。それを忘れない教員であってほしい」。当たり前のことなのに，目の前の現実の厳しさに，その原点を忘れてしまうこともある。でも，子どもの姿を子どもや家庭など誰かのせいにして，手立てを講じないのではなく，公教

育の担い手“公立”の学校として，通ってきてくれるすべての子どもを育みたい。子どもたち一人ひとりが元気になる研究にしたい。「勉強ってわくわくするもんやで」「学校っておもしろいところやで」「あなたには，大きな価値があるんやで」「人に出会うって楽しいことなんやで」「あなたたち子どもにこそできることはたくさんある」。子どもたちに夢を育む研究にしたい。それが私たちの昔も今も未来も変わらない願いである。

(2) 教職員が元気になる研究にしたい

毎日の授業に悩む先生，生徒指導に疲れている先生，学年の連携に悩んでいる先生。校区には日々奮闘する教職員が 100 人以上いる。この研究で子どもたちに元気になってほしいことと同じくらい譲れなかったものが，教職員を勇気づけ，夢をもてる研究にしたいということである。

今，教育現場は忙しい。でも，教職員はがんばっている。世代交代は，各学校の準備が追いつく間もなく猛烈に進んでいる。“学校教育”に対する世間の目は厳しい。価値観は多様化し，子どもや保護者のニーズも同じように多様化・複雑化している。その中で学校教育に求められるものも，多様化・複雑化している。荒れる子どもたちの姿も見てきた。学力向上は長年の課題である。授業づくりに工夫と時間もかけてきた。不安の中で悩む保護者の思いに丁寧に寄り添いながら，協働していくことも大切である。しかし，うまくいくことばかりではない。目の前の現実に負けそうになる姿，創造的な仕事に行きつく前に，後追いの指導に翻弄され，疲弊する教職員の姿があった。

「この学校は大変だ」「この校区は忙しい」。毎日のバタバタや多忙感は，いつしか不満につながることも多い。次第に，「管理職が悪い」「キャップの提案が遅い」「研究推進のせいだ」など職場を「ディスカウント」する文化が生まれる。ディスカウント文化は，放っておくとがんばろうとする教職員の士気まで下げてしまうことになりかねない。

「研究開発学校」も「小中一貫教育」も校区の教職員にとっては，大きな指定であった。「それでなくても忙しい毎日なのに，目の前の子どものほうが大切です」。そんな声が当然聞こえてくる。この研究は，一部の管理職や事務局だけでおこなうものではない。みんなで考え，みんなでつくり，みんなを救うものでなければならない。教職員の気持ちと時間と労力をもらいながら，進める研究である。だからこそ，子どもと同じように大切な校区の教職員のことを，元気づける研究にしたいという気持ちは何より強かった。

「こんな先生になりたい」「こんな授業がしたい」「子どもたちにこんな話をしたい」。私たちは夢をもってこの仕事に就いている。もしくは，就いたはずである。「教育は人」という。子どもたちの前に立つ私たちが，毎日にわくわくしているか，授業で夢が語れるか，生きることを楽しんでいるか，子どもたちはちゃんと見ている。1 日の多くの時間を子どもとかかわる私たちである。学校にできることは多くないかもしれないが，人を育む仕事であるという職務は尊く重い。変化の激しい社会を生き抜く力を育む研究をつくるということは，私たち教職員こそが，日進月歩成長し続けることを意味する。研究は日常を救うためにある。仕事の質をあげ，子どもたちの夢と同時に，私たちの夢を育むものと考えている。

エピソード：校区のかかわりと今

この校区にかかわるようになって，20年ほどになる。当時，富田小学校が文部省の研究指定を受け，そのアドバイザーとして，筆者の指導教官であった池田寛とともに，校区にかかわり始めた。その頃は，大学の，しかも，授業研究を主としない研究者が学校現場にかかわるというのは，きわめてまれなことであった。池田とともに，会議に参加したり，授業を参観し，記録をとったりしたが，とくに，個人的な意見を述べることもなく，研究の一環として客観的にかかわるようにしていた。

この筆者のかかわり方が変化する出来事が３つあった。最初が，研究指定の視察に大阪府教育委員会の指導主事が訪れ，それが滞りなく終わった後の校長室での会話であった。当時，学校の状況は，落ち着いているとはいえず，校長は，無事視察を終えたことに安堵していた。すると，同席していたひとりの教員から，「葛上さん，何かいいたいことがあるのと違うの」と聞かれたのである。「なぜ，今回の視察が成功したのか，その要因を整理しないと，次につながらないのではないですか」と，生意気な回答をした記憶がある。後でその先生と話をすると，「何を考えているかわからないから，聞いてみた」といわれたが，それを契機に，個人としても，校区に深くかかわるようになった。

次の出来事は，校区にかかわりだして，３年ほどたって，池田と話をしたときである。池田から，「君たちの世代は，若いときから学校現場にかかわることができる。私たちの世代は，大学院生の時，現場にかかわりたくてもかかわれず，やっと，この年になって，四中校区に入ることができた。かかわらせてくれたこの校区をもっとよくしたい。君たちは，その年からかかわれるのだから，我々以上のことを残してほしい」といわれた。それから数年後，池田は病に倒れ，還らぬ人となった。筆者にとっては，遺言のようなものとなった。そのとき筆者は，現在の大学に就職し，いろいろな学校，校区にかかわれるようになっていたが，「四中校区をよくしてほしい」という池田の願いに，自分なりに何とか応えたいと模索し続けてきた。その後も，定期的に校区とかかわってきたが，「この校区を何とかしたい」という思いが募るほど，校区に対して，「なぜ，こんなに動かないのか」「なぜ，子どもに負けてしまっているのか」と考えてしまい，校区にとって，マイナスでしかないかかわりしかできなかった。

第三の出来事が，今回の研究を推進してきた先生方との出会いである。先生方は，子どもたちをよくしたい，という熱い思いをもっていた。しかし，結果がなかなかついてこない現状に苦闘していた。そのとき，ある大学教員との会話から，今まで，学校が変わっていかないのは，校区に原因があるとしてきたが，本当の原因は，筆者自身ではないか，と考えるようになった。校区が直面している問題について，それをどのように解いていくのか自分の問題として考えることなく，なぜ，問題が解けないのだ，といっていたことに気づいたのである。

「いまとみらい科」の取組は，目の前の問題は，他人事でなく，自分事として考える「S（スタンディング）」を重視すること，子どもたちに，課題を解決する方法を伝えることで，子どもたちは自ら課題解決していくようになる，ということを大切にしてきた。このことは，筆者が校区とかかわる中で，気づいてきたことに他ならない。ここにたどり着くまで，多くの時間が必要であった。しかし，これからの時間もたくさん残されている。この校区がよりよくなる余地は多く残されている。これからも，そのことを，ともに考えていきたい。

【葛上　秀文（鳴門教育大学　准教授）】

第１章

私たちの原点

―― Standing　幸せになってほしいねん ――

Standing は，自分の立ち位置であり，課題を自分事としてとらえるもの。
動きながら考え，常にここに立ち戻る。ここに研究の原点がある。

第１章　私たちの原点
―Standing　幸せになってほしいねん―

1. 子どもたちの実態にこだわった研究に

(1) 学びの空洞化 ―― 子どもの実態 ――

“この子が幸せになるには，どうしたらいいの？”この問いにこたえる研究を創造するには，今の子どもたちと子どもたちを取り巻く社会がどうなっているのか分析することから始める必要があった。子どもたちを取り巻く社会は大人でも先を見通すのが困難で何が起きるかわからない。急速に多様化，国際化，複雑化が進んでいる。文部科学省第２期教育振興基本計画においては，「社会を生き抜く力の養成」が掲げられ，「個人や社会の多様性を尊重しつつ，幅広い知識と柔軟な思考力に基づき，主体的に課題を解決したり，他者とコミュニケーションし，協働したりしていく能力等が必要」とされている。

また，明治大学の諸富祥彦教授は，『答えなき時代を生き抜く子どもの育成』（上智大学教授・奈須正裕との共著　図書文化社　2011）の「まえがき」の中で，このように論じている。

> 子どもたちの生活も「答えなき問い」に取り囲まれている。
> 「最近，ちょっかいを出してくる，あの子とどう仲よくしていけばいいのか」
> 「お母さんとお父さんの仲が悪そうだ。私は，どうすればいいんだろう……」
> 「答えなき問い」――それは，もちろん，こうした個人レベルのことに限られない。社会や世界全体が，「答えなき問い」で満ちている。

そして，子どもの内側でふと生まれた「答えなき問い」を拾い上げ，子どもたちと一緒に考え続けることが，

> 「答えなき問い」を，「他人事」としてではなく，「自分自身ののっぴきならない問い」として引き受けることのできる子どもたちを育てていく。それがひいては，地域を変え，社会を変え，世界を変えていくことにつながっていくのだ。

と論じている。

しかし，校区の子どもたちの実態は，こうした求められる力とはかけ離れたものであった。長

い校区連携の歴史の中で，学校はこれまでも，各教科等の時間を通して，子どもたちに「生きる力」を育もうとしてきたが，校区の子どもたちを目の前にしたとき，解決すべき課題が残っていた。

「ほんまはあの子のこと，好きやねんけど……」

人間関係をうまく築けず，相手のことが大好きなはずなのに，傷つくことをあえていったり，叩いたりしてしまう。

「あの子があんなこといってたから……」

本当かどうかを確かめることなく，その言葉を鵜呑みにしてしまう。

「なんで勉強しなあかんのかわからんもん！」

学んだことを生活に活かすことができず，学びから逃げ出してしまう。

「もういやや！」

自分の力で乗り越えることができない壁を目の前にしたとき，最後までやりきることができない。

「どうしたらええかわからん！」

自分自身の課題に対して，その解決方法をもっていない。そして，自分の将来を展望することができず，じりつ（自律・自立）して生きていくことが不得意。よきモデルとの出会いが少なく，自分の経験を根拠にすることができずに悩み，戸惑う子どもたちの姿があった。

■子どもたちの実態

- 人間関係をうまく築けずに傷ついたり，傷つけたりしている。
- 急速に進む情報化社会の中で，情報に翻弄されている。
- 学校で学んだことを自分の生活に活かしきれず，学ぶ意味を見いだせずにいる。
- 困難に出会ったとき最後までやり抜くことが不得意である。
- 長引く不況などの厳しい社会状況の中，自分の将来を展望しきれずにいる。
- 自分をとりまく社会で起きていることに対して，働きかける方法を十分に習得できていない。
- 学んだことや経験を根拠にして，自分で判断し，じりつ（自律・自立）して生きていくことが苦手である。

このような子どもたちの実態から，私たちは，子どもたちと「学校での学び」の間に３つのずれが生じているのではないかと考えた。そしてこのような状態を「学びの空洞化」と名づけた。３つのずれとは，「内容のずれ」「学び方のずれ」「気持ちのずれ」である。

「内容のずれ」は，学校での学びの内容が，子どもたちの実態にそぐわないことから生まれていると考えた。国語で勉強したことが，生活のどこに生かされているのか。総合的な学習の時間は，いろいろな活動があるけれど，自分の生活につながらない。教職員は，授業を通してさまざまなことを伝えているが，その内容を子どもたちと共有することができていない現実があった。そこに，子どもたちと学校での学びの間に，「内容のずれ」が生じていると考えた。

「学び方のずれ」は，学校での学習方法が，子どもたちの生きる力に必ずしもつながっていな

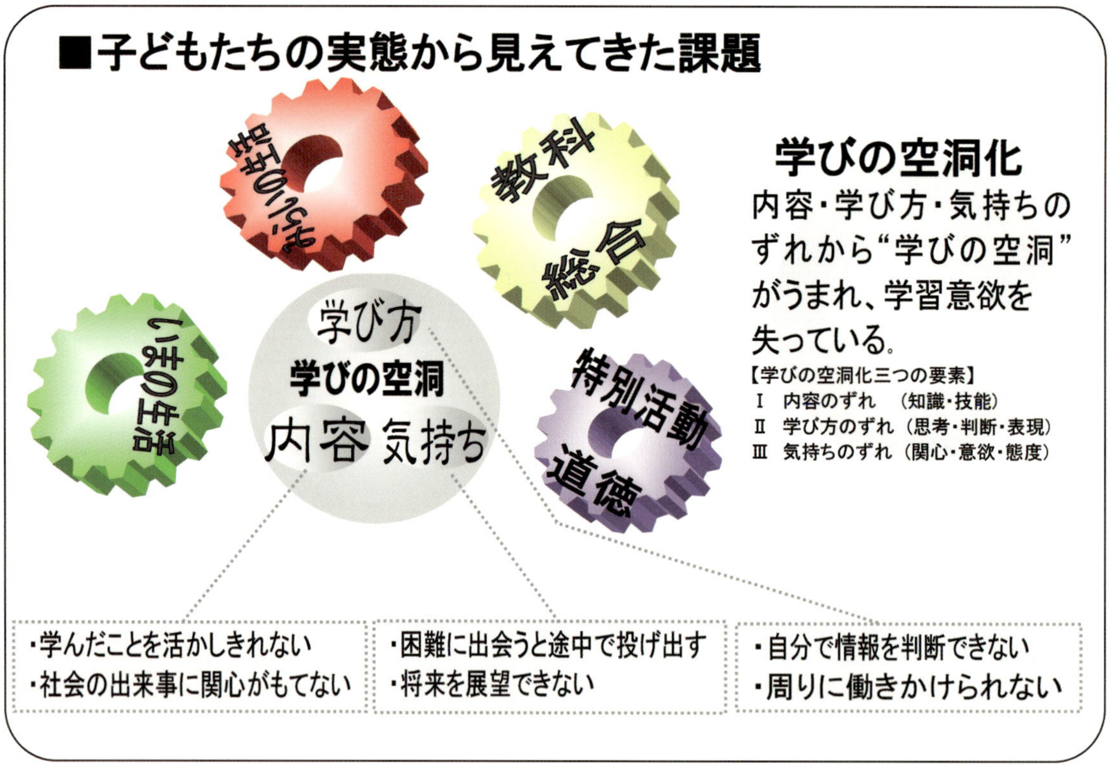

いことから生まれていると考えた。自分で情報を判断できず，周りに働きかけることができない子どもたちの現状がある中で，そのことを再度私たち自身に返す必要があった。

■子どもたちの実態から見えてきた課題
みらいの生活
教科
総合
いまの生活
学び方
学びの空洞
内容
気持ち
特別活動
道徳
学びの空洞化
内容・学び方・気持ちのずれから"学びの空洞"がうまれ、学習意欲を失っている。
【学びの空洞化三つの要素】
Ⅰ 内容のずれ （知識・技能）
Ⅱ 学び方のずれ（思考・判断・表現）
Ⅲ 気持ちのずれ（関心・意欲・態度）
・学んだことを活かしきれない
・社会の出来事に関心がもてない
・困難に出会うと途中で投げ出す
・将来を展望できない
・自分で情報を判断できない
・周りに働きかけられない

「気持ちのずれ」は，学校での学びが，子どもたちに「学びたい」という学習意欲をかりたてるものになっていないことから生まれていると考えた。学習意欲は，学びの源泉となるものである。子どもたちは，学びたいと思ったときに，大きく力を発揮することができる。しかし，学校での学びと自分との関係が見いだせず，主体的に学ぶことができない姿が見られた。学校での学びと子どもたちの学習意欲との関係を，もう一度見つめ直す必要があった。

■学びの空洞化

Ⅰ　内容のずれ（知識・技能）
　学校での学習が，子どもたちにとって学ぶ必然性を感じられる内容となっていない。
Ⅱ　学び方のずれ（思考・判断・表現）
　学習方法が効果的なものとなっていない。
Ⅲ　気持ちのずれ（関心・意欲・態度）
　自分に自信がもてず，学ぶ意欲が低下しており，学習に主体的に取り組もうとする態度が十分に育っていない。

そんな子どもたちに，自分と，自分の周りのこと，今と未来のことを考えてほしい。「答えなき問い」を考え続け，自分と自分の周りの人を幸せにする子どもであってほしい，これを原点に私たちの研究はスタートした。

校区の力を合わせて，子どもたちの「学びの空洞」を埋めたい。そして，長年解決しきれなかった課題に真正面から向き合いたい。それが，子どもたちにこれからの社会を生き抜いていく「生きる力」を育むことにきっとつながるはずである。
こうして,「学びの空洞」を埋めるための校区のチャレンジが始まった。

(2) 育みたい力

「『学びの空洞』を埋めるためには，どうしたらいいの？」
この問いにこたえるために，まず，子どもたちの課題を前に育みたい力を校区で考えた。整理したのが次にあげる４つの力である。

校区で育みたい４つの力 ―― 子どもたちの現状から ――

①じりつする力
…自分で判断しながら自分の立ち位置を見つめる力

②考える力
…課題解決に向けて必要な情報を整理・活用する力

③見通す力
…見通しをもって課題に取り組む力

④つながる力
…人や社会とつながりつづける力

これらは，子どもたちの課題を前に考えたものであるが，結果として，キャリア教育の基礎的・汎用的能力と関連が深いものとなった。のちに，キャリア教育と本研究との関連を記述するが，正直なところ，はじめから「キャリア教育」との関連で，これらの力を設定したり，単元を考えたりしたのではない。子どもたちの課題を前に，今と未来をよりよく生きてほしいと願い，模索して行きついたのが，「４つの力」であり，この校区にフィットするキーワードはないかと探し，「これだ」と思えたのが，「社会参画力」であった。
子どもたちの実態からスタートし，納得してこの４つの力を据えたものの，概念が大きく，どのような力か具体的にイメージを共有するには小中交えてのＫＪ法などの作業が必要であった。
たとえば，①じりつする力は，「自律・自立」の両方を指している。もちろん一般的な「じりつ」の力は育みたい。しかし，校区の子どもの課題は，「人や情報に流されること」「物事に対して傍観者になってしまうこと」「自分の考えに自信がもてないこと」などである。だから，「じりつする力」として，最終的に絞り込み，意味づけたのは「自分で判断しながら自分の立ち位置を見つめる力」なのである。このように，子どもたちの数多くの課題からスタートし，キャリア教育の「基礎的・汎用的能力」を構成する４つの能力にあてはめながら，バランスよく整理していくことで，この校区バージョンの意味づけをした４つの力を設定していった。

(3)“子どもたちにつけたい力は何？”ＫＪ法から始まった校区の協働

４つの力や，後々大きく研究を方向づけることになる「社会参画力」，新領域の内容などについて，全教職員で共有し，ベクトルをそろえ，具体的な授業に落とし込むまでには，侃侃諤々（かんかんがくがく）の議論をして，まず教職員自身がこの研究の当事者になることが必要だった。それには，参加型の一貫研が必要で，有効だった。これから数々のワークショップを重ねていくことになるが，多用したのが付箋を使った協働である。

以下は，初年度にはじめて参加型の一貫研をおこなったときの資料である。

■平成 22（2010）年６月 23 日 第２回一貫研配布資料より

≪本日の流れ≫

第１部（15:30 ～ 16:00）

Ⅰ	会長挨拶	【赤大路小学校長　辻井進】
Ⅱ	これからの研究開発――この１ヵ月の経過をふまえて――	【講師：中西浩一（高槻市教育委員会教育指導課）】
Ⅲ	新領域と校区の子どもたちにつけたい力	（15:40 - 16:10）
	今後の日程	【一貫事務局】

第２部（16:10 ～ 17:05）

Ⅰ	グループワークショップ　≪コミュニケーションタイム①≫	
	テーマ①新領域で子どもに学ばせたいこと，つけたい力	（16:10 – 16:20）
	テーマ②やってみたい題材，子どもにヒットしそうな題材	（16:20 – 16:35）
Ⅱ	グループワークショップ　≪コミュニケーションタイム②≫	（16:35 – 16:45）
	出た意見を整理しよう	
Ⅲ	各グループからの報告・全体共有（１～２分で）	（16:45 - 17:05）

第３部（17:05 ～ 17:15）

Ⅰ	コミュニケーションカード記入	

子どもたちの課題をあらためて提示しながら，つけたい力や新領域について話し合った。３校プラス保育所・幼稚園・地域という参加メンバーが記入した何百枚にも及ぶ付箋を，事務局で４つの力を柱に整理した。それらをもとに，研究開発実施計画書を見直したり，次回の一貫研で共有すべき研究の方向性を探ったりした。こうすることで，「子どもの課題解決」，そして，そこにかかわる「教職員の意識改革」という当初の目的からぶれずに，校区の子どもにとって，得になる研究にすることを常に確認できたのではないかと感じている。

(4) めざす子ども像

「4つの力をつけることで，どんな子どもになってほしいの？」

この問いにこたえる「めざす子ども像」を定めることは自然の流れであった。子どもたちの課題からスタートして，つけたい力が明確になり，それらを育むことで，校区として「めざす子ども像」を設定する。これらは，研究を進める中で，一つひとつ，探し，つくり，確認していくことになったが，ひとつ定まるたびに，それは，3校の教職員がベクトルをそろえる拠りどころとなっていった。

めざす子ども像
今の課題に向き合い
未来をよりよく生きる子ども
4つの力の育成
じりつする力　考える力　見通す力　つながる力
社会参画力の育成をキーワードに9年間で4つの力を育む
連携型小中一貫教育の推進
～家庭・地域とともに子どもを育む～
第四中学校
赤大路小学校
富田小学校
校区で3つの一貫を進める
～子ども理解・内容・学び方～
校区の課題
子どもの願い
保護者・地域の願い

(5) 課題解決を図る新領域とは

①子ども・社会の実態からスタートする　──「いま」を入口に──

子どもたちと学校での学びの間にずれが生じ,「学びの空洞化」が起きており,この空洞を埋める研究にしていくことになった経緯については,すでに述べた。毎日朝から夕方まで学校で生活し,学び続けているのに,それが子どもたちにとって,自分の生きる力になっていること,自分や社会,未来につながっていることを実感できていないということは,残念であり,大きな課題である。全国でも危惧されているこの状況は,「勉強しても意味がない」「なんで勉強しなあかんの？」という校区の子どもたちに深くあてはまるものであった。

実社会は複雑で,多様である。でも,社会は人がつくっている。子どもたちには,さまざまな人と出会い,折り合いをつけ,自己実現を図りながら,この社会をつくり,自分らしく生きていってほしい。そう考えたとき,まず教える私たち自身が,「学校での学び」と実社会とのつながりを意識できているだろうか。「学ぶことはおもしろい」「学んだことは生きることに使える。役に立つ」と,どれほど伝えられているだろうか。そう問い返すと,胸が痛い状況であった。

子どもたちは,“ほんまもん”は見抜き,食いつく。傍観者ではなく,自分に関係あることだと思えば,意欲的に学ぶ。リアリティある学びが子どもたちの学ぶ意欲・生きる意欲に火をつけることは,特別活動や体験活動,各教科などさまざまな場面で「点」としては,実感していた。しかし,計画的,系統的,継続的にそのような学びが学校にあるかといえば,そうではなかった。縦と横の主張の通った９年間のカリキュラムとしては,まだまだ見えていなかったし,どうすれば実現可能かはわからなかったが,「学校教育と実社会をつなぐ」そんな新しい学びが校区にも全国にも必要であると感じていた。そして,それが校区の課題解決になるのではないかということは,当初から確認していた。

のちに,千葉大学の天笠茂教授には,「実社会と学校,どちらがずれてしまったのかは別にして,学校での学びと社会（世の中）にずれがあるというその分析はあたっている」といっていただいた。「いまとみらい科」として整理されていく新領域は,学校での学びと世の中のずれをつなぎ直すもの,社会への窓口,架け橋,受け渡し的な役割を果たすもの,つまり,実社会に出るためのパスポートを取得するような時間にできたらおもしろいのではないか。「学びの空洞」は埋まるのではないか。研究者からも指導を受けながら,そんな論議を繰り返し,新領域を開発していくこととなった。

また,校区の特徴として,グローバル化した社会だからこそ,まず,地域社会に目を向けることにこだわったことがあげられる。今生活する「自分のまち」という足場をしっかり見据えることが重要である。地域（高槻・富田）から,世界を考えるような学習のしかたもある。自分の地域と社会や世界をつなぐような単元を開発できたらおもしろいのではないか。そうすることで,学びに厚みが出るのではないか。そんな理想・ゴールの姿が見えてきたとき,「社会参画力」というキーワードに行きつくこととなっていくのである。

②子どもが「みらい」の担い手になる　── キャリア教育との関連 ──

本校区は,以前からキャリア教育の研究指定を受け,研究を進めてきた。しかし,先にも述べたが，今回の研究では，はじめから「キャリア教育」を進めるのだと強く意識し，整理しながら進めていたのではない。子どもたちの課題を目の前にして，迷い，論議し，「これだったら解決できる」と思えた方向性に突き進んだ結果，開発した「いまとみらい科」のめざすものが，キャリア教育だったのである。文科省の藤田晃之調査官（当時）と出会い，校区が主張しようとしていることと，国が進めようとしているキャリア教育において，重なる部分が多く，整理するべきであることを指摘いただいた。そこから，キャリア教育に関する資料を読み込みながら，研究を進めた。藤田晃之調査官にキャリア教育としての価値づけをしていただいたことで，「いまとみらい科」の主張は明確になり，結果として，充実することとなった。のちに述べる「いまとみらい」という名前にこめた願いは，今から思えば，キャリア教育そのものであった。校区の長年の課題は，学力向上・進路保障である。子どもたち一人ひとりが，その子らしく，自分と周りを幸せにしながら，自分の未来を切り拓いてほしい。社会を切り拓いてほしい。それは，何十年も前から，地域とともに共有してきた願いであった。

国のキャリア教育の定義と重ねながら，本校区の取組を見てみたい。キャリア教育は，「一人ひとりの社会的・職業的自立に向け，必要な基盤となる能力や態度を育てることを通して，キャリア発達を促す教育」とされている。また，キャリア発達は，「社会の中で自分の役割を果たしながら，自分らしい生き方を実現していく過程」である。子どもたちは学級の一員であると同時に，家庭や地域，社会の一員でもある。さまざまな場で，自分の役割を理解し，自分が役に立っていることを感じることで，自分の価値を見いだす積み重ねが，子どものキャリアとなっていくと考えられる。自分が自分として生きるために，「学び続けたい」「働き続けたい」と強く願い，それを実現していく姿がキャリア教育のめざす子どもの姿とされることを考えたとき，この，キャリア教育がめざす子どもの姿は，本校区が子どもたちの課題を見つめる中で，「自分らしく今と未来を切り拓いてほしい」「今を積み重ね，未来をつくってほしい」と考えた子どもへの願いと同じである。キャリア教育がめざすものとして，「一人ひとりのキャリア発達支援」つまり，「自分の今と将来をつなげてさまざまな役割とその価値を見いだしながら，成長を積み重ねていくことに対する支援」と「学ぶことや働くこと，生きることの尊さを実感させ，学ぶ意欲を向上させること」は，「いまとみらい科」で大切にした視点そのものである。

社会は今，知識基盤社会であり，激しい情報化，グローバル化などの言葉で説明される。雇用の多様化が進み，大学に行った人が必ずしも就職ができるという時代ではなくなり，情報化社会では，何が正しい情報なのかわかりにくくなった。地域社会，家族の形も変化する中で，価値観の多様化や「つながり」の希薄さ，規範意識の低下などが課題とされ，グローバル化の中で，日本の国際的な存在感の低下も聞く時代となった。そんな「大人も未来をなかなか見通せない社会」にあって，子どもたちが，「将来を展望しにくい」「人間関係を築けない」「学ぶ意味を見いだせない」ということは，生きる上で大きな課題である。それは，まさしく本校区の子どもたちの課題と重なるところであった。学習指導要領では，あらためて社会人として自立した人を育てる「生きる力」の育成，「学習意欲」の向上が強くうたわれている。多様で変化の激しい社会を生き抜く力を生涯にわたって育むために，本校区では「キャリア教育」の推進が必要だと考えた。

平成26年度　高槻市立第四中学校区　キャリア教育全体計画

めざす校区像
・3校でベクトルを合わせ，3つの一貫(子ども理解・内容・学び方)を進める校区
・今と未来の社会を主体的に生き抜く子どもを育む校区
・3校の協働により，9年間を見通して豊かな教育を創造する校区
・信頼関係を根底として自尊感情を育む校区
・働く教職員の社会参画力を育み，教職員も成長し続ける校区

教職員の願い
・自分らしく幸せに生きていけるよう進路を切り拓いてほしい
・自分で考え，じりつ(自律・自立)し，行動できるようになってほしい
・学ぶ意欲・生きる意欲を持ち続けてほしい
・自分の考えや思いを表現できる子であってほしい
・人や社会とつながり続け，豊かに生きてほしい

校区教育目標
今の課題に向き合い，未来をよりよく生きる力を育む
～授業改善を進め，社会参画力・学習意欲・生きる意欲を育むことで学力向上をめざす～

めざす子ども像
今の課題に向き合い，未来をよりよく生きる子ども
＊学ぶこと・生きることに意欲を燃やす子ども
＊困難にであっても，乗り越えていく子ども
＊自分・まち・社会の今と未来をつくる子ども

本年度の重点目標(校区課題)
・多様な人・文化・学びに出会い自尊感情を温める
～自分大好き・ひと大好き・学校大好き・学び大好きと思える子ども～
・これから出会う様々なことに対して課題解決をはかるSRPDCA学習サイクルで学び方を習得し，主体的な生き方につなげる
～学ぶ価値に出会う各教科等にわたる授業改善を通して学習意欲・生きる力を育む～

子どもの実態
・人が大好きで地域や学校に愛着をもつ子どもが多い
・学校づくりに積極的に参画する姿が見られる
・人間関係を築くことが苦手である
・生活習慣・学習習慣の定着が必要である
・情報を正しく判断し，自分で考える力の育成が必要である
・困難を乗り越え，継続する力の育成が必要である
・学習規律・基礎学力の定着に課題がある
・学んだことを活用する力の育成が必要である
・根拠を明確にして話したり聴いたりする力の育成が必要である

保護者・地域の願い
・困難に負けない子どもになってほしい
・実社会を生き抜いてほしい
・地域のよさや文化を伝えたい
・子どもたちと協働したい(地域活性化・授業の充実)
・わかりやすく工夫のある授業をしてほしい
・進路を切り拓く学力を身につけてほしい
・規則正しい生活習慣を身につけてほしい
・体力向上をはかってほしい

キャリア教育の全体目標＝校区教育目標
今の課題に向き合い，未来をよりよく生きる力を育む

	キャリア教育で育みたい力			
	人間関係形成・社会形成能力	自己理解・自己管理能力	課題対応能力	キャリアプランニング能力
	校区で育みたい4つの力			
キャリア発達課題	つながる力	じりつする力	考える力	見通す力
	人や社会とつながり続ける力	自分で判断しながら自分の立ち位置を見つめる力	課題解決に向けて必要な情報を整理・活用する力	見通しをもって課題に取り組む力
	社会参画力			
	人や社会に働きかける力	矛盾や困難を乗り越え，じりつして生きていく力	社会の中から課題をとらえ解決する力	学ぶ意味や自分とのつながりを考える力
	・コミュニケーション力 意見の違いや立場の違いを理解し，自分の意見をわかりやすく伝えたり，相手の意見を丁寧に聞いたりする力 ・働きかけ力 他人や社会に働きかける力	・規律性 社会のルールや人との約束を自分で考え，判断し，守る(行動する)力 ・主体性 物事に進んで取り組む力 ・継続性 困難に出会っても投げ出さない力	・課題解決力 現状を分析し，課題に気づく力 ・計画・実行力 自分たちが取り組める課題について，解決方法を考え，目標や計画を立て，それに合わせて行動する力	・振り返り力 学んだことにどのような意味があるのかとらえ，生き方に活かす力 ・見通し力 学んでいることと自分の将来や社会とのつながりを考える力
前期1～4年	相手を意識して，聞いたり話したりする。 身近な人や地域の人に自分の考えや思いを伝える。	学級生活において，必要なルールやマナーを考え，守る。 自分の意見をもち，友だちと共に進んで活動する。 困難なことに出会っても，いろいろな意見やアドバイスを活かして，最後まで取り組む。	身近な社会(家庭・学校・地域)を知り，改善したい課題を見つける。 身近な社会(家庭・学校・地域)の課題に対して，適切な解決方法を選び，計画を立て，それに合わせて活動する。	活動を通して学んだことの自分にとっての価値を考える。 学んだことから身近な自分の生活に活かせることを見つける。

中期5〜7年	自分と異なる意見や立場を尊重しながら聞いたり話したりする。 様々な人に協力を依頼するために，自分の考えを説明する。	学校や社会生活において，必要なルールやマナーを知って守り，行動する。 課題と自分との関係を知り，主体的に活動する。 困難な課題の解決に向けて，必要な方策を考え，取り組み続ける。	身近な社会（家庭・学校・地域）から，改善が必要な課題を見つけ，その原因を探る。 身近な社会（家庭・学校・地域）の課題に対して，適切な解決方法を選び，計画を立て，修正をはかりながら活動する。	活動を通して学んだことの自分の将来や身近な社会生活にとっての価値を考える。 学んだことから自分や身近な社会生活に活かせることを見つけ活かそうとする。
後期8〜9年	多様な他者と，適切に意見のやりとりをする。 より広い社会(地域・高槻市)の人に協力を依頼するために，自分の考えを適切に伝える。	よりよい社会の実現に向けて，必要なことを，自分で考え，判断し，行動する。 課題と自分との関係を問い直しながら，主体的に活動する。 実現が困難な課題に出会っても，自分ができることを考え，取り組み続ける。	社会生活から，改善が必要な課題を見つけ，その背景や原因を分析する。 解決が必要な社会(地域・高槻市)の課題に対して，適切な解決方法を選び，見通しをもって計画を立て，修正をはかりながら活動する。	活動を通して学んだことの価値を考え，自分の生き方を考え，よりよい社会づくりに活かす。 活動することや学ぶことを価値づけし，自分や社会の未来に活かそうとする。

	前期（1年〜4年）	中期（5年〜7年）	後期（8年〜9年）
各教科	（指導目標）多様化・複雑化が進む社会を生き抜くために，基礎基本の学力の定着と既習事項の活用を図ることで，豊かな思考力・判断力・表現力・学び続ける意欲を育み，よりよい自分や社会づくりに主体的に参画しようとする資質・能力を育成する。 ○各教科の価値や学ぶことの楽しさ，自分や実生活とのつながりを感じられる授業を展開することで学習意欲を育む　□既習事項（学びの倉庫）の活用　□解きたくなる主発問　□教科横断型学習　□小中教科部会による教材研究 ○自分の考えを表現したり，仲間の意見を聞いたりしながら，自分を高め，主体的に学ぶ力を育む。□ソロ-コミュニケーション-ソロの学習形態　□思考ツール・言語活動ワークシート　□聴く・話すレベル表 ○9年間を通して学習習慣の確立をはかり自学自習力を育む　□学習環境の整備　□家庭学習推進週間の設定　□校区学習ルール10か条の徹底		
道徳	（指導目標）よりよく生きるための自分のあり方や人や社会とのかかわり方について考え，判断し，実践する力を育成する。 ○主として自分自身に関すること　□よりよい生き方の追求　□目標に向かってやり抜く態度　□じりつに向けた実践力　□規律ある生活習慣の確立　□心身の健康増進 ○主として他人とのかかわりに関すること　□自分も人も心地よくなるあいさつ力の育成　□互いの個性や立場,多様な価値観の尊重　□互いを高め合う関係　□感謝する心の育成 ○主として自然や崇高なものとのかかわりに関すること　□生命尊重の学習　□生きる喜び　□課題の克服　□自然や美しいものに感動する豊かな心 ○主として集団や社会とのかかわりに関すること　□集団生活向上に向けた役割と責任　□法令遵守とその意義の理解　□権利と義務　□よりよい社会の実現（公徳心・社会連帯）　□公正・公平(差別や偏見のない社会の実現)		
総合的な学習の時間	（指導目標）子どもたちを取り巻く身近な社会（家庭，学校），そして，これから子どもたちが踏み出す社会（地域・社会）で出会う可能性の高い課題を題材にして，(1)その課題を解決するために必要な知識・技能や，思考力・判断力・表現力を育成し，(2)現在及び未来の自分や社会をよりよくしていくため，主体的・自律的に取り組む力を養い，(3)様々な人と関わり，それぞれが自分の問題として行動できるように働きかけることができる力を育成する。 **指導内容 「社会参画！〜自分・まち・社会の今と未来をつくろう〜」**		
	A　家庭(命)に関すること (1)　家庭の中での自分の役割を考える。 (2)　家族の一員として自分ができることを考え行動する力を養う。 (3)　多様な家庭生活，生き方や価値観を知る。	B　学校に関すること (1)　学級，学校の中での自分の役割を考える。 (2)　学級，学校の一員としての自覚をもち，役割を担う。 (3)　学級，学校を支える様々な人の願いを知り，支えられていることを認識する。 (4)　学級行事，学年行事，学校行事の企画，運営に携わり，改善を図る。	C地域に関すること (1)　地域・社会と自分とのかかわりを考える。 (2)　地域・社会の一員としての自覚をもち，周りの様子や出来事に関心をもつ。 (3)　地域・社会を支えるため，様々な人が活動していることを知り，自らその一員になることの大切さを知る。 (4)　よりよい地域・社会を築いていくために，解決すべき課題を見出し，課題解決に向けて企画し，行動する。
	■1年:すてきなじぶんだいはっけん(成長した自分を見つめ身近な人に発信) ■2年:お家の温度計をあげよう(わたしもできるよ！おうちの仕事) ■学校温度計をあげよう①1年:わくわくスタートに参画②2年:学校の仕事体験③3年:心の温度計アップ④4年:安心安全の学校づくり ■まちの温度計をあげよう・みらいのまちを考えよう①3年:まちの元気度アップ②4年:まちの元気アップアート	■学校温度計をあげよう⑤5年:遠足改革プロジェクト⑥6年:中1ギャップと向き合う⑦7年:Welcome四中（6年生の体験入学に参画） ■まちの温度計をあげよう・みらいのまちを考えよう③5年:フードアクションでまちおこし④6年:安心安全の避難訓練⑤7年:みんなにやさしいまちホッとシティ	■学校温度計をあげよう⑧8年:行事改革⑨9年:体育祭改革 ■まちの温度計をあげよう・みらいのまちを考えよう⑥8年:職業体験でまちとつながろう・アートでまちの課題解決⑦9年:マイタウンミーティング〜今の出会いと未来の私〜（自分たちの生き方やまちづくりについて考える）
特別活動	（指導目標）よりよい生活や集団,人間関係を築くための活動を通して,人間としての生き方についての自覚を深め,自分を活かす力を育成する。 よりよい学級,学年,学校,校区づくりへの参画 ○学級活動　○児童会・生徒会活動　□学校生活上の問題を自ら見つけ,集団の一員として解決策を考え,進んで実践　□よりよい生活を築くため,意見をまとめる話し合い活動　□自分たちできまりをつくって守る活動　□現在と将来の生き方を考える機会の設定　□中1ギャップへの対応　□学ぶことや働くことの意義　□自分の将来設計に必要な情報を集め,自分らしい進路を選択　□総合的な学習の時間等と関連させ望ましい勤労観・職業観を形成【学級会・学年集会・児童生徒集会・校区児童生徒議会】　○学校行事　□行事に参画することで豊かな学校生活を創造　□集団への所属感や連帯感　□公共の精神　□勤労の尊さや創造すること,共に助け合って生きることの喜びを体得		

4つの基礎的・汎用的能力と校区で育みたい4つの力との関連については，「キャリア教育全体計画（前ページ）」のように整理した。

「人間関係形成・社会形成能力」は，役割を果たしつつ他者と協力・協働して社会に参画し，今後の社会を積極的に形成することができる力とされ，他者に働きかける力や，コミュニケーションスキル，チームワークなど，「いまとみらい科」で育みたい社会参画力と合致する。

「自己理解・自己管理能力」は，自分が「できること」などについて，社会との相互関係を保ちつつ，主体的に行動すると同時に，自らの感情を律し，今後の成長のために進んで学ぼうとする力とされ，「自己の役割理解」「前向きに考える力」「忍耐力」「主体性」など，これも校区の子どもにつけたい力と重なった。

「課題対応能力」は，仕事をする上でのさまざまな課題を発見・分析し，適切な計画を立ててその課題を処理し，解決することができる力とされ，自らがおこなうべきことに意欲的に取り組む上で必要なものとされている。また，知識基盤社会の到来やグローバル化等を踏まえ，今までの考え方や方法にとらわれずに物事を前に進めていくために必要な力であり，情報を主体的に選択し，活用する力を身につけることとされていることから，「情報に翻弄され，人を傷つけたり傷ついたりしている」という本校区の子どもにつけたい力と同じである。

「キャリアプランニング能力」は，校区が研究のはじめからこだわってきたことと関連が深いと考える。キャリアプランニング能力として，自らが果たすべきさまざまな立場や役割との関連を踏まえて「働くこと」を位置づけ，「学ぶこと・働くこと」の意義や役割の理解，多様性の理解，将来設計，選択，行動と改善などがあげられている。

今の自分と将来をつなげて見通すことが不得意だった校区の子どもたちは，周りの出来事や学びを自分に引き寄せて考えられなかった。将来や社会とつながっているととらえられないから，学ぶ意義や働く意義を見いだせず，その結果，高校中退や働き続けられないなどの課題も見られた。これらを解決し，今の自分の行動や役割と未来をつなぎ，自分の将来を切り拓くためには，キャリアプランニング能力の育成が必要である。

このように，「キャリア教育」という視点で，本校区の研究を整理できた意味は大きかったととらえている。そして，今回の研究では，小中9年間に焦点をあてたが，「0歳から18歳」の合言葉をもつ本校区では，より長いスパンで，系統的に，かつ家庭・地域とともに，豊かで魅力的なキャリア教育をおこなっていくことが必要であると考えている。

③「いま」と「みらい」をつなぐ新領域――学習指導要領との関連――

「研究開発学校」は，現行の学習指導要領の問題点を指摘し，新たな学びを提案するものである。そのためには，現行の学習指導要領を深く理解する必要があることを厳しく指摘される中で，「いまとみらい科」と現行の学習指導要領との関係についても，整理していくこととなった。本校区が開発した「いまとみらい科」は，既存の教科，総合的な学習の時間，道徳，特別活動，これらすべてと関連するものである。とくに，総合的な学習の時間の学び方や道徳と特別活動の内容との関連が深く，それらの一部を融合させる形で開発した。

現行の教育課程より1・2年生の生活科の一部と3年生から9年生までの総合的な学習の時間を「いまとみらい科」とした。教科の枠を動かさず，各教科を横断させることで，総合的な学習の時間の学びに特別活動とキャリア教育の視点を生かし，現行の学習指導要領ではなし得なかった「実社会」と深く関連する学びをめざしたいと考えた。（教育課程表　第3章1.（4））

「これなら課題解決につながる」と思えたのが「社会参画力」というキーワードだった。（第3章1.（1））

ともすれば，「体験あって学びなし」にしてしまいがちであった総合的な学習の時間とキャリア教育の視点，そして，年間35時間という枠では体系的にじっくりと取り組みにくい特別活動の「学校づくりへの参画」という要素を生かし，「社会参画力の育成」というキーワードで9年間，そして校区3校を貫く「いまとみらい科」が必要であると研究開発を方向づけた。

(6)「いまとみらい科」としての出発――名前にこめた思いと決意――

「いまとみらい科」の名前には，さまざまな思いと私たちの決意が込められている。「学びの空洞」を埋めようとしたとき，まず，はじめに出てきたキーワードが「実生活」であった。「学びの空洞」を埋めるには，学びと実生活を結びつける必要性を強く感じていたからである。研究開発の初年度は，「実生活科」と仮に名づけ，研究を進めていった。

しかし，研究を進めるにしたがい，「実生活」，つまり今の課題だけではなく，その課題に向き合うことによって未来を切り拓く力を育むことへの願いが強くなっていった。過去の経験が今を創る。今が積み重なって未来になる。今は未来につながっている。子どもたちの未来は，今，創られるのだ。

しかし，「みらい」だけでは夢物語になるのではないか。夢を想像するだけでは，今の課題を解決する力は生まれないのではないかとも考えた。「いま」を入れたことが，校区のこだわりである。

子どもたちの生きる「いま」にこそ，リアリティが存在する。そこから課題を見いだし，自分たちの力で解決していくことにより，未来を切り拓く力を育むことができる。そんな子どもたちを，この「いまとみらい科」を通して育んでいきたい。私たち自身も，子どもたちとともに力をつけていきたい。そういう思いと決意が，「いまとみらい科」の名前には込められている。

このようにして，やりたいことは見えてきたが，新領域を形にしていくには，知識も材料も方法も，見えていなかった。子どもたちの幸せを願い，新領域を具体化していくためには，Research が必要だった。

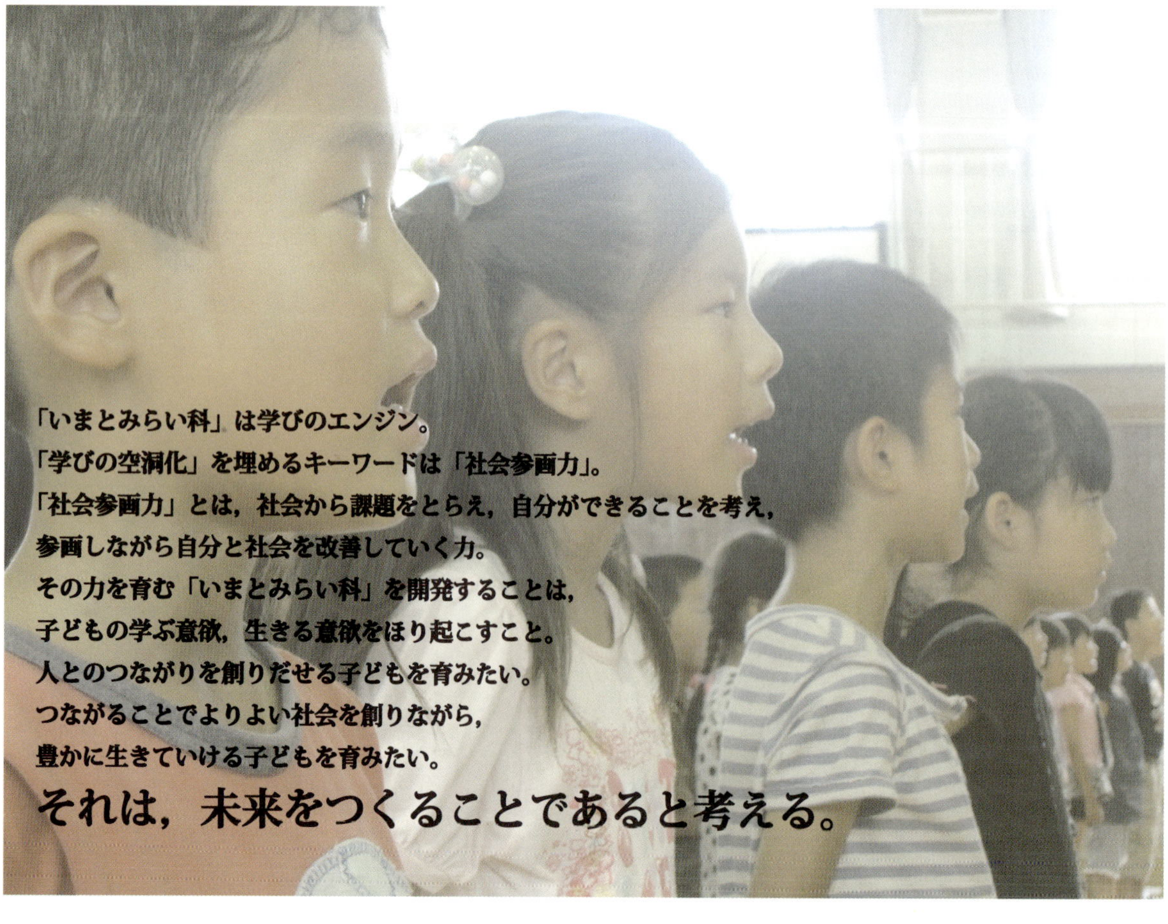
「いまとみらい科」は学びのエンジン。
「学びの空洞化」を埋めるキーワードは「社会参画力」。
「社会参画力」とは，社会から課題をとらえ，自分ができることを考え，
参画しながら自分と社会を改善していく力。
その力を育む「いまとみらい科」を開発することは，
子どもの学ぶ意欲，生きる意欲をほり起こすこと。
人とのつながりを創りだせる子どもを育みたい。
つながることでよりよい社会を創りながら，
豊かに生きていける子どもを育みたい。
それは，未来をつくることであると考える。

エピソード：名前，何がいいんやろ

「新しい教科の名前，何がいいんやろ」。新領域の名前が決まる前，3校の職員室でよく聞かれた声である。新領域の名前は校区の教職員にも広く募集された。まるでイメージのつかない新領域。新しいものを生み出すわくわく感と，先の見えない不安があった。その言葉を聞いただけで，学ぶ内容がイメージできるものがいい。子どもも大人も呼びやすく，親しみのあるものがいい。これまでにない，斬新なものを生み出したい。こうして，校区の教職員は知恵をしぼっていた。

「いろんな学習の要素があるから，レインボー科なんてどうやろ？」

「いやあ～，それでは何を勉強するんかわからんで～」

「ほんなら，何がええんか考えてみーや！」

「そんなんいわれても出てけえへんけど……」

そして，さまざまなアイデアの中から，「いまとみらい科」という名前が発表された。

「おー，なるほど！」

「うちの校区にぴったりやわ！」

「名前はええけど，具体的にどんなことしていけばええんやろなあ」

「俺の考えたレインボー科はどないなってん！」

校区で力を合わせて考えただけに，反応はさまざまであった。それでも，誰もがその名前に希望を見いだし，愛着をもった。そして，「いまとみらい科」は校区の宝物となり，校区の力を結集して，実践を生み出していくことになる。

【校区教職員】

第２章

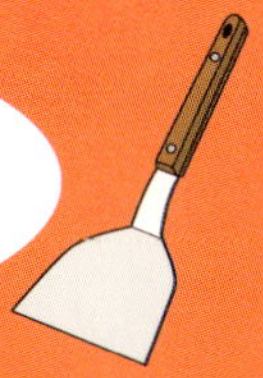

研究の方向性を探って

――Research　がんばりたいけどわからへん――

歩きながらつくるこの研究は，Research の連続だった。はじめは，研究者や先進校から。そして，子どもたちや，自分たちの実践からも Research し続けた。それは，今も続いている。

第 2 章　研究の方向性を探って
― Research　がんばりたいけどわからへん ―

1. 歩きながらつくる

(1) 見えない道標

立ち止まる時間はなかった。1,000 人の子どもたちと，100 人を超える教職員を迷わせることはできない。失敗は許されない。それはわかっていた。少しずつ，研究の方向性が打ち出される。でも，確固たるものとなるまで，誰かに指導を受けるたびに，修正が入った。修正や改善の結果，使えなくなった図や文書を収納していく PC のフォルダが一番容量を増していく感じであった。ひょんなことで，いつまた復活するか，活用できるかわからないので念のためにつくった「涙のフォルダ」なるものが存在しており，時折クリックしては，よくこんな図をつくったなぁと事務局の仲間とふり返り，自分たちを労ったり，なつかしく思ったりしたものである。

めざしたいものはあったが，どうやってそこにたどり着けばいいのか見えない。ひとつの学校でも難しいのに，文化も規模も違う 3 校で，どうやって研究というものを進めていけばいいのかわからなかった。あるのは前のめりの「気持ち」だけだった。道標はどこにあるのか見えなかった。はじめのころ，月 1 回のペースで実施した一貫研は，すぐやってきた。綱渡りだったが，忙しい教職員の大切な 1 時間なり 2 時間を費やすのである。毎回，心をこめて策を練ったし，準備もした。

ここに，研究開発学校として，第 1 回目の一貫研で確認した研究開始にあたっての決意を抜粋しておく。研究の内容はここから変わっていくが，この原点だけは，今でも変わっていない。

> はじめに
> 今回の「小中一貫教育」という大きな研究指定が，すべての子どもたちにとって，地域にとって，働く私たちにとって，「必要」とされ，「実りあるもの」，「四中校区らしいもの」にしたいと考えています。
> この研究を，保護者や地域の願いに寄り添ったものにしていきたい。私たち自身が元気になるような研究としたい。そうすることが，本校区だけでなく，すべての子どもの課題解決につながっていくと考えています。地域の力を借りながら，3 校全教職員による研究をすすめ，大阪府，高槻市の四中校区が全国に発信する意味を忘れずに，今日ここで小中一貫教育研究のスタートをきりたいと思います。

この原稿は，3,000 文字を超えるものだった。事務局の総力をあげてつくったこの原稿を自分たちの中に落とし込み，伝えたときの気持ちは今でも忘れられない。これから先，みんなの前に立つのがつらいときもあったが，3 校の校長とは，常に意思疎通を図りながら進めた。研究のことを論議するときの校長は，いつもの校長としての立ち位置ではなく，ひとりのメンバーとして参加することも多かった。失敗しても，見えなくても，ともに悩み，前へ進もうとする暑苦しいほどの仲間であった。今までのように個人や数人で進める研究では意味がない。長年の課題解決のためには，ひとりでも多くの教職員のベクトルをそろえ，校区みんなの研究としていく必要があった。

初年度の 5 月，新規の研究開発学校として，文部科学省との面談があった。そこでは，厳しい指摘を受けた。詳しくはこのあとのエピソード「研発やめてもよろしいか」を参照していただきたい。研究開発学校ってこんなに大変だったのか。他の指定校を見ると，ホームページを見ても，なんだか慣れた感じである。この混沌とした公立小中学校で，本当にやりきれるのだろうか。そんな不安がよぎった。校区の教職員に，厳しい指摘の数々を，どう伝えたらよいのか途方に暮れることもあった。文部科学省からは，全面的に研究開発実施計画書の見直しを求められた。

当時の計画書を見ると，

・小中国語部会
・小中算数・数学部会
・小中英語部会
・新教科　リテラシー科
・新教科　セルフプラン科

などの組織や教科があげられており，研究が絞り込めていないことがわかる。もちろん，既存の教科も新教科（新領域）も研究したかったというのは間違っていないと思うが，到底やりきれるものではなく，文部科学省に「研究開発学校」とは何かということを突きつけられ，指導されながら，新領域の開発に焦点化していくこととなった。

校区がやりたいと思うことを出しながら，大阪府教育委員会，高槻市教育委員会と何度もやりとりして計画書を作成したが，校区の力だけでは，限界だった。日常的に，濃密にかかわってくれる研究者が必要だった。これまでも校区に長くかかわり続けてくださっていた葛上秀文准教授（鳴門教育大学）に指導を受けながらというより，いっしょに泥船に乗ってもらいながら進めることとなった。

少し研究が進んだ感をもち始めていた初年度の 1 月，研究開発学校フォーラムで，文部科学省の教科調査官や，研究者から，再び厳しい指摘を受けた。校区が主張することはわかるが，研究開発学校として，カリキュラムを作成することに至るものなのか，カリキュラムとしていくには，「縦と横の系統性」を整理する必要があると指摘いただいた。その一方，実生活や実社会に直結する課題でカリキュラムを構成することは，今求められていることであるともいっていただいた。それから，学習指導要領を読み込む作業が始まった。現行の教育（各教科等）を知ることが，意義ある新領域開発につながるということを深く理解したときには，1 年目は終わりかけていた。次年度（23 年度）の計画書についても，何度も書き直すこととなった。

エピソード：見えへんからがんばれへん

突然の発表で始まった研究開発。3 校長と事務局のメンバーが，頻繁に会議を重ねている姿を横目で見ながら，4 月が始まると圧倒的な量の担任業務に追われた。その多忙な日々の中，毎月のようにおこなわれる一貫研。普段は学級のことを考えているため，一貫研の情報は，断片的にしか頭に入ってこない。「今日は，校区の子どもたちの課題について考えます」「今日は，言語活動の充実について講演いただきます」「携帯電話について，小中全学年で 1 単元つくりましょう」「国語科における言語活動についてです」。それぞれの話は，単体ではよくわかる。その時々の具体の作業もおこなった。しかしこれらが，新領域の研究と，どこでどうつながっているのかはいまいちわからない。不平をいう教職員や，あからさまに参加しない教職員もいる。自分としては，同じ教職員が，役割として前に立ってくれているのに，その態度は違うなぁと感じていた。かといって，「いろいろあるけど，がんばっていこう」など，自信をもって前向きな言葉かけができるわけでもなかった。

「事務局は何がしたいねん」「こっちはどう動いたらいいねん」が本音であった。ちゃんとしたいし，力になりたいとも思う。しかし方向を示してもらわないと動けない。それがもどかしい。また，示されないと動けないという自分にも，悔しさを感じていた。

もう少し，見えたらがんばれるのに……。何回もの一貫研を経ながら毎回思っていた。

【校区教職員】

エピソード：一貫研をつくるということ。不安と苛立ち

今から思えば，一貫研で前に立つときは，奮い立つ前向きな自分を常に演出していたのかもしれない。前に立つ人間が，元気でなかったり，夢を語ることができなかったりしたら，忙しい中，駆けつけ，うなずき，必死で支えようとしてくれる校区の仲間たちに申し訳ない。一貫研から帰るときには，少しでも元気になってもらえるような研究をつくっていくことに必死だった。

一貫研の日は決まってそう。

「今日は行事でバタバタしていたので，富田小学校の先生はギリギリになるかもしれへん」「赤大路小学校の先生の姿が少ないけど，何かあったん？」「対応があるから，遅れます」「なんで四中の先生来てないの？　え？　部活動？　生徒指導？」。

3 校それぞれの日常がある。その中で，16 時に第四中学校に集まるということが，どれほど大変なことかわかる。それでも一貫研の朝は，「時間厳守でお願いします」。各校の職朝で発言する。だから，毎回ぎりぎりまで準備に追われながらも，「みんなちゃんと来てくれるだろうか」と，どきどきしながら開始時刻を待つ。駆けつけてくれた人もほとんどが疲れた

顔をしている。「終わったら，戻ります」。携帯で，学校と電話している姿もある。「忙しいのに……」。はっきりと，不満や反対の声が聞こえてくることもある。心がいっぱいになってトイレに駆け込むこともあった。研究が見えないときはとくに，忙しいみなさんに集まってもらうことが心苦しかった。

それでも，3校の教職員が顔を合わす「一貫研」をつくり続けた。そうしないと，課題解決は進まないからである。ともに切り拓こうという仲間が校区にはたくさんいたからである。前回より少しでも整理を。一歩でも先を。いい仕事ができない自分への苛立ちや道すじが見えない不安の中，とにかくリサーチした。リサーチは先進校だけではない。自校の教職員の心の動き，疲れ具合，子どもの変容，各校の雰囲気。調べ，感じ，受け止めて，研究推進の文化をつくる作戦を練る。教職員の心に響く石を探して投げる。何度もそれらをくり返して，人が人とともに研究を手づくりしていくことを学んでいった。

【事務局】

エピソード：研発やめてもよろしいか

初年度の5月，新規研究開発学校が文科省から指導を受ける機会があった。教育指導課中西副主幹（当時）と計画書を携えて文科省の門をくぐった。中西副主幹は市教委の代表として，私は，3校の校長の代表として文科省のヒアリングを受けるべく，ニュースでよく見る文科省のいかつい旧の正門をくぐった。中は近代的なビルで警備が厳しかった。今回手にした計画書は中西副主幹やすでに結成されていた事務局とも何度も協議をしてつくりあげた「自信の作品」であるといささか自負があった。

何校かの研発校が同じ部屋でヒアリングを同時に受けるというやり方で，となりの学校のやりとりがよく聞こえる。四中校区の担当は，藤田調査官と杉田調査官であった。よその学校のヒアリングは穏やかで順調に進んでいた。聞こえてくる内容もハイクラスで時間内に静かに終わっていった。

一方，四中校区のほうは中西副主幹が口火をきってくれ，熱心に計画書の説明をしたが，横綱と序二段の相撲のようにころころといい返された。調査官の言葉は優しくて丁寧だが，いっていることは辛らつでこちらの急所を，ぐいぐいついてくるのだ。私も私なりにつたない持論を「展開」したが，あっという間に土俵の外にひっくり返された。要するに「これで四中校区は何をしようとしているのか」「これなら従来型のキャリア教育の焼き直しやないか」と言葉静かに攻め立ててくるのだ。さすが調査官である。甘く見すぎていた。到底，2人の調査官が指摘することはできていない。何をいおうとも既存の学習指導要領の枠を出ていないといわれてしまっては撤退しかない。せっかく事務局の面々が時間を費やしてつくってくれた計画書である。研発のしくみを知らないので思わず「研発今からでもやめてもよろしいか」といってしまった。よその学校はすいすいヒアリングが終わって帰っていくのに，次々と質問が続くことに業を煮やしたのだ。調査官は，「この校区は何をいっているのか」

と怒りがあったとは思うが，冷静に受け止めてもらい，「はい，やめていいですよ」とはいわなかった。すでに研究校として決まっているから頑張れというエールを送ってくれるように角度を変えて，計画書の書き方や四中校区に期待していることを教えていただいていたのではないかと思う。ヒートアップしている私は恥ずかしさも手伝って，何を助言していただいたのかも十分わからなかった。特別活動との違い，キャリア教育と今度の「新領域」との違いなども解説いただいていたのだ。

人との出会いは不思議なもので，この後，杉田調査官には何回も高槻に来ていただいて貴重な助言をいただいてきた。藤田調査官は，文科省を後にする私たちに，最初はいやみかなと思うほどキャリア教育の資料集を何冊もお土産にくださった。また，資料集のどの部分が参考になるかという具体的なアドバイスまでいただいた。すいすいヒアリングをすませていた学校の内容より，四中校区のやれることに期待をしていただいていたのかも知れないと，今ふり返って思う。当日，新橋の駅前で中西副主幹とこれからどうするか，今日の調査官の話をみんなにどのように伝えるか思案に暮れながら語り合ったことを，ニュースで新橋駅前が映し出されるたびに思い出す。

【辻井　進（元赤大路小学校　校長　初代一貫研会長）】

(2) 視察から学ぶ　――「共有」を増やし，研究のベクトルを探る――

方向性が定まらない中，まず校区として大切にしたのが，先進校への視察である。まず，動かなければ始まらない，変わらない。そういった思いで全国津々浦々に出かけていった。

どのようなところに行けばよいのかもわからない中，とにかく全国で特徴のある取組をしている学校を探すところから始めた。すると，全国には次の学習指導要領を見据えて研究を進めているところが多くあった。そこから，真摯に学びたい。校区の子どもたちのために，校区の研究を進めるために，ひとりでも多くの教職員で動きをつくろうと校区で積極的に視察に行った。

視察に出かけることで，学びを深める。視察に出かける中で，思わぬ成果が表れるようになった。それは，視察にともに出かける道中でのことである。校区３校の教職員がともに出向くことにより，会話に花が咲き，研究を深めることにつながっていったのである。

「あの研究は，うちの校区に当てはめればこのようになるんちゃうかな？」

「あそこの研究のこの部分はうちの校区でも活用できるかも！」

「すごい研究やけど，子どもの実態が違いすぎるなぁ」

「やっぱり研究は校区を元気にするものにしやなあかんよな！」

「うちの校区でやろうとしてることもすごいやん！　自信もってやろうや！」

校区３校の教職員がこんな会話に花を咲かせる中で，「チーム四中校区」としての絆が深まっていった。そしてそれが３校でともに研究を進めていくことにつながっていったのである。

３校での先進校への視察は，「共有」を増やす。その「共有」が次のエネルギーにつながる。みんなで研究のベクトルを探っていく校区のリサーチであった。

【上越市の２つの研究開発学校】

新潟県上越市立大手町小学校。多くの保護者や市内の教員が協力しての運営が大変印象的だった。「うちの校区では無理だな」と圧倒されたり，「これはやってみようか」と触発されたりの連続であった。

参観した授業では，高田公園の桜の保護活動に１年間取り組んだ６年生が，卒業を前にしてこの活動をどう継承していくか話し合っていた。練られた板書，活発な話し合い，子どもたちが自分たちの取組に大変自信をもっていることがはっきりと伝わってきた。

同じく上越市の上越教育大学附属小学校。最も心に残ったのが，年数回開催されるという「音楽集会」であった。６年生の司会で進行，伴奏も６年生，学年ごとに体育館に入場，みんなで歌を歌い，踊り，おしまいは，１年生から順番に「あわ踊り」を踊りながら退場，という流れであった。先生方も一緒に踊っている姿がすばらしかった。１年生は１年生のかわいらしさにあふれ，学年が進むにつれて踊りのクオリティーがあがっていくことが一目瞭然であった。参観していた保護者にも子どもが成長していく姿が実感できた取組であった。下級生があこがれる上級生を育てること，また，その姿を見せる場面をつくることの大切さを感じた。

また，音楽祭の後の「心の活動」の授業も，音楽祭の取組を題材に展開されていた。子どもたちから「揉め事を乗り越えたからこそ本番がうまくいった」という発言が出るなど，本番に至るまでの“揉め事”まで，巧みに取り入れた見事な展開であった。

【高槻市の関西大学初等部】

第四中学校区のある高槻市の関西大学初等部で取り組まれている「ミューズ学習」も見せていただいた。「ベン図」や「ボーン図」，「Xチャート」などの思考ツールを使い，思考スキルの獲得をめざした授業であった。「ベン図」などは早速校区の「いまとみらい科」の授業に取り入れさせてもらった。

上記以外にも，たくさんの学校へ行かせていただいた。小中の教職員が一緒に他校を見て，自分の校区の子どもの姿や取組と比較したり，感想や意見を交換したりすることで，「どのような子どもを育てたいのか」ということが，より明確になっていった。新たな発見も多々あり，校区や自分の学校に足りない点，自分たちの校区でも取り入れたいこと等を共通認識することができた。

また，研究開発学校の“先輩”からは，研究内容だけでなく，研究発表会の会場設営や当日の運営についてもいろいろと学ばせていただいた。

しかし，何より大きかったのは，さまざまな学校の多くの先生方の熱意，エネルギーに触れられたことであった。「研究開発学校」という大きな看板を前にして途方に暮れそうになる我々を勇気づけ，「私たちもやらなければ」と奮い立たせてくれたのは，各地で頑張っておられる先生方の存在であった。

(3) 研究者から学ぶ・国から学ぶ　―― 本物との出会い　指摘される心地よさ ――

今回の研究開発で，たくさんの研究者に出会い，指導を受けるチャンスを得られたことは校区にとって大きなことであった。今から思えば，お忙しい研究者に対して，ずいぶん無理をお願いしたり，少々強引だったりしたと思うが，藁をもつかむ思いで，それこそ“ほんまもん”の皆さんにしがみついた。校区のわがままにつき合い，わかるように評価し，導いていただいたことに感謝の気持ちでいっぱいである。今まで遠い存在だった文部科学省の教科調査官や大学の研究者から，校区の取組，研究，教職員，授業，子どもの姿に対して，それぞれの専門分野からまっすぐ指導いただけたことは，研究開発学校ならではのチャンスであり，幸せなことだった。また，国が今，何をめざし，これからどういう方向で教育を考えているのか，校区に何を期待してくれているのか，縦横ものさしを当てるように学習指導要領を根拠に厳しく指導される経験を経たことも大きかった。「研究開発学校なんだから，学習指導要領を超えなさい」といわれることを通して，「学習指導要領のすごさ」を知る 4 年間でもあった。

今回の研究がどんな時期に，どのような指導を得ながら，何を見つけ，進んできたのか，研究の過程をふり返りたい。

・はじめての一貫研

はじめての一貫研で，高槻市教育委員会から，この研究指定の大きさや市として期待することなどの言葉を得られたことは大変心強かった。また，後には，大阪府教育委員会からも，一貫研に来ていただき，激励や指導を得る機会を設けた。市や府が期待してくれていること，校区の取組を評価してもらい，「校区が独りよがりでやっている研究ではないのだ」「これは子どもたちのためになる研究なのだ」と価値づけしてもらえたことは，教職員にとって大きな励ましでありうれしかった。

・文部科学省連絡協議会

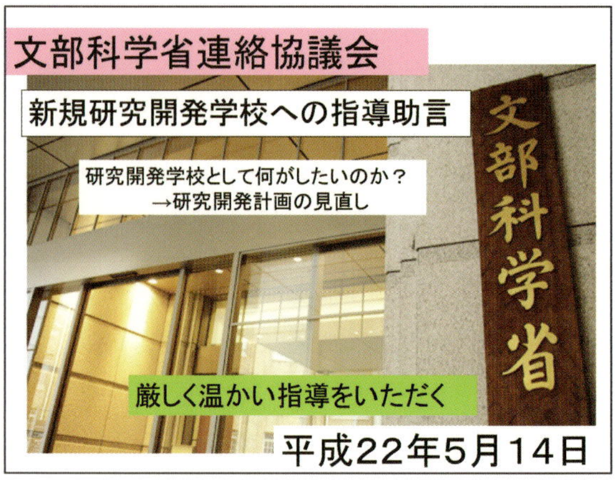

研究初年度の 5 月，文部科学省との面談があった。ここで，杉田洋調査官（当時）と藤田晃之調査官（当時）に出会った。「研究開発学校として何がしたいのか，方向性や計画をもっと練らないといけない」ということについて，厳しく温かい指導を受けた。自分たちが研究だと思い込んでいたことと，求められている研究との大きなギャップに，思わず「今から，研究開発やめてもよろしいか」といってしまったという話も，今だから笑って話せるが，「10 年後の教育を見据えるという，こんなに大きな研究指定を受けてやっていけるのだろうか」という漠然とした不安は，大きかった。「総合的な学習の時間

と何が違うのか」「キャリア教育との関連は整理できているのか」。何一つ，自信をもって答えられない。しかし，ここで，はっきり「あかんもんはあかん」と指摘してもらえたから，校区は本気になれた。ここからチャレンジが始まった。

・文部科学省研究開発学校フォーラム

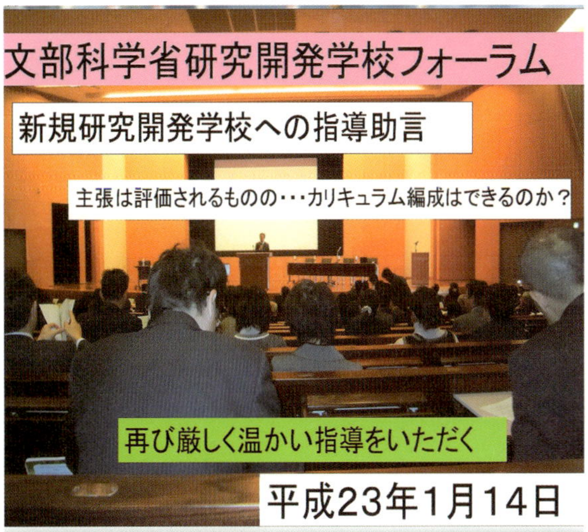

初年度の1月に研究開発学校フォーラムがあり，3校の校長と研究推進者で東京に行った。東京に行くというだけで大騒ぎだったが，内心は，「新領域と総合的な学習との違いを突っ込まれたらどうしよう」「ほぼ1年が経とうとするのに，再び，全面書き直しだったらどうしよう」と気が気ではなく，葛上秀文准教授（鳴門教育大学）には，東京出発の朝方までメールのやり取りを通して指導いただくという切羽詰まった状態だった。前日も深夜まで，ホテルで作戦会議をおこない，本番に備えた。フォーラムでは，杉田洋調査官や，角屋重樹教授（広島大学）など，何人もの研究者や文部科学省の方々から指導助言を受けた。当時は，「いまとみらい科」という名前もまだ決まっておらず，仮の名前「実生活科」であった。そもそも「実生活科」というネーミングも再考すべきとの指摘を受けた。また，「実生活科」の主張はわかるが，カリキュラムとして，体をなすものとして編成していけるのかと厳しい指導を受けた。一方で，実生活や実社会と学校を結ぶ教育の研究を進めることは，今の教育には必要であることも指摘いただいた。他にもたくさんの指導や質問を受け，一つひとつ必死に答えたが，「今日いわれたことがわかりましたか？」と，子どもを諭すように最後に声をかけていただいた記憶がある。それほど，校区の研究の進捗状況は，まだまだ不安定で，穴だらけだったのだ。しかし，その中で，特別活動を担当される杉田洋調査官は，「子どもの活動を何より大事にしてやってほしい」といってくださった。教育の可能性や夢を熱く語る杉田洋調査官の指導をもっと受けたいと勝手に惚れ込んでしまい，無理をお願いし，校区に来てもらえないかと依頼することになった。

・文部科学省実地調査と中間発表会　――杉田洋調査官に教えていただいたこと――

2年目の11月，文部科学省の実地調査があった。授業を見た杉田洋調査官からは，子どもたちの「スタンディング」がまだまだ弱いとの指摘をいただいた。それと合わせて，「言語力が足りない。もっと力をつけないと，『いまとみらい科』でめざす本当の学びに子どもたちは出会うことができない」ともいっていただいた。これは，校区にとって大きな示唆となり，研究のベースとして，また，すべての学習のベースとしての言語力の育成について，本腰を入れるきっかけ

となった。また，もっと主役である子どもの主体性を引き出す学習にこだわるべきだと教えられた。子ども自身が考え，話し合い，計画し，実行すること，子どもの「Do（参画）」を保障すること，最終的には，生き方の表明につなげること，それらが，リアリティある「いまとみらい科」であり，今，必要とされていることであるとの指摘もいただいた。杉田洋調査官の一つひとつの言葉が，子どもを信じ，育もうとしている校区の教職員の心に熱く響いた。本発表までの1年間，再び杉田洋調査官に来ていただくまでに，教えてくださったことを少しでも研究に反映したいと強く思った。

もうひとつ，杉田洋調査官に感謝しているのが，「チーム四中校区」になるためのパワーをいただいたことである。チームを船にたとえ，一緒の方向を向いて，力を合わせることの大切さを伝えてくださった。中間発表会では，ご講演いただき，研究の価値を整理し，校区がチームになる意味をあらためて指導いただいた。杉田洋調査官には，出会うたび，夢と自信をもって研究を進めなさいと背中を押していただいた。この出会いは校区にとって大きなものであった。

・運営指導委員会　―― 天笠茂教授（千葉大学）に教えていただいたこと ――

1年目の終わりごろ，高槻市のラーニングSプロジェクトの会議で天笠茂教授に出会った。小中一貫教育に関するご発言を聞き，「この先生の指導を受けたい」と強く感じ，研究開発学校の運営指導委員になっていただけないかと会議後，その場で依頼した。

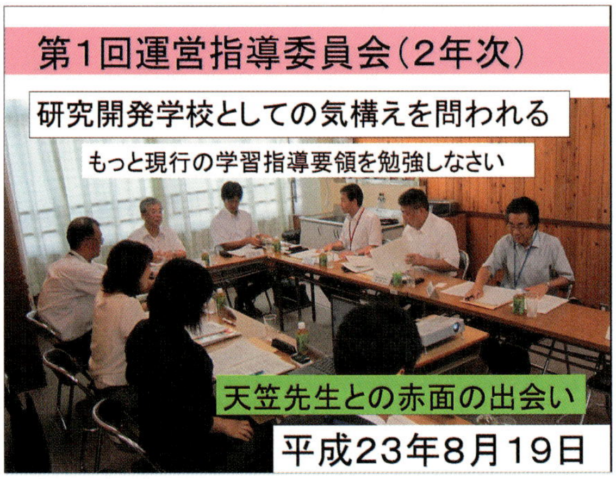

2年目の8月，はじめて校区にお越しいただいた。恥ずかしながら，校区は，研究が少し見えてきたと思っていた。そんな校区に対し，天笠茂教授の指導は，「研究開発学校としての気構えがわかっているのか」と厳しいものであった。

学習指導要領をもっと読み込み，勉強するべきだという痛烈なメッセージを受け取ることとなった。この日をきっかけに，学習指導要領が付箋とマーカーだらけになった。一部であっても，教育課程を変えるということは，結局，全教育課程の見直しである。今を知るからこそ，足りないものを指摘する研究開発が可能となる。それが研究開発の本当の意義だと丁寧に指導いただいた。どうしていいかわからない校区に対し，最後は，これからどんなステップを刻めばいいのか，具体的にどんな資料を作成していけばいいのか，丁寧に示された。次の運営指導委員会が，12月であることは決まっていたので，この日の指導に応えるべく研究を進め，天笠茂教授に出会い直したいと必死になった。

緊張して臨んだ12月の運営指導委員会で，「あれから，研究が進みましたね」といっていただいたときには，子どものようにうれしかった。ようやく研究の中身のことで指導いただけるようになった。「いまとみらい科」といいながら，「社会」や「未来」の要素が弱いこと，小中一貫して「いまとみらい科」を進める意味をもっと整理し，主張すべきであること，「未来の市民をつくるつもりで研究しなさい」といっていただいたことは大きかった。自分たちの研究が，将来の市民を育むようなダイナミックな研究になり得るという価値づけをしてもらい，まだまだがんばろうという元気をもらった。

3年次の運営指導委員会でも，社会参画力という，つけたい力があり，それを育成する「いまとみらい科」があり，単元があり，授業があるといった，具体的な研究の進め方や主張のしかたに至るまで，示唆いただくこととなった。

本発表当日もパネルディスカッションのコーディネーターとして，また小中一貫教育に関するご講演をいただくなどお世話になった。また，研究開発学校として，3年間の研究開発実施報告書をまとめるにあたり，迷惑を顧みず大学まで押しかけるなど，最後まで校区につき合い，指導いただいたことに心から感謝したい。

・前進するしかなかった3年目そして4年目 ―― 藤田晃之調査官に教えていただいたこと ――

藤田晃之調査官には，2年目の1月，2回目の研究開発学校フォーラムで，再び出会った。ようやく「社会参画力」という研究の方向性が定まったものの，私たちは具体的な単元開発や授業づくりという一番大切なところで行き詰まっていた。そんな時，藤田晃之調査官に，キャリア教育の視点で「いまとみらい科」の意義をとらえ直すことを教わり，整理いただいた。

校区の研究推進のために，指導を受けたい方がいれば，体当たりすることをすでに覚えていた私たちは，無理をいって，春休みに文部科学省に押しかけた。お忙しい中，藤田晃之調査官は時間を取り，研究の具体化について指導くださった。授業づくりで悩む校区の先生方にぜひ直接指導いただきたいと考え，校区に招き一貫研で講演もいただいた。また，11月に本発表が迫っていた3年目の夏，2度にわたって文科省を訪ねた。全学年の単元案や当日の指導案を持参した。各学年の案に対して，「はっきり指摘してください」とこちらからお願いしたものの，短時間で指導案の弱さを見抜き，「ここところがつながっていません」「この展開は強引で無理がある。失敗します」と，本当にはっきり指摘いただいた。全単元を通して，「子どもにとってのリアリティとは何か」「授業者としてのねらいは明確か」「その単元の意図は何か」「この単元でどんな力をつけたいのか」と，校区は一つひとつ問われることとなった。そして，「リアリティ」を追求するには，まず，教職員自身が実社会を知る必要があり，「企業」「NPO」「行政」の活用といった，実社会とつながる具体的なヒントも示してもらった。このことが，子どもたちの意欲に火をつけ，つけたい力に大きくかかわっており，私たちのやりたいことを具体化していく道筋として，胸にすとんと落ちた。他にも，こんな展開もあり得る，発達の段階を考えたら，ここは注意するべきだなど，具体的な指導をいただき，何より，子どもたちのために，「もっと，教材研究しなさい！」という熱いメッセージを校区の教職員にもち帰ることができた。つまり，藤田晃之調査官には，子どもが社会参画したくなる，わくわくする単元にすることの大切さ，つけたい力を明確にして，子どもに出会わせたいことを絞り込むことなど，研究に走っていた私たちに対して，もう一度「子どもが学び，成長する授業」という原点に立ち戻らせてくださったと感じている。教材開発は，私たち教職員の脚で確保し，ハートで高める，丁寧に熱をもっておこなっていかないと，学びのある授業はできないとあらためて教えられた。

藤田晃之教授（平成25（2013）年度から筑波大学）には，名目指定延長をおこなった4年目も研究発表会での講演をはじめとして大変お世話になった。「いまとみらい科の成果を教科へ」

という研究をスタートさせることとなったが，「なぜ学ぶのか」「わくわくする学習意欲を高める教科授業とは何か」など，キャリア教育の視点で各教科の授業づくりを考えること，「いまとみらい科」の充実発展などについて，引き続きご指導いただいた。4年目の夏休みには，校区に来ていただいた。その際には，長時間にわたって，全学年に直接指導いただいた。一貫研での全体講演，各学年への指導，事務局への指導……，と朝から晩までご指導いただいた。熱くこの校区の価値を語り，もっとホームページを充実させ，発信すべきということ，本にまとめるべきではないかとまでいってくださったことは，校区に大きな力と夢を与えた。

・修正修正の研究開発　―― 葛上秀文准教授（鳴門教育大学）から教えていただいたこと ――

試行錯誤，修正の連続だった4年間，ずっと校区に張りついてくださったのが，葛上秀文准教授だった。長い年月，校区の子どもたちと教職員，地域にかかわってくださっている研究者である。今回の研究でも，「子どもたちの課題解決」「校区の課題解決」にこだわり続けてくださった。長年なし得なかった校区の課題解決につながる学びとして，「いまとみらい科」の立ちあげ，学習指導要領の作成，S－RPDCA学習サイクルなど，粘り強く，校区の話を聞いてくださり，一緒に考え，指導をいただいた。何度も来校し，一貫研や学年会で指導いただくことはもちろん，いつでもメールや電話でも指導いただいた。他の研究者とは立ち位置が違う。校区はそうとらえており，校区とともに船に乗り，悩み，道を探してくださる存在だった。校区の取組がスキル論に流されそうになったときには，子どもの課題解決にそれがつながるものなのかと研究がぶれないように，問うてくれる存在であった。なぜこの校区に「スタンディング」が必要なのか，「いまとみらい科」だったのか，教職員の意識改革をどう進めるのか，葛上秀文准教授がいてくださったからこそ，たくさんの研究者や国の指導を活かすことができた。近い存在だからこそ，ぶつかることもある。それでも，ずっとこの校区を見つめ，ともに悩み，あゆんでくれる大切な研究者である。

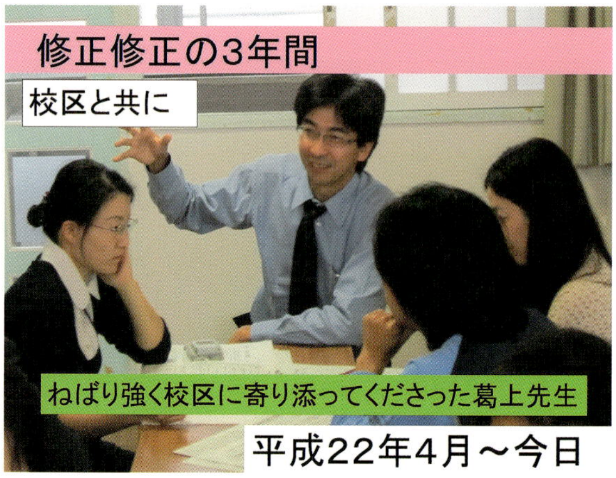

・研究者の指摘を翻訳することの大切さ

この研究を通して，多くの研究者との出会いがあり，多くの指導を得る機会があった。ただ，数々の指摘事項を，校区の教職員にそのまま伝えることがいつも得策とは限らない。教職員の意欲や元気につながるように，校区の実態に合わせて咀嚼することは，事務局の大きな仕事であった。どのような方法と言葉で，どのタイミングで，どこまで返していくかは，毎回一番悩むところであった。個々の教職員の個性やその時々の状態に応じて，伝え方を変える必要もあった。

天笠茂教授が，あるときこんなふうにいってくださった。「この校区は，我々研究者の言葉を翻訳する力をもっていたのですね。指摘したことを，本気で反映しようとする学校ばかりではないこともよくわかっています。ある意味，研究者をよく使いこなしたのかもしれませんね」。校区にとっては，うれしい言葉だった。原点は課題解決である。子どもの成長につながるように，教職員，校区が得をするように，研究者の指導を受け止め，咀嚼し，実践に落とし込んでいく。

研究者と現場が，ときには勝負し，尊敬し合いながら，教育の質を上げていく。“ほんまもん”の研究者たちに出会い，指摘に応えようとすることで，研究が育っていくことを実感できた。厳しく指摘してもらうことで授業が豊かになり，教育の質が上がることが楽しくもあった。このことを経験し，学べたことは，研究開発の本質だったのではないかと感じている。

エピソード：運営指導委員会での赤面　――そのとき校長は――

研究開発２年目の夏，「いまとみらい科」の中身も少し見えてきたかに思っていた。しかし，その思いは露と消えた。「研究開発学校としての気構えをおわかりか」という天笠教授の言葉になんともいいようのない恥ずかしさと悔しさがこみ上げてくる。「いまとみらい科」を開発していくということは，全教育課程を見直すことを意味しているのだ。「学習指導要領の問題点を指摘する」という研究開発学校の使命。小手先でやれるものではなかったのだ。あまりに的を射た数々の指摘に，恥ずかしさを通り越して，心地よい納得感に浸っていたのは，私だけではなかっただろう。先を照らし，校区を焦らし，本気にしてくれた赤面の第１回運営指導委員会であった。その後の懇親会での天笠教授の「研究開発学校になったことで，どの学校より学べるし，どの学校より成長するチャンスを得られましたね」というフォローの言葉が胸に沁みた。しかし，今思うと，打たれ強い校区であったなぁとしみじみ思う。何といわれようと，意地でもやるしかなかったのだ。【校長】

(4) 子どもの姿から学ぶ

何のために研究をするのか？　この研究の原点は「学びの空洞」を埋め，子どもたちが今と未来をよりよく生きる力を育むことである。その原点を忘れずに，校区の教職員で何度も確認しながら研究を進めるために，常に子どもの姿から学ぶことが大切であった。３校の教職員が集まり，みんなで同じ授業を見る。そして，その授業を通して見えてきた子どもの成長と課題について話し合う。そんな研究授業を何度もくり返してきた。以下，その一部を紹介したい。

いまとみらい科・教科の研究授業

①　９年生　いまとみらい科　「生きがい・やりがい・一生涯」【平成 23（2011）年６月】

職業体験を題材に，「何のために働くのか」ということを考えさせる学習をおこなった。子どもたちの興味関心をほり起こすために，教職員の寸劇を導入に取り入れた。「職業体験」という，以前からあった学習を，S － RPDCA 学習サイクルに当てはめることで，子ども自身の学びへの参画，そして，社会への参画の要素を取り入れた。これまでおこなってきた取組を「いまとみらい科」の学習として活かし，改善できることを示した研究授業でもあった。その後の研究協議では，授業者から，「前回の小学校の研究授業に刺激を受け，がんばれた」「毎日忙しく，課題も大きいが，自分が何かをつくっていく大変さの方がはるかにうれしい」「四中も，自分自身も前向きにやりたい」との言葉が出た。子どもたちにも教職員の熱意が伝わっていた。しかし，９年生の子どもたちが学びに向き合いきれない姿もあり，9 年間でどんな力を，どのようにしてつけていけばよいのかなど，考えるべきさまざまな課題が浮かび上がってきた 50 分間でもあった。

【コミュニケーションカードから】

- 今日の授業で，先生たちが前向きに楽しんで取り組んでおられるのが子どもたちにも見ていた私たちにも伝わってきました。寸劇でぐっとひきつけられているのを見て，私も授業に取り入れてやってみたいと思いました。ただやっぱりしんどい（なかなか集中できない様子）状況も目のあたりにして，小学校からの積み重ねはものすごく大きいと感じました。
- 話を聞くという態度を学級全体でつくっていくことの大切さ，難しさをあらためて実感させられたと同時に，身近な話題やリアリティのあることへの反応は大きく，これを活用していけると子どもの聞く姿勢も自然とうまれてくるのではないかと感じました。先生の一生懸命さが伝わり，生徒もよく参加していて，楽しく見させていただきました。
- 教師側のやる気が生徒たちによく伝わったかなと思います。それを受けて各自が考え，班で意見交流という設定はありましたが，うまくコミュニケーションできない現状が見えました。小学校からの積み重ねが必要ですね。上越で見てこられた 6 年間の積み重ねのように，系統立てて小学校が担っていく部分，大きいと感じました。

② 7 年生　いまとみらい科 「ハッピー　ライフ　プロジェクト」【平成 24（2012）年 6 月】

これは，家庭科との関連で保育所・幼稚園での保育実習を組み入れながら，「子育て」について考える単元として開発にチャレンジした単元である。4 月に多くの新しい教職員をむかえ，そのメンバーと一緒に授業づくりをおこなった。前日まで，何度も学年会をしたり，練り直しをしたりしながら，少しでもリアリティある学びにしたいと「S 準備カード」を新たにつくるなど試行錯誤しながら準備した。

授業が始まり，どの教室も教職員が子どもたちと丁寧な関係を築いていることが感じられた。また，富田小・赤大路小それぞれから中学校に入学した子どもたちが，温かく，新しい関係を築き始めていることも感じられた。

導入部分での写真のしかけに思わず身を乗り出す子どもたち。ソロタイムで取り組んだイメージマップ，4 人グループでの話し合いなどたくさんの提案がなされた。一方で，S（スタンディング）を大切にすること，つけたい力に迫る主発問や活動，リアリティある「いまとみらい科」としての単元開発のあり方など，課題も見られた。

【コミュニケーションカードから】

- 子どもたちの雰囲気がよく，子どもたちが四中でも大切にされていることがわかった。
- 「まちの温度計をあげる保育実習にするために」とか「保育実習を通して何を学びとってきたいのか」という S が弱かった。
- S カードや S 準備カードをどんなタイミングで，何のために活用するのか課題があった。
- 授業の途中で，全体共有の場がほしかった。深いことに気づいた子どもの声が，コミュニケーションの中で埋もれてしまった班があった。

③ 6 年生　算数　「割合」【平成 25（2013）年 6 月】

これまでの「いまとみらい科」の成果を各教科の授業へ広げようと，平成 25 年度は，校区での教科の研究授業をおこなった。授業者チームが悩みながら考えたのは，「150 万年前の人類の足あとの化石発見 !!　歩はば 60㎝　この人類の身長は何㎝だったと考えられるか」という発問だった。それを聞いた時の子どもたちはわくわくし，目は輝いていた。解き明かしたい「本時の S」との出会いとなった。子どもたちは，ソロタイムⅠで，自分なりに学びの倉庫（第 7 章参照）から既習事項を引っぱり出して，自分の主張を考えた。コミュニケーションタイムでは，各学級で丁寧に指導を積み重ねてきたことが伝わるグループ討議，全体共有がおこなわれた。難しい内容であったが，友だちの考えに出会い，さまざまな考え方で「きまり」に気づいていった。授業の最後に，「これやったら（きまり使ったら），自分のもわかるなぁ！」「学んだことを使って解いてみたい」など嬉々とした表情で発言した子どもたちの姿に，教科の授業改善への手ごたえを感じた。

【コミュニケーションカードから】

- 「いまとみらい科」の成果を活かした教科授業を初公開。いろいろご苦労もあったと思いますが，ありがとうございました。教室の床板化粧板の一辺は 30㎝とヒントをあげると子どもがわくわく動き始め，S のつかみはとてもよかったです。先生のあたたかな声かけも。ソロで考えさせる「テーマ設定」がとても難しいこともあらためて感じ，また考えたいと思いました。
- 授業ありがとうございました。活発なコミタイムでの，「もう 1 回説明して !!」という一人ひとりの子どもの食いつきから，今回の発問 S がよかったんだなあと確認できました。またソロⅠ - コミタイムで見つけたきまりを，「自分の身長でもできるかな？」と発言し，ソロⅡの深まりが見られたのもよかったなぁと思います。勉強になりました。
- 割合という単元で，先生方が子どもたちに伝えたいという思いが伝わってくる問題の内容だったと思います。きまりを見つけたら歩はばから身長がわかるという S を，もっと子どもたちに投げかけ，問いかければ「きまりを見つけたい」という意欲づけになったのではと思います。S の大切さ，難しさをあらためて感じました。

3 校の教職員でおこなった研究授業は 4 年間で 18 回（授業数 30 以上）を超える。どの研究授業でも，事前に学年や教科，校内・校区の教職員が集まり，練り上げをおこなってきた。しかし，どうしても授業の方向性が整理できなくなったり，行き詰まったりすることがある。そこで大学の研究者などの有識者から指導をしてもらう機会を大切にした。事前の協議，事後の指導助言で客観的な立場から指導をもらうことで，子どもたちの姿から何を学びとればよいのか，教職員はその都度確認していくことができた。

たとえば前ページの 7 年生「ハッピー　ライフ　プロジェクト」では，葛上秀文准教授より次のような指導をいただいた。

- これまで校区が培ってきた校種間・家庭・地域とのつながりを単元開発に活かすこと
- 社会参画力の育成にはステップがあること
  - 1・2年生では教職員の指導のもと，目の前の出来事に対して成功体験を積むこと
  - 3・4年生では友だちと協力して，相談して解決していくこと
  - 5～7年生では自分でできることは授業外（自分で調べてくる等）や自分でやりながら，授業は考えたことをよりよくする場にすること
  - 8・9年生では自分の将来とつなげる。解決しない課題があっても，考え，取り組んだことは，次につながる。将来の「解決策」をつくるということ
- 今回の授業でいえば，未来の社会とつなげ（働きかけ），一人ひとりが安心して子育てできる社会をイメージし，それを具体化するのが社会参画である

このような指導をくり返し受けることで，子どもの課題は解決されてきているのか検証し，リサーチしながら，研究をつくっていった。

・校区共通授業（参観）評価シートの作成

校区で研究授業をおこなう際に用いたのが参観シートである。研究を進める上で大切にしてきたことが授業で達成できているかを確認できるようにした。これにより，授業者は授業を練り上げる段階で授業づくりの視点を確認することができ，参観者も共通の視点で授業を見ることができるようになった。

研究授業の後は研究協議をおこなう。3校の教職員がグループに分かれ，授業の成果と課題をＫＪ法で話し合うスタイルを毎回とったが，この参観シートがあることで，ぶれずに話し合うことにつながった。共通の「ものさし」がないと，「中学校の授業のことはわからない」「他教科のことには，口を出せない」などの反応があり，研究協議自体成り立たせることが難しいとの反省から作成に至ったものである。

このシートの視点から，さらに，「今日の子どもたちはＳをもてていたか」「コミュニケーションタイムが充実するための手立てはあったか」など視点を絞って協議し，それを各自に返していった。

年度が変わると教職員が大きく入れ替わる。これは公立学校の宿命である。それでもこれまで大切にしてきたことを継承し，研究を前進させなければならなかった。教職員が大きく入れ替わるからこそ，基本的な事項も載せるべきではないかと考え，「学習の流れがわかる板書になっていたか」「子どもへのことばかけは適切か」「自尊感情を育む視点を大切にした授業か」など全教職員で共有できるように工夫した。教職員一人ひとりには，自分なりの授業スタイルがあったり，それへの自信があったりする。授業を見る視点やつくる視点を明確にすることへの反発も，もちろんあるのだが，新しい教職員とベクトルを合わせていくこと，何より，3校のベクトルを合わせていくためには，このような「ものさし」となる根拠を明確にしていくことが求められた。個々の教職員のもちあじを大切にしながらも，子どもたちが9年間安心して学ぶ土台をつくるために，一貫すべきことはそろえる。小中一貫して，校区の教職員がベクトルをそろえるために大切にしてきたことである。

第３回一貫研　～いまとみらいにかがやく～ ゆめみらい学園　　　　H25（2013）年6月26日(水)

授業を見る視点＆コミュニケーションカード

所属　富小 ・ 赤小 ・ 四中　　お名前（　　　　　　　　　　）

幼・保・高・セ・その他（　　　　　　）

◇それぞれの内容について，当てはまる記号に○をつけてください。

Ａ：よくあてはまる　　　Ｂ：あてはまる

Ｃ：あまりあてはまらない　　　Ｄ：あてはまらない

	設問		評価			
一人ひとりの子どもがめあてを達成するために	①	学習指導要領の内容をふまえた単元・授業づくりになっている	A	B	C	D
	②	単元のＳが適切に設定されている（この単元を通して子どもたちにこうなってほしいという願い・子どもと共有したいこの単元を学ぶ意味・価値・この単元を学ぶ楽しみ，わくわく感・実生活とのつながり）	A	B	C	D
	③	単元のＳを子どもと共有することができている	A	B	C	D
	④	本時のＳ（主発問）に学ぶ意欲を掘り起こす工夫がある	A	B	C	D
	⑤	本時のＳ（主発問）を子どもと共有することができている	A	B	C	D
	⑥	学びの倉庫（既習事項や他教科・経験や生活）を活用できている	A	B	C	D
	⑦	ソロタイムⅠで自分の主張（考え）をもてるように工夫している	A	B	C	D
	⑧	コミュニケーションタイムを充実させるための工夫がある	A	B	C	D
	⑨	Ｒを根拠に主張をたてたり交流したりすることができている	A	B	C	D
	⑩	ソロタイムⅡに学びの深まりが感じられる	A	B	C	D
	⑪	CA が今日の学びを評価し，次時への意欲を高めるものになっている	A	B	C	D
	⑫	学習の流れがわかり，学びを支援する板書になっている	A	B	C	D
	⑬	子どもへの働きかけ（ことばかけや全体・個別指導）は適切である	A	B	C	D
	⑭	自尊感情を育む視点を大切にした単元・授業となっている	A	B	C	D

【本日の授業について】

＊一貫研終了後回収します。みなさまのご意見を，校内で回覧，また，一貫研ニュースに掲載させていただくことがあります。

(5) 教職員の姿から学ぶ

一貫研は，手づくりである。その中で，意地を見せた教職員がいる。生き抜いた教職員がいる。輝いた教職員がいる。私たちは，一人ひとり，互いの姿から多くのことを感じ，学んできた。一貫研で私たち教職員があゆんだ道筋を「S － RPDCA」で表せば，次のようになるだろう。

■「一貫研」を創ってきたプロセス

S

子どもたちの課題解決は私たちの問題
研究を意義あるものにしていくのは自分自身
チームをつくるのも私たち一人ひとり

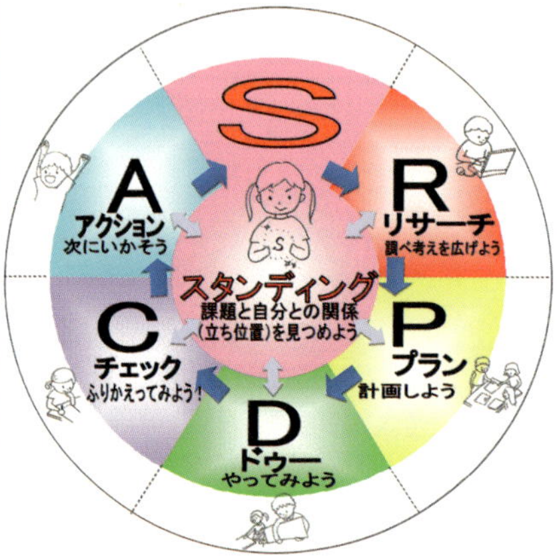

A ＊次の授業，次の研究をつくろう

課題解決に足りないものは何なのか？　ふり返りを活かして，必要な手立てを考え，次への意欲を高める。

R ＊どんなふうに研究を進めていけばいいのか調べよう

先進校の視察や文科省，学識経験者の指導助言を生かし，研究を方向づける。

C ＊研究をふり返ろう

３校共通授業評価シートを活用して，授業の成果と課題を明確に。授業を見ながら，研究の成果と課題を明確に。

D ＊授業を通して学びの空洞を埋める研究を実践しよう

子どもが主体的に学び，社会に働きかける授業を展開。互いの授業を公開する機会も大切に。（公開授業・研究発表会）

P ＊いまとみらい科の単元を開発しよう（教材研究）

研究開発実施計画を，何度も修正しながら，子どもたちの課題解決を図る授業を計画し，準備する。

子どもたちの課題解決のために見つけ出したS－RPDCAは，私たち教職員こそ向き合うべきものである。「何のためにこの研究に取り組むのか？」「何のために働くのか？」……子どもたちにこだわらせたかった「S－スタンディング」は，研究を進める教職員にとっても，一番必要なことであった。研究開発もそれを支えるチーム作りも「S－RPDCA サイクル」で進めた。

教職員も人間である。子どもとの関係に，学級の状況に，保護者との関係に，元気をもらうこともあれば，落ち込むこともある。そんな日常の中に，この研究があるということを忘れてはいけない。一方で，忙しそうにしているからと気を遣い，意見をいわなくなること，切り込むのを躊躇することで，ずるずると教育の質が下がっていくこともわかっていた。「忙しいから今はできない」「こんなことをやっている場合ではない」。そうやって逃げ続けていては，課題解決には至らないということも感じていた。だから，毎回の一貫研は真剣勝負だった。一貫研で毎回記入してもらうコミュニケーションカードは，最も見たくて，見たくないレスポンスであったが，ここから学ぶことは多かった。今日の話をこう受け止めてくれたのか。あの授業をこう評価したのか。この点がわかりにくかったのか。教職員の声から学び，次に活かすのである。研究が進むにつれ，確かな手ごたえを感じる記述が増え，元気をもらうことが増えた。しかし，そんなサクセスストーリーばかりではない。疑問点，納得いかないこと，批判も毎回あった。この声からも学び，受け止めるべきところや次に改善できることを探す。正直に本音をぶつけてくれる人には，話し込むこともできる。どの教職員も校区で真剣に子どもにかかわっている仲間であり，校区の教育をつくる主体者である。一人ひとりが責任を負っている。

一貫研は，教職員でつくる大切な研修の場であり，互いが学び，高め合える場である。

・3 校の協働の難しさとおもしろさ

それほど大きな校区ではないが，教職員は多様である。子どもと同じように，個性豊かで，さまざまな考え方の人がいる。だからこそ，力がかけ合わさるとおもしろい。でも，かけ合わせるのはなかなか難しいということも実感してきた。

子どもどうしの協働をおこなうには，その前に，大人の協働が必要である。はじめは，どのように協働してよいのかわからないため，事務局が時間と場所を設定するスタイルをとったが，個性がぶつかり，うまくいかない学年や部会も毎年出てきた。そんな情報を注意深くキャッチし，必要に応じて，事務局などの第三者が調整に入ることも再々あった。反対に，互いの歯車が合うと，自主的な会議も生まれてくる。うれしい協働の姿を見ることも，年々増えていった。

小中の文化の違いはおもしろい。互いの弱みと強みがある。そう理解できると，ぐっとつきあいやすくなる。小小の違いもおもしろい。この研究でずいぶんベクトルがそろい，共通の取組が増えた。それでも，連携型小中一貫教育では，そもそもそれぞれの学校の校長が違うし，あくまでも別の学校なのである。だからこそ，違う学校の教職員が出会い，協働することは難しいがおもしろい。世代交代が進む中，校区の宝となるベテランの力を校区で活かせることもありがたい。

教職員も，子どもの学級づくりと同じである。“協働”も，目的をもって，S－RPDCA でつくっていくのである。互いに学びあいながら。

第3章

「いまとみらい科」をつくる

——Plan　社会とつながってほしいねん——

「Plan」では，研究を「可視化」していくことを大切にした。ひとつの表，ひとつの図，ワークシート…。可視化し共有していくことで，みんなで考えて進めるようにした。

第３章　「いまとみらい科」をつくる
―Plan　社会とつながってほしいねん―

1. 見えてきた研究の方向性 ―― 何をしようとしたのか ――

２年目の夏だった。「社会参画力」，このキーワードを見つけたとき，研究は大きく動いた。新領域名が決まり，小中９年間を一貫しておこなうことも決まった。何度も「スタンディング」を確認し，「リサーチ」を重ね，ようやく，具体化するときである。どんな単元をつくろうか，どんな授業をしようか，こうなれば教職員の動きは活発になる。研究は走り出した。

(1) 社会参画力とは何か

「いまとみらい科」の中心に，社会参画力を設定した。しかし，校区らしい研究で課題解決を図るためには，「一般的」なとらえでなく，校区の子どもたちに具体的にどのような力を育み，どのような成長をめざすことが，社会参画力の育成なのか明確にする必要があった。

①　これまでの学びとの違い ―― １年生を例に ――

社会参画力を設定することで，今までの子どもたちの学びと何が違うのか，その主張を明確にすることが求められた。そのため，学習指導要領を読み直し，何が違うのか，なぜ必要なのか考え続けた。その作業を続けることで，社会参画力の中身が明確になっていった。１年生の単元を例として示す。

「いまとみらい科」

★キーワードは「社会参画」

★「学びの空洞」を埋める時間

★学校での学びと実社会・実生活を結ぶ架け橋となる時間

「いまとみらい科」が「新領域」として成立するためには，学習指導要領を超えることが必須の条件となります。つまり，既存の各教科・領域との関連を明確に整理しながら，学習指導要領をどのように超え，何を主張する単元とするのかをいい切ることが必要です。その視点から，夏休みに検討した単元案を今一度見直し，修正・追加していく作業をしていかなければなりません。

たとえば，１年生の単元『めざせ　ミラクル　１ねんせい！』で考えてみると……

単元名	内容	ねらい	学習指導要領との関連
①でかけよう！　ようちえん・ほいくしょへ！	１年生になってできるようになったことを，幼稚園・保育所の子どもたちへ発表しに行く。発表にむけて，内容や発表の方法を計画し練習する。	友だちと力を合わせて何かに取り組む経験を積むことで達成感を得る。１年生になってからの自分をみつめ，成長したところに気づくことができる。	【生活】 目標 (1)(3)(4) 内容 (8)(9) 【生活】 内容 1(2)　2(2) 【特別活動】 学級活動目標 学級活動内容
②おおきくなるっていうことは	生まれてから現在までの成長の軌跡をオリジナルの絵本にする。絵本づくりを通して学んだことをもとに，入学説明会「わくわくスタート」で新１年生とその保護者に対して，『ミラクル１年生の作り方』を発表する。	自分の成長には周りの人の支えがあったこと，自分が大事にされてきたことに気づくことができる。 自分たちの成長を整理し，よりよい学校生活の過ごし方を考えることができる。	

この単元は，表に記載したような項目との関連が考えられますが，学習指導要領に盛り込まれた内容の枠内に収まっていては，「新領域」として成立しません。

そこで……

学習指導要領より
特別活動
学級活動「1　目標」
学級活動を通して，望ましい人間関係を形成し，集団の一員として学級や学校におけるよりよい生活づくりに参画し，諸問題を解決しようとする自主的，実践的な態度や健全な生活態度を育てる。
学級活動「2　内容 1・2 年生」より
学級を単位として，仲よく助け合い学級生活を楽しくするとともに，日常の生活や学習に進んで取り組もうとする態度の育成に資する活動をおこなうこと。

⇩

「いまとみらい科」での主張
「社会の一員として，自分たちの社会づくりに参画できる資質や態度を育てる」※この意識を，小学校段階から明確にもたせることが必要。
生活
各学年の目標及び内容「1　目標」より抜粋
(1) 自分と身近な人々及び地域のさまざまな場所，公共物などとのかかわりに関心をもち，地域のよさに気づき，愛着をもつことができるようにするとともに，集団や社会の一員として自分の役割や行動の仕方について考え，安全で適切な行動ができるようにする。

（2）身近な人々，社会及び自然とのかかわりを深めることを通して，自分のよさや可能性に気づき，意欲と自信をもって生活することができるようにする。

（3）身近な人々，社会及び自然に関する活動の楽しさを味わうとともに，それらを通して気づいたことや楽しかったことなどについて，言葉，絵，動作，劇化などの方法により表現し，考えることができるようにする。

「いまとみらい科」での主張

「相手（次に入学してくる子どもたち）のために，相手意識をもって，自分たちができることを考え，実践することができるようにする。」

このように，みんなで確認し，作業し，研究開発学校として，学習指導要領を超えるということを意識しながら，「社会参画力」の育成を図る単元をつくっていった。

実社会には，矛盾や困難があふれている。それでも，腐らず，投げ出さず，知恵を絞って生き抜く人であってほしい。高校中退や働き続けられないなどの長年の課題を解決するためには，この力が必要である。また，社会で起きていることと自分とのつながりを見いだせる人であってほしい。社会は甘くないが，捨てたものでもない。人がつくっているのだから，よりよい社会づくりに自分もかかわってほしい。ひとりでがんばる力をつけることは大切である。でも，人とつながることは温かくて心強い。そんな経験をたくさんしてほしい。社会は多様である。年代も多様である。「いまとみらい科」を通して,「社会（地域）」のすごさと「社会（地域）」の弱さを知り，そこに参画する経験を積んでほしいと考えた。

■校区が考える社会参画力

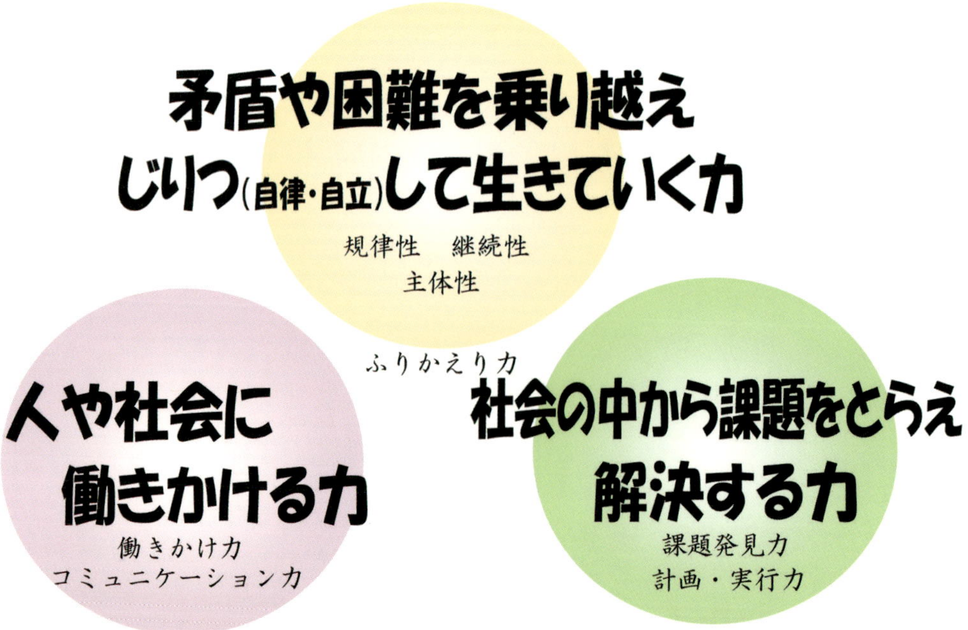

②社会参画力ステップ表

校区のベクトルをそろえ，３つの社会参画力を育むためには，もっと具体的な項目に細分化する必要があった。発達段階ごとのステップ，めざす姿を刻むことで，「いまとみらい科」の各単元では何をねらうのか，どんな力を育むのかも絞り込める。「活動あって学びなし」となる失敗をくり返さないためにも，「社会参画力ステップ表」として，整理していった。

社会参画力ステップ表をつくる際には，文部科学省のキャリア教育関連資料や，経済産業省の「社会人基礎力」などを参考にした。今の企業が求めていることもヒントになるかもしれないと思い，ビジネス書もたくさん読んだ。これらの作業はとても大切だった。思い込みだけで作成しては，視野の狭いものになってしまうからである。しかし，途中，レベルの高いものをつくりすぎて，運営指導委員会で「校区の子どもたちの実態にあっていますか？」と厳しく指摘されたこともあった。やっぱり戻ってくるのは，「校区の子どもたちの実態」だった。

国や社会の動向を踏まえ，縦横の筋を通すことと，目の前の子どもたちの実態，その両面をバランスよく融合し，研究を進めていくことの大切さは，この４年間で学んだことだった。何度もマイナーチェンジを重ね，３つの社会参画力を，規律性・主体性・継続性（ねばり強さ）・課題発見力・計画実行力・コミュニケーション力・働きかけ力・ふり返り力という８つの項目に細分化し，発達段階を踏まえた「四中校区社会参画力ステップ表」ができた。

校区では，「いまとみらい科」の学習を通して，これらの力を系統的に育むことを目標とした。

<table>
<tr><th colspan="4" rowspan="2">四中校区社会参画力ステップ表</th><th colspan="4">前期</th><th colspan="3">中期</th><th colspan="2">後期</th></tr>
<tr><th>1年</th><th>2年</th><th>3年</th><th>4年</th><th>5年</th><th>6年</th><th>7年</th><th>8年</th><th>9年</th></tr>
<tr><td rowspan="3">①矛盾や困難を乗り越え，じりつ（自律・自立）して生きていく力</td><td>ア</td><td>規律性</td><td>社会のルールや人との約束を自分で考え，判断し，守る（行動する）力</td><td colspan="2">学級生活において，必要なルールやマナーを知り，守る。</td><td colspan="2">学級生活において，必要なルールやマナーを考え，守る。</td><td colspan="3">学校や社会生活において，必要なルールやマナーを知って守り，行動する。</td><td colspan="2">よりよい社会の実現に向けて，必要なことを，自分で考え，判断し，行動する。</td></tr>
<tr><td>イ</td><td>主体性</td><td>物事に進んで取り組む力</td><td colspan="2">教員や友だちと共に楽しんで活動する。</td><td colspan="2">自分の意見をもち，友だちと共に進んで活動する。</td><td colspan="3">課題と自分との関係を知り，主体的に活動する。</td><td colspan="2">課題と自分との関係を問い直しながら，主体的に活動する。</td></tr>
<tr><td>ウ</td><td>継続性（ねばり強さ）</td><td>困難に出会っても投げ出さない力</td><td colspan="2">教員や友だちと共に最後まで取り組む。</td><td colspan="2">困難なことに出会っても，いろいろな意見やアドバイスを活かして，最後まで取り組む。</td><td colspan="3">困難な課題の解決に向けて，必要な方策を考え，取り組み続ける。</td><td colspan="2">実現が困難な課題に出会っても，自分ができることを考え，取り組み続ける。</td></tr>
<tr><td rowspan="2">②社会の中から課題をとらえ解決する力</td><td>エ</td><td>課題発見力</td><td>現状を分析し，課題に気づく力</td><td colspan="2">身近な社会（家庭・学級・地域）を知り，よいところを見つける。</td><td colspan="2">身近な社会（家庭・学校・地域）を知り，改善したい課題を見つける。</td><td colspan="3">身近な社会（家庭・学校・地域）から，改善が必要な課題を見つけ，その原因を探る。</td><td colspan="2">社会生活から，改善が必要な課題を見つけ，その背景や原因を分析する。</td></tr>
<tr><td>オ</td><td>計画・実行力</td><td>自分たちが取り組める課題について，解決方法を考え，目標や計画を立て，それに合わせて行動する力</td><td colspan="2">身近な社会（家庭・学級）の課題を解決するために，準備し，活動する。</td><td colspan="2">身近な社会（家庭・学校・地域）の課題に対して，適切な解決方法を選び，計画を立て，それに合わせて活動する。</td><td colspan="3">身近な社会（家庭・学校・地域）の課題に対して，適切な解決方法を選び，計画を立て，修正をはかりながら活動する。</td><td colspan="2">解決が必要な社会（地域・高槻市）の課題に対して，適切な解決方法を選び，見通しをもって計画を立て，修正をはかりながら活動する。</td></tr>
<tr><td rowspan="2">③人や社会に働きかける力</td><td>カ</td><td>コミュニケーション力</td><td>意見の違いや立場の違いを理解し，自分の意見をわかりやすく伝えたり，相手の意見を丁寧に聞いたりする力</td><td colspan="2">聞いたり話したりすることを楽しむ。</td><td colspan="2">相手を意識して，聞いたり話したりする。</td><td colspan="3">自分と異なる意見や立場を尊重しながら聞いたり話したりする。</td><td colspan="2">多様な他者と，適切に意見のやりとりをする。</td></tr>
<tr><td>キ</td><td>働きかけ力</td><td>他人や社会に働きかける力</td><td colspan="2">身近な人に呼びかける。</td><td colspan="2">身近な人や地域の人に自分の考えや思いを伝える。</td><td colspan="3">様々な人に協力を依頼するために，自分の考えを説明する。</td><td colspan="2">より広い社会（地域・高槻市）の人に協力を依頼するために，自分の考えを適切に伝える。</td></tr>
<tr><td>すべての場面で</td><td>ク</td><td>振り返り力</td><td>学んだことにどのような意味があるのかとらえ，生き方に活かす力</td><td colspan="2">活動を通してうまくいったことを考え，自分の生活に活かす。</td><td colspan="2">活動を通して学んだことを考え，身近な自分の生活に活かす。</td><td colspan="3">活動を通して学んだことを考え，身近な社会生活に活かす。</td><td colspan="2">活動を通して学んだことを整理し，自分の生き方を考え，よりよい社会づくりに活かす。</td></tr>
</table>

(2)「いまとみらい科」の目標，内容と評価

①社会参画力を育むカテゴリー ―― 家庭・学校・地域・社会 ――

総合的な学習の時間では，現代的な幅広い課題を扱い，それらについて探求していくことをねらいとしている。それに対して，「いまとみらい科」では，①「家庭」，②特別活動と関連させた「学校」，③キャリア教育と関連させた「地域・社会」と，学ぶ領域を大きく３本の柱に限定し，教育課程の開発をおこなった。学習を「家庭」「学校」「地域・社会」に絞ることで，子どもたちにとってリアリティある社会参画の場を保障できると考えた。

「いまとみらい科」では，子どもたちが生きる社会を，「家庭」「学校」「地域・社会」という広がりでとらえ，その３つのカテゴリーを基盤に据えて目標と内容を構想し，それぞれの単元を開発した。

子どもたちがはじめに出会う社会が「家庭」である。家庭の中での自分の役割を考え，その一員としての行動力を養うことをめざすカテゴリーが「家庭」である。

さまざまな家庭のあり方と出会い，そこから，生き方や価値観を知る。最も身近な社会である「家庭」に参画することから，社会参画力の育成は始まる。

子どもたちが次に出会う社会が「学校」である。学校で働く人，友だちなどさまざまな出会いから学ぶことは大きい。自分たちの学校は，自分たちでつくる。日々の学校生活の中で，社会参画力を育む。

子どもたちは，地域社会で生きている。地域社会には，“ほんまもん”の生きた教材があふれている。素敵な人やできごとにたくさん出会ってほしい。そして，自分の生きるまち・社会を大切に思い，そこに参画する人になってほしい。そんな願いを込めて，このカテゴリーでは，社会参画力を育む。

② 「いまとみらい科」の目標と内容

このような前提に立って社会参画力を育むため，事務局会議，拡大事務局会議での議論を重ね，一貫研でのディスカッションを何度も経ながら「いまとみらい科」の目標を構想し，研究開発学校として取りまとめた「学習指導要領」に次のように記した（各学年の目標については後述する）。

子どもたちを取り巻く身近な社会（家庭，学校），そして，これから子どもたちが踏み出す社会（地域・社会）で出会う可能性の高い課題を題材にして，(1) その課題を解決するために必要な知識・技能や，思考力・判断力・表現力を育成し，(2) 現在及び未来の自分や社会をよりよくしていくため，主体的・自律的に取り組む力を養い，(3) 様々な人と関わり，それぞれが自分の問題として行動できるように働きかけることができる力を育成する。

（「いまとみらい科」学習指導要領　第１　目標）

そして，この目標を達成するための「内容」については，「家庭」「学校」「地域・社会」に区分して次のように定め，「学習指導要領」の中に記載した。

A　家庭に関すること

よりよい家庭生活を送るために，次の事項について指導する。

(1)　家庭の中での自分の役割を考える。

(2)　家族の一員として自分ができることを考え行動する力を養う。

(3)　多様な家庭生活，生き方や価値観を知る。

B　学校に関すること

よりよい学級，学校づくりに参画するために，次の事項を指導する。

(1)　学級，学校の中での自分の役割を考える。

(2)　学級，学校の一員としての自覚をもち，役割を担う。

(3)　学級，学校を支える様々な人の願いを知り，支えられていることを認識する。

(4)　学級行事，学年行事，学校行事の企画，運営に携わり，改善を図る。

C　地域・社会に関すること

よりよい地域・社会づくりに参画するために，次の事項を指導する。

(1)　地域・社会と自分とのかかわりを考える。

(2)　地域・社会の一員としての自覚をもち，周りの様子や出来事に関心をもつ。

(3)　地域・社会を支えるため，様々な人が活動していることを知り，自らその一員になることの大切さを知る。

(4)　よりよい地域・社会を築いていくために，解決すべき課題を見出し，課題解決に向けて企画し，行動する。

（「いまとみらい科」学習指導要領　第２　各学年の目標及び内容　２　内容）

〈注〉当初の学習指導要領では「A　家庭（命）に関すること」「C 地域に関すること」というカテゴリー表記であったが，ここでは，最終的に校区が採用したカテゴリー「家庭」「学校」「地域・社会」にあわせて，表記を変更した上で掲載した。なお，具体的な内容に関する記述については変更を加えていない。

このような「学習指導要領」に基づいて開発したのが，次に示す「単元一覧表」である。

■単元一覧表

- 子どもにとっての実生活を「家庭」「学校」「地域・社会」という３つのカテゴリーでとらえ，広がりと深まりを意識して系統的に配置し，発達段階に合わせて社会参画力の育成を図る。
- 家庭や学校など身近な社会を問い直す単元は，「今を考える」内容と「未来を考える」内容を組み合わせて構成する。地域や社会を取り扱う場合，具体的な活動をもって参画する単元を「今」，未来を見据え発信していくことを主な活動とする単元を「未来」と位置づけて構成する。

平成24年度　実生活「いまとみらい科」 単元一覧表

カテゴリー		家庭（命）	学校
「いま」と「みらい」の別		いま・みらい	いま・みらい
前期	1年（35時間）	12h ミラクル1年生になるために ◆すてきなじぶんだいはっけん 成長した自分を見つめて，おうちの人に発表	学校温度計をあげよう① ◆わくわくスタート（新入生説明会）でつながろう 新入生に小学校の楽しさを伝える
前期	2年（35時間）	12h おうちの温度計をあげよう ～たすけあうってすてきだね～ ◆まかせてね！おうちのしごと おうちの仕事の達人になり，役割を担う	学校温度計をあげよう② ◆学校の仕事を体験しよう 学校の仕事を知り，ミニ職業体験をする
前期	3年（70時間）	各教科等で実施（3年～9年）	学校温度計をあげよう③ ◆心の温度アップ大作戦!! 学校中に気持ちのよいあいさつを広げる
前期	4年（70時間）		学校温度計をあげよう④ ◆とことん安心・安全な学校づくり!! みんなが安心・安全に過ごせる学校に
中期	5年（70時間）		学校温度計をあげよう⑤ ◆遠足改革プロジェクト 学校行事を自分たちで改革
中期	6年（70時間）		学校温度計をあげよう⑥ ◆つながる　つなげる　NEXT　STAGE 中1ギャップと向き合う
中期	7年（50時間）		学校温度計をあげよう⑦ ◆Welcome　四中　☆ 6年生の体験入学を企画
後期	8年（70時間）		学校温度計をあげよう⑧ ◆「いまみフェスタ」を創ろう！ 小中がかかわる「いまみフェスタ」を企画運営
後期	9年（70時間）		学校温度計をあげよう⑨ ◆体育祭改革 異年齢交流を盛り込み，主体的に創る体育祭へ

- カテゴリー「学校」では,「学校温度計をあげよう」シリーズを１年生から９年生まで貫く。カテゴリー「地域・社会」では,「まちの温度計をあげよう」「みらいのまちを考えよう」シリーズを３年生から９年生まで貫く。

高槻市第四中学校区

	地域・社会		チャレンジ基礎スキルアップ
	いま	みらい	
12h			11時間
12h			11時間
16h	16h まちの温度計をあげよう① ◆まちの元気度アップ大作戦!! わがまちソングをつくって，まちのよさをアピール	16h みらいのまちを考えよう① ◆地域の元気を引きつぐために わがまちソングを使って，まちのよさを広げる	22時間
16h	16h まちの温度計をあげよう② ◆まちの元気アップをプロデュース!! 地元名産「富田漬」を使って，まちを元気に	16h みらいのまちを考えよう② ◆まちの元気アップアクション!! まちづくりの達人に出会い，まちを元気にする会社をつくる	22時間
16h	16h まちの温度計をあげよう③ ◆フードアクション！S級グルメでまちおこし 地元食材を使ったS級グルメ料理本を作成	16h みらいのまちを考えよう③ ◆フードアクションを高槻に広げよう 料理本を使って，自分たちなりのフードアクションをおこなう	22時間
16h	16h まちの温度計をあげよう④ ◆安心　安全　みんなを守る避難訓練プロデュース 災害時に自分たちで動けるために	16h みらいのまちを考えよう④ ◆ホッと　station　高槻 地域の安心・安全のためにできることを考える	22時間
16h	8h まちの温度計をあげよう⑤ ◆ハッピー　ライフ　プロジェクト 保育実習を通して，子育ての今を知る	16h みらいのまちを考えよう⑤ ◆未来のまちをシミュレーション 子どもたちの笑顔があふれるまちづくり	10時間
16h	16h まちの温度計をあげよう⑥ ◆夢　未来　成長　TON－AKAウォーカー 今，社会が求める人材を知る	16h みらいのまちを考えよう⑥ ◆住みたいまち　No.1　高槻 10年後の高槻マニフェストを考える	22時間
16h	16h まちの温度計をあげよう⑦ ◆ゆいわ～く:『仕事』を体験！地域・社会とつながろう！ 仕事，働くことについて考える	16h みらいのまちを考えよう⑦ ◆ゆいあ～す(明日)：10年後の社会を考える 職業体験から考えた社会の課題について提案	22時間

③単元開発に込めた願い

これまで示してきたように,「いまとみらい科」の各単元は,「家庭」「学校」「地域・社会」という３つのカテゴリーを基盤としつつ，子どもたちの９年間にわたる成長・発達を系統的に支援し得るように開発したものである。単元開発にあたって，各カテゴリーに込めた校区の願いは次のように整理できる。

まず，1，２年生が主として実践している「家庭」のカテゴリーである。これは，単に家庭の手伝いをするための単元ではない。家の人が，自分たちの生活を支えるために，多くの仕事をしてくれていることを知り，その中で，自分たちができることを，自分たちで考え，それを役立つレベルにまで引き上げて実践すること，そして，授業後も，家族の一員としての役割を当たり前のように続けていく単元である。子どもたちにとって成果が見えやすいこと，また，家の人の肯定的なフィードバックを得やすいことも，この単元を開発する上で大切にしてきたことである。

次に，すべての学年で実践している「学校」のカテゴリーである。示した実践は，２つのポイントがある。ひとつが，校種間の接続の実践である。保育所・幼稚園と１年生の接続，６年生（小学校）と７年生（中学校）の接続。この実践で重要なのは，自分たちが受けた「おもてなし」を，次の年に自分たちが「おもてなし」することである。学ぶ場所が変わる，今までと違う子どもたちと学ぶというのは，子どもたちにとって不安が大きいが，それを自分たちの問題として受け止め，子どもたち同士で，不安を減らそうとすることを大切にしている。自分たちも感じた不安，それを先輩が一生懸命受け止め，不安を軽減させてくれようとしたこと，そして，次年度，自分たちが，先輩として，後輩の不安を和らげることを考えることで，自分たちの１年間の成長をふり返る，そうした単元となっている。

もうひとつが，学校を自分たちでよりよいものにする，という実践である。行事をよりおもしろいものにする，環境をより安全・安心なものにする，そのため知恵を出し合い，協力して実践するという単元となっている。自分たちの学校を，自分たちでよくしようとして日ごろから考え，行動している子どもたちだからこそ，地域・社会の問題を，自分事として考えられるようになる。そうした意味で，「学校」というカテゴリーは，とても大切なものとなっている。

最後に，３年生から９年生で実践している「地域・社会」のカテゴリーである。地域で認められる実践を積み重ね，より複雑で，多様な問題の解決につながる実践につながっていく。地域の問題を，子どもたちの力で解決できることは，それほど多くはない。しかし，地域の問題を子どもたちが一生懸命考え，行動することが，地域の人のエネルギーとなっている。子どもたちがこんなにがんばっているのだから，自分たちも。そのエネルギーが，「地域・社会」の実践をより豊かなものとしている。

単元は，毎年，進化している。そのエンジンとなっているのは，実践を通して成長した家庭の力であり，地域の力でもある。そして，何よりも，子どもたちが進化し，考え，行動していること。それに応え続けられる校区でありたい。

④「いまとみらい科」の評価

このような「目標」「内容」及び「単元」に基づいて実践される「いまとみらい科」を通した子どもたちの変容や成長を見取り，さらなる成長を促進する手立てを構想する上で不可欠なのが「評価」である。そのため，「いまとみらい科」では，子どもたちの発達の段階にふさわしい各学年の目標を具体的に定め，それらの目標に準拠した評価規準を構想した。

まず，「学習指導要領」に定めた「各学年の目標」を以下に引用する。

〔第 1 学年及び第 2 学年〕

(1) 身近な社会に関わり，そのよさを知る。

(2) 身近な問題について段階的に課題解決ができる。

(3) 課題解決に向けて周りの人と協力して活動できる。

(4) 身近な社会のよさを知り，自分の生活や学級づくりに活かし続ける。

〔第 3 学年及び第 4 学年〕

(1) 地域などのより広い社会に関わり，そのよさを知る。

(2) より広い社会の問題について，根拠に基づいて段階的に課題解決ができる。

(3) 友だちや地域の人と協力しながら，活動に関わり続けることができる

(4) 社会のよさや課題を知り，その解決に向け，主体的にかかわり続ける。

〔第 5 学年，第 6 学年，第 7 学年〕

(1) 自ら主体的に関わった社会のあり方を知る。

(2) 課題解決に向けての道筋を考え，より広い問題の解決ができる。

(3) 様々な人と協力しながら，身近な課題解決に参画することができる。

(4) 状況を整理して，課題を明確にし，自分の生き方に活かす。

〔第 8 学年及び第 9 学年〕

(1) 課題解決を図りながら，主体的にかかわり続ける社会のあり方を知る。

(2) 課題解決に主体的に取り組み，自らの課題解決サイクルを確立する。

(3) 様々な人と協力しながら，社会の問題解決に参画し続けることができる。

(4) 自分と距離のある課題からも学び，将来の生き方に活かす。

（「いまとみらい科」学習指導要領　第 2　各学年の目標及び内容　1　目標）

これまで述べてきたように，「いまとみらい科」は，社会参画力の育成を通して子どもたちの学ぶ意欲，生きる意欲を喚起したいとの願いをもって開発した。机上の学習ではなく，子どもたちにとって身近な社会である家庭や学校，自分の住む地域・社会から課題を見つけだし，課題を解決するために，自分たちができることを考え，実際にアクションを起こす，その過程で社会参画力を育むことをめざしている。実社会はそれほど甘くない。成功することもあるが，失敗することもある。相手からだめ出しされたり失敗したり，思いどおりにいかない経験をすることこそ貴重な学びだととらえている。失敗を乗り越えるような学びにより，子どもたちの達成感，学ぶ意欲，生きる意欲をほり起こすことが，学力向上・進路保障につながると考えた。

このような学びのプロセスとその成果を見取るために開発したのが，下に示す「評価規準」である。

また，具体的な評価方法としては，パフォーマンス評価，ポートフォリオ評価を中核に据えた。座学だけではなく，自分の考えを発表したり，班やグループで意見をまとめたり，課題解決のためにアイデアを出し合ったり，企画をしたりと，活動の多い学習である。班や学級，学年など同学年だけでなく，他学年の児童生徒，他校の教職員，初対面の大人など，いろいろな人を相手にプレゼンテーションをしたり，依頼をしたりする場面もある。その活動の中で，子どもたち一人ひとりにどんな力がついたのか，どのような学ぶ姿を見せたのか，どんな成長があったのか，しっかり見取って評価していきたい。

評価には，ワークシートも活用している。校区で統一した基本形をつくり，学年や単元の内容に合わせてアレンジして使っているワークシートは，子どもたちの思考を助けるツールであり，学びの過程の記録でもある。「いまとみらい科」では，各単元の終わりに，学んだことをもとに，これからできることや，活かせそうなこと，さらに社会参画を踏まえた自分の「生き方」について考え，具体的な行動計画を決意とともに表明することを求めている。ワークシートは，子どもたちが学習のふり返りをして，何ができたか，どのような力がついたか，学んだことをこれからどのように活かしていきたいかなど，自己評価を記入していく評価用紙でもある（実際のワークシートについては第4章3.において紹介する）。

また，校区3校で同じファイルを購入し，ワークシート等を綴じている。1年間でもかなりの枚数になるが，その学年で学びを終わりにせず，子どもたちが自分の過去の学びや成長をふり返ることができるように，1年生から9年生までの記録を残すようにしている。

■評価規準

Ⅰ　ねらい　『今の課題に向き合い，未来をよりよく生きる力を育てる』

Ⅱ　目標

子どもたちを取り巻く身近な社会（家庭，学校），そして，これから子どもたちが踏み出す社会（地域・社会）で出会う可能性の高い課題を題材にして，(1) その課題を解決するために必要な知識・技能や，思考力・判断力・表現力を育成し，(2) 現在及び未来の自分や社会をよりよくしていくため，主体的・自律的に取り組む力を養い，(3) 様々な人と関わり，それぞれが自分の問題として行動できるように働きかけることができる力を育成する。

Ⅲ　評価

「 ①知識・技能　②思考・判断・表現　③参画　④関心・意欲・態度」の4つの観点で，子どもの発達の段階に即して観点の内容を設定する。

《評価の観点及びその趣旨》

		知識・技能	思考・判断・表現	参画	関心・意欲・態度
いまとみらい科		・社会の仕組みについて理解することができる。 ・社会にかかわる人の思いを知ることができる。 ・社会に関わることで社会を支えるということが理解できる。	・現状を分析し，課題に気づいている。 ・自分たちが取り組める課題について，解決方法を考え，目標や計画を立て，それに合わせて行動している。	・意見の違いや立場の違いを理解し，自分の意見をわかりやすく伝えたり，相手の意見を丁寧に聞いたりしている。	・社会のルールや人との約束を自分で考え，判断し，守ろうとしている。 ・物事に進んで取り組もうとしている。 ・困難に出会っても投げ出さずに取り組もうとしている。 ・学んだことにどのような意味があるのかとらえ，生き方に活かしている。
前期	第一学年・第二学年	・家庭や学級，地域のよさを理解している。 ・家庭や学級の課題を解決するための情報を集め，まとめることができる。	・家庭や学級，地域のよさや，課題の解決方法について，考え，身近な人に説明している。	・自分の役割や行動の仕方を理解し，身近な人々と協力し，課題解決に向けて活動している。	・家庭や学級などの身近な課題について，進んで解決を図ろうとしている。 ・家庭や学級などの身近なことに関心をもち，学習を通して学んだことを，自分の生活や学級づくりに活かそうとしている。
前期	第三学年・第四学年	・家庭や学校，地域のよさや課題を理解している。 ・家庭や学校，地域の問題を解決するための情報を集め，まとめることができる。	・家庭や学校，地域の課題から自分たちで解決できそうな課題を選び，その解決方法を考えている。 ・選択した課題とその解決方法について，身近な人に根拠をもって説明している。	・自分の役割や行動の仕方についての意見を述べ，友だちや身近な人々，地域の人たちと協力し，課題解決に向けて活動している。	・家庭や学校，地域の課題について，進んで解決を図ろうとしている。 ・家庭や学校，地域に関心をもち，学習を通して学んだことを，よりよい生活や学校づくりに活かそうとしている。
中期	第五学年～第七学年	・家庭や学校，地域の課題発生の原因を知り，よりよい社会のあり方を理解している。 ・家庭や学校，地域の問題を解決するための情報を適切な方法で集め，分析し，まとめることができる。	・家庭や学校，地域の課題から解決すべき課題を選び，その解決方法を考えている。 ・選択した課題とその解決方法を，根拠をもって地域の人などに向けて説明している。	・自分の役割や行動について意見を出し合い，検討して決定し，様々な人と協力し，課題解決に参画している。	・家庭や学校，地域の課題について，主体的に解決を図ろうとしている。 ・家庭や学校，地域に関心をもち，学習を通して学んだことを，よりよい学校やまちづくりに主体的に活かそうとしている。
後期	第八学年・第九学年	・家庭や学校，地域・社会の課題発生の原因を知り，よりよい社会のあり方を理解している。 ・家庭や学校，地域・社会の問題を解決するための情報を適切な方法で集め，分析し，まとめている。 ・自らの課題解決サイクルを身につけている。	・家庭や学校，地域・社会の課題から解決すべき課題を選び，その解決方法を考えている。 ・選択した課題とその解決方法を，根拠をもってより広い立場の人々に向けて説明している。	・自分の役割や行動について意見を出し合い，検討して決定し，評価しながら課題解決に向けて，参画している。	・家庭や学校，地域・社会の課題について，主体的に解決を図ろうとしている。 ・家庭や学校，地域などの身近な課題だけでなく，自分と距離のある社会的な課題にも関心をもち，学習を通して学んだことを，よりよい社会づくりや自分の生き方に活かそうとしている。

(3)「いまとみらい科」の具体化に当たって大切にしてきたこと

①課題解決に向けた学習サイクル「S － RPDCA」

校区の子どもたちの課題として，困難やはじめて出会うことに対して，どう乗り越えていけばよいのかわからず投げ出してしまうという姿があった。それらを解決するにはどうすればいいのか。まずは，「学び方」自体を習得する学習方法が必要ではないかと考えた。文部科学省の藤田調査官からも，考えることで終わらせず，「実行・改善」までチャレンジし，子どもが学習を通して「生き方」を考えられるように，「学ぶ過程」を大事にしてほしいと助言を受けていた。

また，校区に長年かかわっている葛上秀文准教授から何度も指導を受け，校区の子どもをイメージしながら開発したのが，子ども自身が課題解決方法を身につける「S － RPDCA」学習サイクルである。「PDCA」は一般的にも広く使われている。計画し（P），活動し（D），ふり返り（C），次に活かす（A）わけだが，校区では，子どもたちの実態から「S」と「R」こそ重要であると考えた。

「S」とは何か。子どもたちは，本来自分たちと関係がある課題であっても，自分と関係がないと直感的に思うと，他人事・傍観者となってしまう。自分事とならない課題には，当然のことながら問題意識や課題解決の意欲は生まれない。このことに切り込んでいくことこそが子どもたちの学習意欲をほり起こすことにつながると考えた。

たとえば，「いじめ」の問題があるとする。子どもたちは，「いじめがいけない」ということはよくわかっている。しかし，「自分が目の前のできごとにどうかかわっているのか」「どんな考えをもってそこにいたのか」など，一人ひとりを問い，自分にできることを考え，行動していかなければ，解決には至らない。つまり，課題（テーマ）と自分との関係（自分の立ち位置）を見つめることが，子どもたちの問題意識を深め，課題解決の意欲をほり起こすのではないか，ということである。そして，学びの空洞化を解決するには，テーマと自分はどう関係しているのかを問い続ける「S」が最も大切であると考えた。校区では，この「S」を「スタンディング」と呼び，「S」の時間を重要視した。

「R」とは何か。子どもたちからよく聞く言葉として，「みんないってる」というものがある。「みんなって誰？」と聞くと，ごく少数の身近な人や，数人の友だちであったりすることが多い。課題として，身近な狭い世界での情報で判断している子どもたちの姿があった。子どもたちに広い世界と出会わせたい。視野を広げ，多様な考え方に出会う中で，解決方法を選択できるようになってほしいと思い，調べ，考えを広げる「リサーチ」（R）の時間を設定した。

当初，この「S － RPDCA」学習サイクルは，図 1（次ページ）のようなものであったが，学習を進める中で感じてきたのは，「S」は学習のスタート時点だけで耕すものなのか，ということであった。リサーチしたり，実際に人に出会ったりする中で，より充実させていけるものであると授業を実践する中で実感し，次年度には図 2 のように「S」を中央に据えた学習サイクル図に刷新した。

また，「D」においては，社会参画につながる活動を入れることを意識し，子どもが意欲的・主体的に参画する学校づくりや地域の人も子どもたちも元気になるリアリティある協働をめざした。

平成 23 年度　学習サイクル（図 1）

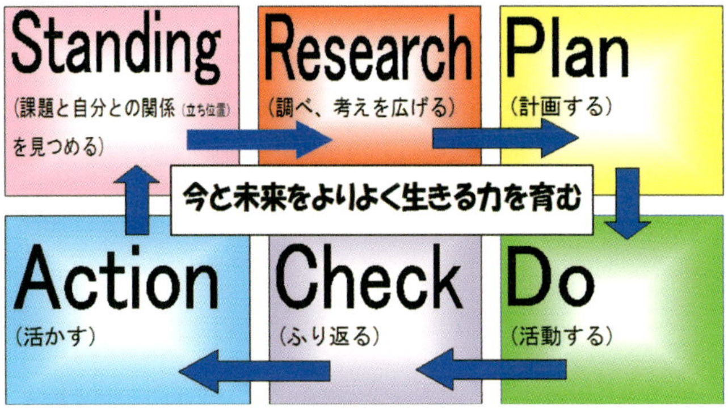

平成 24 年度　学習サイクル（図 2）

※R, P, D, C, Aいずれの段階でも, Sに立ち返って，自分と課題の関係をふり返る。

＜S…スタンディング＞　課題（テーマ）と自分との関係（立ち位置）を見つめる

子どもを傍観者にしないために，必ず「S」の時間をもつ。課題と自分との関係を見つめることで，問題意識，課題解決の意欲，学習意欲をほり起こす。学習を進める中で，常に「S」を問い，「S」を深めることを意識する。

＜R…リサーチ＞　調べ，考えを広げる

多様な情報からリサーチすることで視野を広げ，自分のできそうなことを考えて解決方法を見つける。（例　昔は？　他の学校は？　他の市は？　他の国は？）

＜P…プラン＞　計画する

リサーチしたことを検討し，課題解決方法を具体化するために計画を立てる。

＜D…ドゥ＞　活動する

計画した社会参画・課題解決の方法を実践する。

＜C…チェック＞　ふり返る

取り組んだ結果はどうであったのか，何がうまくいき，何がうまくいかなかったのか，それはなぜなのか学習（学び方）をふり返る。

＜A…アクション＞　活かす

学習サイクルを通して学んだことを活かして，自分を取り巻く社会をよりよくするためにできることを考え，自分の生き方に返し，次の行動意欲につなげる。

校区として1年生から9年生まで，全単元共通して，「S − RPDCA」学習サイクルで学習する。成功体験や困難に向き合う経験を何度もくり返すことによって，子どもたちが新しい課題や困難に出会ったときに，投げ出さずに乗り越えていく力を育むことをめざした。子どもたちが成功体験をもち，達成感を得ることは次の意欲につながる。しかし，実社会は，成功ばかりではない。失敗から学ぶこともとても多いわけである。子どもたちには失敗や困難なことからも学び，折り合いをつけていく力をぜひつけてほしいと考えている。それは，さまざまな課題に対して自分で解決方法を考えながら，じりつ（自律・自立）して生きていく力であり，「学び方」ひいては「生き方」の習得であるととらえている。

また，「いまとみらい科」では，1年生から9年生まで「S − RPDCA」学習サイクルに沿った共通形式のワークシートを使用している（ワークシートについては第4章3. 参照）。子どもたちが授業で考えたり，話をしたりする際の手だてとして，全学年で使用してきた。ワークシートの大枠を共通にすることで，どの学年も同じ学習サイクルで授業を進めることができ，課題解決方法や学び方を獲得する助けになる。子ども自身が，S − RPDCA でものごとを考えるよさを実感し，見通しをもち，自分の学びや成長を評価していけるという側面も重要視している。

②学習形態「ソローコミーソロ」———自分とみんなの力を使って問題解決をする解き方———

子どもたちが「いまとみらい科」で身近な課題を解決し，社会参画力を育んでいくために，授業の中で大切にしたのが「ソロタイムⅠ－コミュニケーションタイム－ソロタイムⅡ」という学習形態である。校区の子どもたちには，自分で情報を判断できない，学んだことを活かしきれないという課題があった。全国的にも知識・技能を活用する思考力・判断力・表現力に課題が見られるといわれている。そこで校区はこの学習形態に着目した。まずは課題を自分で考えてみる。次に，交流し深める。ここで自分とは違う考えと出会ったり，自分の考えを整理したりすることができる。そして，コミュニケーションタイムを通して深まった考えを，もう一度自分に返す。

この２回目のソロで，学びを言語化し，深める。「いまとみらい科」において，この学習形態を取ることは，個人としても集団としても課題と向き合う上で必要なことであった。

この学習形態は，大きな学び方であるＳ－RPDCA 学習サイクルと同様に，自分とみんなの力を使って問題を解決していくひとつの方法であり，「いまとみらい科」だけでなく教科学習でも取り入れている。

ソロⅠ（ソロタイムⅠ）

ソロⅠは自分の力で課題について考える時間である。ソロⅠが不十分な状態であると，その後のコミュニケーションが深まらない。そこで教職員はソロⅠでの子どもの実態把握に力を注いでいる。「この子はどんな考えをしているのか」「どこで悩んでいるのか」など，机間指導により一人ひとりの考えを把握することを大切にしている。また悩んでなかなか考えが書けない子どもには，ヒントカードなど個別の支援をおこなっている。これにより一人ひとりが充実したソロⅠの時間を過ごし，課題と向き合う時間となる。

ヒントカード

ソロⅠですべての子どもが考え，自分の考えをもってほしい。しかし，課題に対してどうすればよいのか悩んでしまったり，うまく考えを整理することができなかったりする子どもがいる。そこでヒントカードを用意した。

「この前はどうやった？」「これを使ったら考えられる？」と思考の助けとなるような条件を提示する。それによってはじめは考えることが難しかった子どもも，ソロⅠの終わりには自分なりの考えがもてるようになったということを何回も経験している。

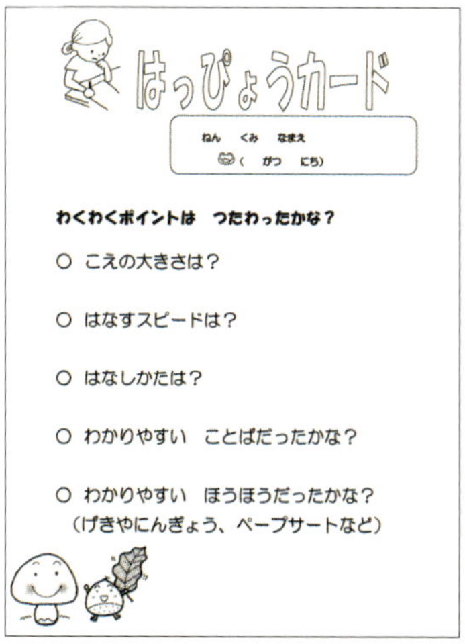

コミ（コミュニケーションタイム）

自分一人の考えでは，広がりがない。となりの友だちはどんな考えをしたのか，学級のみんなはどう思っているのか。ともに学ぶ仲間や，ほかの人の考えに出会うのがコミュニケーションタイムである。実社会は多様で複雑である。授業でも自分とは違う価値観や方法に出会い，議論したり相談したり，すり合わせたり，折り合いをつけたりする過程を経ることで，それぞれのソロ

Ⅰを高め合ってほしいと願っている。
このコミュニケーションタイムを充実させるために，ペア・グループ・学級全体など，課題によって効果的な形態を考えた。またシンキングツールを積極的に用いることで，より多くのアイデアを出したり，思考の整理を進めたりしながら，コミュニケーションタイムの充実を図っている。

ソロⅡ（ソロタイムⅡ）

ソロⅡは，ソローコミを経て高まった学びが，自分の力として，自分に返る時間である。この学習でどんなことを学んだのか，どんな新発見があったのか，ソロⅠとどんな変容があったのか，何がつけ加わったのか，新たにどんな疑問がわいてきたのかなど，文字に書き記したり，話したりすることで，言語化し，一人ひとりの学びに返している。それにより，ソロⅠより豊かで新しい学びが子どもたち一人ひとりに実ることをめざしている。
実際に進める上で課題も見られた。この1時間で学んだことは何だったのか，それを子どもと教職員が言語化して確認し，共有することをねらったが，十分にそれができないことがあった。しかし，それでは子どもに学びが定着しない。まずは，教職員がこの時間で学んでほしいこと，つけたい力を明確にもつこと。そして，子どもにどのような力がついたのか適切に評価すること。これらが，ソロⅡで必要なことである。もちろん，学びは教職員だけが，与え，評価するものではない。子ども自身が学びや成長を実感し，ふり返ることができるような工夫が必要である。このソロⅡの弱さが，校区の課題でもある。

③リアリティ

「いまとみらい科」でこだわったもうひとつのキーワードが，リアリティである。なぜなら，リアリティを追求することが「学びの空洞」を埋めることに直結すると考えるからである。
「いまとみらい科」では，扱う課題を主に「学校」と「地域・社会」に限定することで，子どもたちにリアリティある社会参画の場を保障した。社会参画力を構成する要素として「矛盾や困難を乗り越え，じりつして生きていく力」「社会の中から課題をとらえ，解決する力」「人や社会に働きかける力」を設定しているが，これらは道徳，特別活動と関連が深い。カテゴリー「学校」の単元を特別活動と関連させることで，学校を社会と見なし，そこに主体的に働きかける。つまり自分たちが生活する場である学校から課題をとらえ，自分との関係を問う。そして，解決に向けてできることを考え，実行する「参画の場」を保障し，社会参画力を育む。また，カテゴリー「地域・社会」についても，身近な「まち（校区や高槻市）」という社会から，課題をとらえ，実際に働きかける。地域との協働により，学校だけではなし得ない「実社会」への「参画の場」を保障する。各教科の学習で習得した知識・技能，思考力・判断力・表現力を活用しながら，「いまとみらい科」の学習を通して社会に参画することにより，学校の学びをリアリティあるものとし，実社会とつなげた。そして，道徳の時間に，「いまとみらい科」の学習を通して体験したことの道徳的価値を学ぶことで，より「実社会」と深く関連した教育課程を編成した。
これまで陥りがちであったリアリティのない学びでは，学ぶ意味を見いだすことが難しい。そのことにより，学校での学びが自分たちの生活とつながらず，学習意欲に結びつかないということが多くあった。自分との関係が見いだせないから，自分の生活で活かすことができない。これまでに何度も述べてきた「学びの空洞化」の根本的な原因がここにある。

参画の経験を通して，リアリティを感じられたとき，子どもたちの学習意欲に火がつくという手ごたえを感じることができた。

「勉強するっておもろいな！わかるって楽しいな！」
「学んだことって，こうやって活かせばええんや！」
「今まで気にならへんかったことも大事なんやって気づけた！」

このような子どもたちの声が数多く聞かれるようになった。それは，学びが自分事となり，「いまとみらい科」が「学びの空洞」を埋める「学びのエンジン」の役割を果たしたからではないか。子どもたちの顔が上がる。目が輝く。「学ぶことって楽しい！」「もっと知りたい！」。学ぶ意欲をほり起こされた子どもたちは，私たちが想像する以上の力を発揮する。そのきっかけが，リアリティの追求である。

リアリティを追求した学びには，達成感があり，充実感をともなう。やらされた学びではなく，リアリティある主体的な学びは，子どもたちの可能性を大きく引き出し，また次の意欲を育んでいく。学ぶ喜びや楽しさをつかみだした子どもたちは，その学びを生活で活かせるようになる。

子どもと，教職員と，まちは，互いに双方向の関係である。子どもの意欲は，教職員やまちの意欲に火をつける。また，教職員やまちのエネルギーが，子どもたちの意欲をまた引き出していく。

「この子，こんなええ表情するんや！」
「こないだまであいさつもせえへんかった子が，自分から話しかけてくるようになったわ」
「おっちゃんらもがんばるから，君らもがんばりや！」

こんな，まちの温かい声が，リアリティある学びを支えている。

リアリティの追求

リアリティがない学び
- なぜ学ぶのか？　が見えない（習得）
- 学んだことって，役に立つの？（活用）
- どうせ，私には関係ないし…（探究）

学びの空洞を埋める

リアリティの追求
- わかる，考えるって楽しい
- 学んだことを使ってみるとうれしい
- 生活の中で「なぜ？」を考えるのっておもしろい

(4)「いまとみらい科」がより充実するために

「いまとみらい科」だけが，孤立しては意味がない。教科とのつながり，校種を超えたつながり，そして地域とのつながりが保障されることで，「いまとみらい科」は，子どもたちの社会参画力をより育むことにつながると考えた。

①教科とのつながり ―― 研究開発は全教育課程の見直し ――

「いまとみらい科」だけでは，子どもたちの力を育むことはできない。国語科の中で，社会科の中で，つまり各教科の中で考えたことが，「いまとみらい科」をより豊かなものとする。

２年次，「いまとみらい科」と，各教科等の単元の関連を洗い出す「カリキュラム関連表」を作成した。研究開発学校である限り，教育課程に手を加えることになる。本校区は，総合的な学習の時間と，生活科の一部分について修正を加え，社会参画力を育む新領域とした。当初は，総合的な学習の時間と生活科だけが，教育課程に影響するくらいのとらえであった。しかし，天笠茂教授から，たとえ一部分であっても，研究として成果をあげていくには，教育課程全体を見直すことになるはずであるという指摘を受け，深く納得した。ここから，「いまとみらい科」と各教科等の関連を示す「カリキュラム関連表」の作成がこの研究を進める上で必要不可欠であるという結論に至ったのである。この表を作成することで，教育課程全体を見直すことになる。縦と横の系統性を踏まえた授業は，教育全体の質の向上につながる。「いまとみらい科」と各教科等との関連を明確にすることで，各教科で学んだことを「いまとみらい科」で実践したり，「いまとみらい科」での学びが各教科で活かされたりすることが，可能となる。

とはいうものの，そのための準備や労力を考えると，校区の教職員の顔が浮かんできて恐ろしかった。それでもやるしかない。教育課程に手を加える研究開発学校だからこそ，関連表をつくる意義は大きいと考えた。第２章 1.（3）でも述べたが，「研究開発学校」として，学習指導要領の足りないところを指摘し，新しい学びを創造しようなどと思えば，学習指導要領を徹底的に読み込むことになる。「意外と読んでない先生が多いんですよ。読んでみれば，何でも書いてあるのに」。天笠茂教授の言葉は重い。既存の学習指導要領，既存の教育課程を深く理解するためにこの研究開発制度があるのではないかと思えた。本校区の研究開発は，総力あげての全教育課程の見直しと充実，授業改善へのチャレンジを意味していた。

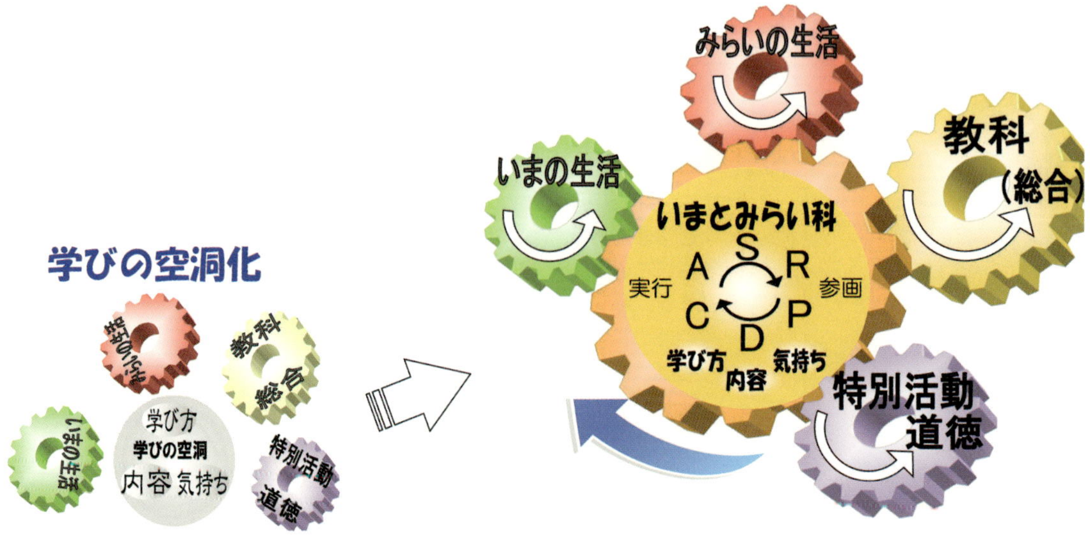

この研究で，「いまとみらい科」を，「学びのエンジン」と位置づけた。この図は，学びの空洞を埋めるエンジンとしての「いまとみらい科」をイメージしたものであるが，「いまとみらい科」という新しい学びを開発することを通して，既存の教科等の価値を再確認できるという効果があったのだと後になって気づくことになった。

■高槻市立第四中学校区教育課程表（平成 24（2012）年度）

	各教科の授業時数									道徳	外国語活動	特別活動	総合的な学習の時間	いまとみらい科	総授業時数
	国語	社会	算数	理科	生活	音楽	図画工作	家庭	体育						
第１学年	306	／	136	／	67 (−35)	68	68	／	102	34	／	34	／	35 (+35)	850 (0)
第２学年	315	／	175	／	70 (−35)	70	70	／	105	35	／	35	／	35 (+35)	910 (0)
第３学年	245	70	175	90	／	60	60	／	105	35	／	35	0 (−70)	70 (+70)	945 (0)
第４学年	245	90	175	105	／	60	60	／	105	35	／	35	0 (−70)	70 (+70)	980 (0)
第５学年	175	100	175	105	／	50	50	60	90	35	35	35	0 (−70)	70 (+70)	980 (0)
第６学年	175	105	175	105	／	50	50	55	90	35	35	35	0 (−70)	70 (+70)	980 (0)
計	1461	365	1011	405	137 (−70)	358	358	115	597	209	70	209	0 (−280)	350 (+350)	5645 (0)

	各教科の授業時数									道徳	特別活動	総合的な学習の時間	いまとみらい科	総授業時数
	国語	社会	数学	理科	音楽	美術	保健体育	技術・家庭	英語					
第７学年	140	105	140	105	45	45	105	70	140	35	35	0 (−50)	50 (+50)	1015 (0)
第８学年	140	105	105	140	35	35	105	70	140	35	35	0 (−70)	70 (+70)	1015 (0)
第９学年	105	140	140	140	35	35	105	35	140	35	35	0 (−70)	70 (+70)	1015 (0)
計	385	350	385	385	115	115	315	175	420	105	105	0 (−190)	190 (+190)	3045 (0)

■カリキュラム関連表　６年生の例

平成24(2012)年度　高槻市立富田・赤大路小学校6年カリキュラム表

カテゴリー：1 家庭(命)　2 学校

	時数	4月	5月	6月	7月	8月	9月
いまとみらい科	70		まちの温度計をあげよう④ ～安心　安全　みんなを守る避難訓練プロデュース～ 6年生としてみんなにできることを考え避難訓練をプロデュースしよう！				
国語	175	カレーライス [1]	生き物はつながりの中に	ようこそわたしたちの町へ [3]	伝えられてきたもの [2] 柿山伏 復習		平和のとりでを築く [3] 熟語の成り立ち
社会	105	縄文のむらから古墳のくにへ [3]	天皇中心の国づくり [3] 長く続いた戦争と人々のくらし [3]	武士の世の中へ [3]	今に伝わる室町文化 [3]		戦国の世から江戸の世へ [3]
算数	175	対称 文字と式	分数のかけ算 分数のわり算	倍と割合 [2] 小数と分数の計算	いろいろな形の面積 [3] 復習		ならべ方と組み合わせ方 [2] 速さ 立体の体積
理科	105	地球と生き物のくらし [1] ものの燃え方と空気	動物のからだのはたらき	植物のからだのはたらき	生き物のくらしと環境		太陽と月の形 大地のつくりと変化
音楽	50	つばさをください 君が代 校歌 [2]	おぼろ月夜 ラバースコンチェルト	世界の国々の音楽 平和の歌	われは海の子		校歌 [2] こげよマイケル
図画工作	50	デッサン	はにわの絵 [3] デザイン	てん刻	旗 [2]		一版多色刷り
家庭	55	くふうしよう朝の生活 [1][2]	きれいにしよう，クリーン大作戦 [2] エプロン作り [1]	洗濯 [1]	暑い季節を快適に [1]		くふうしよう 楽しい食事 五大栄養素
体育	90	体つくり運動 マット運動 短距離走	とび箱 リレー すばらしい成長 [1]	水泳 [1]	病気の予防 [1]		水泳 [1] 組立体操 [1] 走
道徳	35	工夫して生活しよう [1] 節度ある生活 [2]	友だちとつながり合おう [2][3] 支え合い助け合おう [2]	礼儀正しく接しよう [3] 世界の人々との親善	生命の尊重 [1] クラスの一員として [2] 誠実で明るい心 [1]		思いやりの心 [2]
外国語活動	35	アルファベットで遊ぼう	ともだちの誕生日を調べよう		できることを紹介しよう		道案内をしよう
特別活動	35	今年の目標決め クラスの係活動 [2]	修学旅行実行委員 [2]	アクションプラン [2]	お楽しみ会 [2]		運動会実行委員会 [2] 集団活動
行事		入学式 前期始業式 一年生を迎える会 [2] 遠足 [2]	観劇 おりづる集会 [1][2][3]（赤）	修学旅行 [1][2] 富小まるごと大会議 [2]（富）	避難訓練 [2] 修学旅行報告集会 [2]		

3 地域・社会

10月	11月	12月	1月	2月	3月
学校温度計をあげよう⑥ ～ つながる つなげる NEXT STAGE ～ よりよい中学校生活を送るために，小小ギャップ・中1ギャップを乗り越えよう！			みらいのまちを考えよう④ ～ ホッと station 高槻～ 校区の安全について調べ，自分たちの考えを地域の人たちにアピールしよう！		
生活の中の敬語 1 3 やまなし イーハートブの夢	「鳥獣戯画」を読む 森へ	わたしと本	言葉は動く 2	海の命	言葉の橋　生きる（詩）
江戸の文化と新しい学問 3 明治維新をつくりあげた人々 3	世界に歩み出した日本 3 新しい日本，平和な日本へ 3	わたしたちの願いを実現する政治 3	わたしたちのくらしと日本国憲法 3	日本と関係の深い国々 3	世界の未来と日本の役割 3 各地に残る文化財
比とその応用 算数アドベンチャー	拡大図と縮図	比例と反比例	資料の調べ方 量と単位	まとめ 算数アドベンチャー 数と計算	図形 ならべ方 ともなって変わる量
てこのはたらき	水よう液の性質とはたらき	電気とわたしたちのくらし		量と単位 3	人と環境 3 まとめ
ふるさと 3 木星		この星に生まれて	越天楽今様	卒業式にむけて 2	
	鳥獣戯画	卒業制作（オルゴール） 1			作品集 1
1	生活を楽しくしよう　ソーイング（さし子） 1		お弁当を作ろう 1	考えようこれからの生活 1	
2 3 ソフトバレー 走り幅跳び	鉄棒	走り高跳び サッカー	バスケットボール 病気の予防 1	持久走 なわとび	体つくり運動 1
男女の協力 2 3 個性の伸長	自分を見つめて 1 進んで協力し合おう 3 社会への奉仕 3	公平な態度 3 反差別の心 3 自由と規律 3	家族の幸せのために 1 権利と義務 3 規律の尊重 3	自然への尊敬の気持ち 先人の努力と伝統・文化	自分を成長させよう 1 目標・希望・勇気を持って 3 もうすぐ卒業 2
ともだちを旅行に誘おう	1日の生活を紹介しよう		オリジナルの物語をつくろう	「夢宣言」をしよう 1	
学習発表会実行委員を中心に 2	児童会フェスに向けて 2		卒業式に向けて 2	6年生を送る会 大掃除 2 お楽しみ会 2	
運動会 1 2 3 前期終業式 後期始業式	遠足（赤） 2 全校遠足（富） 2	学習発表会（富） 1 2 3 児童会フェスティバル 1 2 3	体育集会（赤） 1 2	周年記念行事（赤） 1 2 3 マラソン大会 2	お祝い 2 3 六年生を送る会 2 卒業式 1 2 3

②校種のつながり　―― 小中一貫教育で進める ――

国の研究開発学校も，市の小中一貫教育の研究も「校区」で指定を受けた。1校でやる方が，物理的にもやりやすい。ベクトルもそろいやすく，短いスパンの成果なら早く出るかもしれない。しかし，この校区の歴史をふり返ると，それでは何の意味もないことはよくわかっていた。赤大路小学校と富田小学校が，ばらばらの教育をすることで，困るのは四中であり，子どもたちなのである。小学校と中学校がばらばらのことを主張し，互いに責任を押しつけ合うことで，傷つくのは子どもたちである。

教育連携会議『つなぬく』でいう0歳から18歳。この研究でいうなら9年間の縦横の一貫を通して課題解決をめざす。これは，簡単なようで大きな困難を伴うものであった。小学校と中学校は，文化が違うのだ。内申書や校則，部活動の存在は中学校にとって大きい。小学校には，そのどれもがないに等しい。システムが違うのだ。大げさにいうと「会社」が違うのだ。同じように，2つの小学校も違う学校である。そもそも違う校長が学校経営をおこなっているのである。当然，子どもも保護者も地域も違う。

「小中一貫なんて，大変でしょう」「労力ばかりかかるのではないですか」。当初よくいわれた。その通りである。でも，「無駄です」とは，決して思わない。小学校と中学校で，勤務先を丸ごと入れ替わる校区内小中人事交流で，それを実践して見せてくれた教職員もいる。「学級王国」ならぬ「学校王国」では子どもたちに確かな力を育むことはできない。この研究を通して小中・小小一貫を進めることで，子どもたちは落ち着き，意欲的に生活できるようになるはずだと考えた。「おもしろいことをやってみよう」「ダイナミックな仕事をしてみよう」「いい授業をしよう」。意欲的な教職員の姿を生み出すには，3校の協働を具体化していく作業が必要であった。3校で進めるから，1,000人の子どもたちが救われる。9年間で連続して教育をとらえること，人材が3倍に広がることで，校区の教育力が向上する。乗り越えるべきこと，整えることはたくさんある。しかし，子どもたちにも，教職員にもこの連携・一貫は必要である。「今（うちの学校）はそんなに困ってないから」では，「課題の先送り」になる可能性がある。「今」だけよいのではいけないのだ。人生は長い。学校を卒業してからの方がずっと長い。そう考えたとき，多様で複雑な社会を，各校が自分のテリトリーだけで教育を完結する時代ではもうない。

しかし，私たちは市内で一番早くにこの指定を受けた。身近なところにノウハウはない。「小中一貫教育」という，大きな獲物を前に，リサーチし，計画し，失敗したら，練り直す……。そんなことを地道にくり返しながら，本校区らしい小中一貫教育の形を探り，プランを立てていった。

③地域とのつながり

社会参画力を育成するためには，学校の枠を超えた単元開発が必要だった。それは，教職員が計画を立てるときにも，子どもたちの社会参画力を育む上でも重要だった。まさに，単元開発は，ゼロからの出発であった。「家庭」「学校」「地域・社会」というカテゴリーや『温度計をあげよう』というキーワードは決まっていたものの，今，目の前にいる子どもたちが，家庭のために，学校のために，まちのために，リアリティをもって取り組めることは何なのか，子どもたちにヒットするものは何なのか，何度も話し合いを重ねた。小小や小中の連携はもちろん，自尊感情の育成やキャリア教育などさまざまな取組を進めてきた四中校区教育連携会議『つなぬく』などで連携を図りながら単元開発を進めた。とくに，「まち」のカテゴリーでは，教職員自身が，まず，まちや人と出会うことがスタートとなった。

「学校でこんな取組をしたいです」「お話聞かせていただけませんか」。教職員自身がまちを歩き，人と出会っていく中で，まちのためにがんばっている人，輝いている人と出会うことになった。時間はかかったが，まちづくりに対する本気の思いを直接聞くたびに，元気とアイデアがわき，単元開発が進んだ。子どもたちも，各カテゴリーの温度計をあげるため，たくさんの人たちと出会うことになった。直接話を聞く中で，子どもたちはその思いを受け止め，自分たちができることは何なのだろうと，自分事として考えられるようになった。「ほんまもんとの出会い」が視野を広げ，心に火をつけ，取組が進んでいった。

「自分たちが考えたことを行政に働きかけよう」「まちのいいところをたくさんの人たちに知ってもらうためにキャラクターを作ろう」「まちのみんなの思いがこもった歌を作ろう」「まちが元気になるメニューを考えよう」。形になっていった取組がたくさんある。ここで校区が大切にしていたのは，「社会参画（Do）の保障」だった。提言書，キャラクター，歌など，つくることを目的とするのではなく，それを活用して，各カテゴリーの温度をどうあげるのか考え，実行する機会を大切にした。実現可能かも含め，さまざまな調整が必要であり，手間と時間がかかった。しかし，自分たちが考えたことを使って，社会に働きかけていくことは，子どもたちにとっても，教職員にとっても楽しいことだった。可能性が広がっていくことが目に見えてわかった。たとえば，つくったキャラクターをポスターにして貼ってもらう，シールにしてお店で使ってもらう，パンにして焼いてもらう，開発したパフェがメニューに加わるなど，子どもたちは自分たちのアイデア・夢が形になっていく喜びを実感できた。自分たちのアイデアを大人に伝えることは，子どもたちにとっては少し難しい課題設定であったが，それを乗り越えようとすることで，社会参画の力がついたように思う。あいさつをする，アポイントメントを取る，自分たちのアピールを順序立てて話す，相手

の話をしっかり聞くなど，ひとつの働きかけでも，さまざまな力が必要とされた。

また，自分たちが考えたことだけではなく，「地域でお祭りをするから，みんなが考えたメニューでお店を出してくれないか」「みんなが作った歌を歌いに来てほしい」「商店街でこんなお祭りがあるけど，手伝いに来てほしい」「メニューを考えてほしい」など，今度は自分たちが，まちから働きかけられるというれしい反応もあった。新しい社会参画の場で，「すごいね」「ありがとう」と直接声をかけてもらったり，自分たちのアクションに対して喜んでもらえたり，『温度計があがっていく』ことを実感できた。また，そのことが，次の「アクション」につながっていった。

第４章

実践！　「いまとみらい科」

――Do〈Ⅰ〉この子らすごいやん――

考えてきたことを「家庭」「学校」「地域・社会」で実践。
「体験あって学びなし」にはしない。
「Do（実行）」で終わるのではなく，継続できる取組を。自分の日常につなげる工夫を。

第４章　実践！「いまとみらい科」
─ Do〈Ⅰ〉 この子らすごいやん ─

1.「いまとみらい科」の取組 ── その願い ──

(1) 子どもにとっての“社会”の問題を解決する

「学びの空洞を埋めるにはどうすればいいの？」

その問いにこたえる“学びのエンジン”となる新しい学びをイメージして開発したのが，「いまとみらい科」である。「いまとみらい科」は，社会参画力の育成をねらった新領域であり，自分のまわりの“社会”の問題を，自分に引き寄せて考え，実行する時間とした。そうすることで，学びが自分事となり，空洞化を解決することにつながると考え，「家庭」「学校」「地域・社会」のカテゴリーを構想した。

それを基盤として設定したのが，前章でも紹介した「子どもたちを取り巻く身近な社会（家庭，学校），そして，これから子どもたちが踏み出す社会（地域・社会）で出会う可能性の高い課題を題材にして，(1) その課題を解決するために必要な知識・技能や，思考力・判断力・表現力を育成し，(2) 現在及び未来の自分や社会をよりよくしていくため，主体的・自律的に取り組む力を養い，(3) 様々な人とかかわり，それぞれが自分の問題として行動できるように働きかけることができる力を育成する」という目標である。

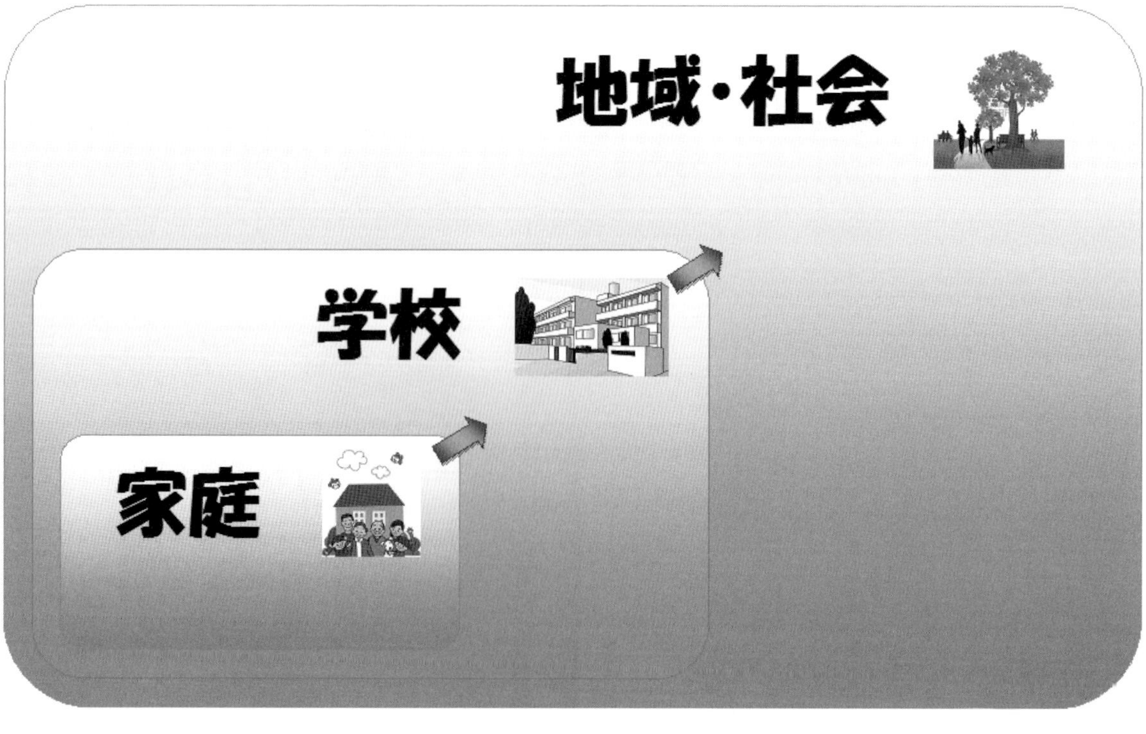

「家庭」では，自分と家族の関係を見つめ，よりよい家庭づくりに参画できる力の育成をめざし，「学校」では，子どもたちが，毎日暮らす学校を見つめ，よりよい学校づくりに参画できる力の育成をめざした。「地域・社会」では，自分のまちや市を見つめ，よりよい地域社会づくりに参画する力の育成をめざした。同時に，子どもたちの発達の段階に即して，上級学年になるに従って向き合う課題解決の範囲を広げ，深められるようにした。

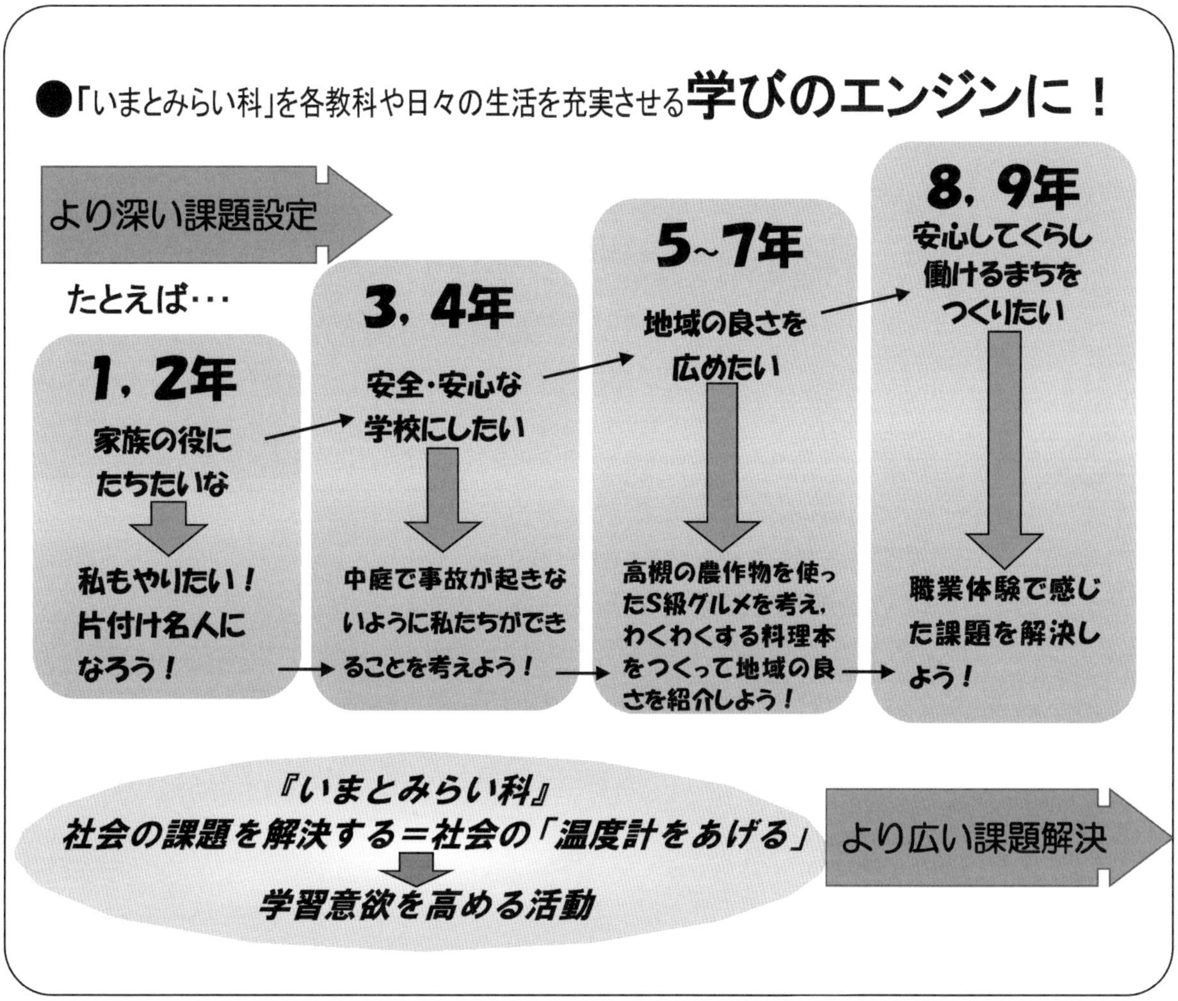
●「いまとみらい科」を各教科や日々の生活を充実させる学びのエンジンに！
より深い課題設定
たとえば・・・
1，2年
家族の役にたちたいな
私もやりたい！片付け名人になろう！
3，4年
安全・安心な学校にしたい
中庭で事故が起きないように私たちができることを考えよう！
5~7年
地域の良さを広めたい
高槻の農作物を使ったS級グルメを考え，わくわくする料理本をつくって地域の良さを紹介しよう！
8，9年
安心してくらし働けるまちをつくりたい
職業体験で感じた課題を解決しよう！
『いまとみらい科』
社会の課題を解決する＝社会の「温度計をあげる」
学習意欲を高める活動
より広い課題解決

この章でこれから紹介する各単元では，全カテゴリーを通して，「○○の温度計をあげよう」というシリーズで貫いている。「いまとみらい科」は，社会参画力の育成を図るものとしたが，「社会参画」といっても，1年生から9年生の子どもたちや，まちの方がそれをイメージするのは難しい。そこで，参画することで，まちが活性化する，盛り上がる，うれしくなる，笑顔が増える，自分やまちを好きになる……など，めざす姿を，「温度計があがる」と表現することにした。参画は，参画した子どもたち自身を温め，家庭・学校・地域社会も温める。各カテゴリーの学習が，別のものとしてあるのではなく，家庭も学校も地域社会もすべて貫いて，参画する子どもを含めてみんなで「温度があがっていく」ことをめざした。

(1)“おうちの温度計をあげよう”（カテゴリー：家庭）

まずは，家庭という社会に出会う。「そこで生きる」「参画する」「自分の役割を担う」＝キャリア教育との関連は深い。よりよい家庭生活を送るために，生活の基盤である「家庭」を見つめ，自分の役割を考える。家族の一員として，自分ができることを考え行動する力を養う。多様な家庭生活，生き方の価値観を知る。

2年生

おうちの温度計をあげよう
まかせてね！おうちのしごと

S
おうちの仕事について考えてみよう！
家族はどんな気持ちで仕事をしているのか知りたいな。
自分にできることを発見してやってみたいな。

A これからもおうちの仕事をつづけたいな。おうちの温度をもっとあげたいな。

R どんな仕事があるのかな？　どんな気持ちで仕事をしているのかな？　おうちの人に聞いてみよう。

C おうちの温度計は、あがったかな？　修行カードでふり返ってみよう。

D おうちの仕事をやってみよう。上手にできるかな？

P おうちの人からミッションをもらったよ。おうちの仕事名人をめざして修行の計画を立てよう。

この単元では，自分たちの家庭生活を見つめ，家の仕事がたくさんあることに気づき，自分ができることを継続して担おうとする意欲を育てたいと考えた。

「自分がしたことのあるお手伝い」という枠を越え，より強い「S」をもつために，できるだけ多くの家の仕事に出会うことを心がけた。洗い物，洗濯，掃除，お風呂沸かし，ご飯の用意……。

あげだすときりがなく，子どもたちは，その数の多さに驚いた。そして，たくさんの支えの中で生活していることに気づくことができた。また，インタビューをおこない，家の仕事に対する保護者の思いを知り，生活するためには，なくてはならないものであることを知った。

単元の最後まで，モチベーションを保ち，達成感を得るための工夫として，「○○プロになろう」と銘打って，『おうちの仕事の修行』というスタイルをとり，一人ひとりが自分の家の温度をあげるため，おうちからのミッションにチャレンジすることにした。

また，修行の途中では，保護者をゲストティーチャーとして招いた。家の仕事の極意を聞き，レベルアップ作戦を立てることによって，意欲をかきたてた。質問に答えてもらったり，「すみっこのそうじには，歯ブラシがいいよ！」「『キュッ』と音がしたらお皿の汚れはとれているよ」など，明日から使えるアドバイスをもらったりした。「これならまねできそう」「やってみたい」と２年生は大喜びだった。作戦を立て，Do（家での役割を果たす）する。そして，ふり返りカードを使い，家の人の協力も得ながら，毎日の継続を促した。

一人ひとりのカードをチェックすると，「最初は声かけをしないとできなかったが，自分から進んでやるようになっていった」「仕事を続けることで楽しんでできるようになってきた」「続けてくれているので助かっている」など，保護者からも多くの感想が寄せられた。３年生になった今も，「服をぬらさずにお風呂掃除ができるようになったよ」「たまごを上手に割れるようになったよ」と自分のレベルアップを報告しに来る子どもたちがいる。できるようになったことを喜び，継続している姿がうれしい。また，保護者からも，「こんなに，責任をもって続けてくれることで助かっています」と，喜びの声が届いている。「お手伝い」としてではなく，自分ができる「役割」として家の仕事を担い，継続することで，将来，自立，共生できる素地を養ってほしい。

子ども＆おうちの方の声

「友だちのおうちのしごとのコツを知ることができたので，まねしてみたい」

「おうちのおしごとはたくさんあるから，自分もつづけて，もっとおうちの温度計をあげたい」

「おうちの人にありがとうっていわれるととってもうれしいから，もっと上手になってがんばりたい」

「この勉強ほんまによかったよ。ありがとう。家で妹もまねするようになりました」

「おうちの仕事には休みがないので，勉強がおわってからもずっとやり続けていて，助かっています」

実践者の声

学校で「おうちのしごと」の練習をしているだけでは，ねばり強さは育たなかったのではないか。家庭と学校の思いが重なり，協働したことが，子どもたちの自ら動く力につながっていくのだと感じた。また，この取組を通して，家族と話したり，ほめてもらったりすることで，ぬくもりを感じ，元気になった子がたくさんいた。低学年でも，自分の役割があり，それを果たせたときの充実感や達成感が次の力につながっていく。一時的ではなく，日常の生活につながる取組にすることが大切だと学んだ。

(2)“学校温度計をあげよう”（カテゴリー：学校）

自分の学校は自分でつくる。自分をとりまく身近な社会「学校」に1年生から9年生まで参画する学習である。「学校おもしろくない」「○組の方がよかった」。それなら，子どもたちと大人が知恵を寄せて，学校という社会を変えていけばよいのである。学校教育の中で，参画を保障できるカテゴリーであることが魅力である。“学校温度計をあげよう”の学習をくり返すうち，各校の子どもたちが学校生活に責任をもつようになり，主体性や積極性を感じる場面が増えた。

1年生

学校温度計をあげよう
わくわくスタートでつながろう

S 次の1年生に「小学校って楽しいな」「またいきたいな」と思ってほしい。次の1年生を「ワクワク」させたいな。小学校に入ってできるようになったことを教えてあげよう！

A 2年生になったら，1年生を助けてあげたいな。入学式の出し物で1年生を楽しませたいな。

R どんなことを知りたいのかな？ 小学校と保育所・幼稚園のちがいは何かな？

C うまくできたことは何かな？ できなかったことは何かな？

D 聴く人をワクワクさせたいな。やさしく教えてあげたいな。練習通りがんばるぞ！

P どんなことができるかな？ 保育所・幼稚園の先生にアドバイスをもらって，わくわくスタート（新入生説明会）を計画しよう！

小学校に入学してきたばかりの1年生。新しく出会う人やものが周りにあふれており，期待と不安が入り混じっている。入学する前までは最年長だった子どもたちが，小学校では最年少になる。これまでできていたことでも，不安や自信のなさからできなくなってしまったり，自分の力が発揮できなかったりすることがある。しかし，子どもたちは小学校に入学して出会った人やもの・出来事に期待と興味関心を抱き，「もっとできる」「こんなこともやってみたい」と強い意欲をもっている。その意欲を十分に引き出し，小学校でできるようになったことを自覚することによって自信をもち，小学校生活を前向きにとらえられるようになってほしい。そして次年度入学してくる子どもたちに，「学校って楽しそう」「いってみたいな」とわくわくして入学してほしい。そんな願いをもって取り組んだのが本単元である。

毎年１月に新入生説明会「わくわくスタート」がおこなわれる。そこで，１年生が，学校づくりに参画する場にできないかと考えた。「学校ってこんなところだよ」「ぼくたちも心配なことがあったけど，こうやったらできるようになったよ」。学校生活について説明するだけではなく，自分のことをふり返り，自分たちのリアルな体験を伝えてほしいと願った。しかし，それができるようになるためには，乗り越えていかなければならない壁がいくつもあった。まず，自分たちができるようになったことを実感させることである。子どもたちは，日々，授業や休み時間，給食や掃除時間などさまざまなところで「できる」ことを増やし，成長している。しかし，それをふり返る機会がなければ実感を伴わない。そのためには他者からのフィードバックが必要である。学級担任が子どもたちのできるようになったことを見取ること，そしてそれを返していくことで，成長を実感させることが大切であった。

次に，１年生が，「お姉さん・お兄さん」としてふるまうことを忘れてしまうことだ。そこでわくわくスタートの前に，保育所・幼稚園を訪問し，子どもたちとの交流をおこなった。実際に年下の子どもたちと接することで，先輩としての自覚をもった。相手を意識し，小学校の楽しさを伝えたいというＳ（立ち位置）を常に大切にして取り組んだ。そして，よりよく伝わるように，グループや学級全体で話し合いをしながら進めていった。１年生の中には給食が苦手な子，ひとりで下校するのが不安な子，どのように学校生活を過ごすのか見通しがもてていない子などがいる。自分たちが感じてきた不安だが，いつしかそれを乗り越えてきた。その秘訣を次の１年生にも伝えてあげようと子どもたちは考えた。また，伝え方にもこだわった。ペープサート（紙人形劇・ペーパーパペットシアター），劇，紙芝居，クイズなど，どんな方法が伝わりやすいか考えた。いざやるべきことが明確になると，子どもたちは進んで練習をおこなった。「休み時間に練習しよう」「セリフおぼえてくるわ」「先生きいて」と意欲的な子どもたちの声をたくさん聞いた。また，「１年生になるとこんなこともできるようになるんですね」と子どもの成長に感動し，わが子への期待を膨らませる新入生の保護者の姿もあった。この単元で育んだ力は今後の学校生活のすべてにつながっていく。自分をふり返り，成長を実感し，自信をもつ。そして，他者に働きかけながら学校づくりをおこなっていく。今後も子どもたちには，前向きな姿をつないでいってほしい。

実践者の声

この単元を通して，子どもたちにはいくつもの変容が見られた。入学当初から学校が不安で泣くことの多かった子が，「今日はみんなの前で発表するねん」と泣かずに登校してきた。給食で牛乳が飲めなくて泣いていた子が友だちの応援で少しずつ飲めるようになり，自分の成長をふり返って，紙芝居をつくった。不得意な科目の授業だと保健室に行っていた子が緊張しながらも人前で声をふり絞って伝えた。保育所・幼稚園の子どもたちに，「ありがとう」「すごい！」「学校おもしろそう」といわれ，自信を深める姿がうれしかった。この単元では，保育所・幼稚園との連携も大切な要素であり，子どもたちがやる気になるような励ましをもらい，感謝している。

富田幼稚園　園長　藤田　ゆかり　さん

①本物の出会いを大事にしたかった。１年生と幼稚園・保育所の子どもが実際に出会うこと

で，あこがれが生まれると期待した。

②まず，幼稚園・保育所に１年生が来て交流することで，幼稚園・保育所の子どもたちは安心感をもつことができた。その後，小学校に行く機会を計画的に設定することで，幼稚園・保育所の子どもたちは小学校との心の距離が近くなっていった。わくわくスタートで小学校のことを教えてもらい，「こんなこともできるようになるんだ」と期待を抱いた。

③幼稚園・保育所の子どもたちとの相互交流をこれからも大事にしてほしい。幼稚園・保育所の子どもたちが知りたいことをリサーチするなど，これからも方法を探ってほしい。

①なぜ協働したの？　②協働してどうだった？　③今後へのメッセージ

４年生　学校温度計をあげよう 安心・安全の学校づくり大作戦

S

養護教諭からのミッションでリアリティあるスタート！
「学校から、けがを減らしたい！」

A　年度末までに，まだまだできることがありそう。もっとけがを減らすために，自分の日常生活で，できることを考えよう。

R　ミッションクリアに向けてのヒント探し。5年生に去年の工夫や課題を聞こう。校内の危険箇所について去年のデータから傾向を見つけ，調査しよう。

C　作戦の結果は？成果と課題を言葉化して確認する。数字からふり返る。ミッションクリア！

D　「走っちゃいやよキャンペーン」最後まで進んでやりきるぞ！　自分たちで立てた計画の実行だから，やる気がみなぎる。

P　自分たちにできることで一番効果の上がる作戦を計画しよう。「走っちゃいやよキャンペーン」の計画と役割分担。

この単元のアピールポイントは，安全な学校づくりについて自分たちでできることを考え，学校全体に働きかけ，行動に移していったことである。

「けがのない学校にしたいなぁ」「もっと安全な学校にしたいなぁ」。そんな子どもたちのつぶやきが，この単元のS（立ち位置）である。国語科の授業と関連させ，ユニバーサルデザインの視点で，だれにとっても安心・安全な学校をつくるという『体・健康の安全温度計アップ大作戦』

は始まった。

積極的に学校づくりにかかわることを通して，自分たちで学校や全校児童に働きかけていく楽しさ，難しさを感じるとともに，学校づくりに参画する力を育みたいという願いを込めた単元である。

いつも過ごしている学校にはどんな危険な箇所があるのか校内をくまなく見回ったり，保健室のデータからどんなけがが多いのかを探ったり，今の学校についてリサーチを進めた。「けっこう段差ってあるねんなぁ」「こんなふうに探したのははじめてやぁ」。たくさんの発見があった。「階段でのけがが多いから，鏡をつけたらどうやろう」「まずは，右側通行を守ることからじゃない？」「危険な箇所をマップにして，みんなに知らせたいな」。リサーチしたことを精一杯活かし，セーフティーアクションを考えた。友だちの意見のいいところを発見したり，自分の意見をアピールしたりする中で，学級としてのセーフティーアクションをまとめていった。自分とは違う考えと折り合いをつけたり，人の意見を聞いて自分の考えを深めたりすることは，4年生にとっては難しいことではあったが，貴重な体験となった。

思いを込めて作ったセーフティーアクションを，児童集会で学校全体に発信した。いろいろな人に自分たちの提案を聞いてもらうことで，子どもたちの意欲と責任感は喚起され，学習にも責任をもつことができるようになった。他の学年に働きかけ，認めてもらうことで，自信をつけ，次の意欲につながる姿もあった。「自分の学校が安全になったらうれしい」「もっとできることがあると思うからチャレンジしたい」。ふり返りからは，アクションし続けようとする思いがたくさん伝わってきた。「ひとりではできないことも，みんなでやれば形になる」。子どもたちはそんな達成感を得て，学習を終えた。この学習が，子どもたちが高学年としての自覚をもつきっかけとなればと願っている。

実践者の声

今までは早く遊びたいという気持ちでろうかを走っていた子が，「ろうかは歩こう。あぶないで」と，低学年に呼びかけたり，「ちゃんと伝わったかなぁ」と自分の言葉かけをふり返ったりする姿が見られた。この単元に取り組んで，やらされているのではなく，自分たちが「安心・安全の学校づくり」を進めているという意識が強まっていることを感じた。一方で，学習後，廊下を走る子が校内でまだ見られるなどの姿もあり，日常生活につなげるためには，あらためて「S」の大切さを感じた。

6年生

学校温度計をあげよう
つながる つなげる NEXT STAGE

S　中学校で一緒になる小学校にはどんな子がいるのか知りたい！　どんなことを考えているのかな？　話してみたいな。出会ってみたいな。中学生活を充実させるために何ができるか一緒に考えよう！

A 卒業までに自分たちができることを続けよう。
小中でもっと交流したい。
小小でもっと交流したい。
小小合同遠足の実施。

R 中学校への期待や不安をまとめ，四中生にアンケートをとろう。
四中の先生にもインタビューしよう。

C
解消された不安は？
残っている課題は？

D
中学進学アクションプランを実行しよう！
小中混成班で活動しよう！
“お悩み相談会”

P
小小混成学級，小小・小中混成班をつかって中学進学アクションプランを計画しよう。

本単元は，中学校進学時に感じる戸惑いや不安に着目した。中１ギャップは，小学校と中学校の違いだけでなく，小小の文化の違いからくるギャップを乗り越えられないことにも起因するのではないかと考えた。

２校の子どもたちが共同で「中学校進学アクションプラン」を考え，実行することを通して，それぞれの小学校６年間の生活や相手の文化を理解していった。そのことによって，小学校のうちに，「出会いの不安」を軽減する。相手を知ることで，自分たちの今の学校生活を見直し，中学校生活への前向きな気持ちを育ててほしいと願った。

「となりの学校にはどんな子がいるのかな？」「どんなことを考えているのかな？」。最初，子どもたちは期待と不安でどきどきしていた。とにかく，この単元のスタートは互いを知ることにこだわった。互いの学校の違いを理解し，中学校に向けての期待や不安を共有することで，「中学校生活を充実させるために何ができるか一緒に考えよう！」という明確な「S」をもつことができた。２校で出し合った中学に向けての不安や疑問をリサーチ（R）するため，四中生へアンケートをとったり，実際に四中の先生に来てもらい，たくさんの質問をする機会を設定したりした。「勉強は難しいですか？」「先輩とも仲よくやれますか？」などの質問に，「難しくなったけど，ちゃんと聞いていたらわかるよ」「先輩は思っていたより優しかったよ」などと中学生からの優しい回答が返ってきた。そのことで，中学校をより身近に感じることができたようだ。

大きなチャレンジだったのが，2小混成のプレ学級の編成である。2小混成の班で，中学校進学アクションプラン（P）をともに考えた。休み時間など，同じ小学校の子ども同士で過ごす姿が多く見られるというスタートであった。しかし，回数を重ね，考えを話し合ううちにだんだんと交流が生まれ，「このプランで本当に相手のことがわかるの？」「この工夫ええな！」と，自然と言葉が増え，笑顔も見られるようになった。実際に四中に朝から登校し，2小混成学級で勉強したり，中学生と交流したりする四中体験入学（3days）でアクションプランをおこなった（D）。そのふり返りには「班で同じ学校の子がひとりで不安やったけど，今はリラックスできる」「仲よくなれるかなぁっていう不安が解消された！」「まだ少しこわいし，わからんことがあるからもっと積極的に話しにいきたい」などとある。

2小の各担任も，「中学校に進学してからも，混成学級での出会いや学びを力に，がんばってほしい」との願いは同じであった。そのためには，教員同士の一貫こそ必要だった。毎日のように互いの職員室を行き来し，互いの考えや文化の違い，子どもの実態，単元にかける願いなど，たくさんのことを話し合った。

そんな中で実現したのが，中学校進学アクションプランの検証から生まれた「2小合同遠足」である。2小混成の班で毎年場所を変えながら，子どもたちは，事前に話し合い，オリエンテーリングなどをおこなっている。小学校の違いを感じさせない場面があるなど，子どもたちの交流は進んでいる。

子どもの声

クラスノートにAが綴った文である。「……全員が笑顔で卒業できるようにしたいです。そのためには今のクラスにはクラスミーティングが必要だと思いました。うちは，まだいえていない本音をみんなにちゃんと伝えてから中学生になりたいです。みんなもそれぞれいえてない本音もあるやろうし，一人ひとりがしっかり伝えて，受け入れることでクラスがもっとひとつになれると思うからです」。

実践者の声

“つながるために何ができるか”をSとして取り組んだ本単元。その成果は2小合同遠足に向けた子どもたちの話し合う姿にも現れていた。自分の思いや考えを言葉にして，相手に伝えて，行動する姿が見られた。言葉にすることで嫌な思いをすることもあるかもしれない。しかし，互いの気持ちや考えがわからないまま進むのではなく，言葉にして課題を解決していく力を少しずつ身につけてくれたことをうれしく思う。

7年生

学校温度計をあげよう ウェルカム四中

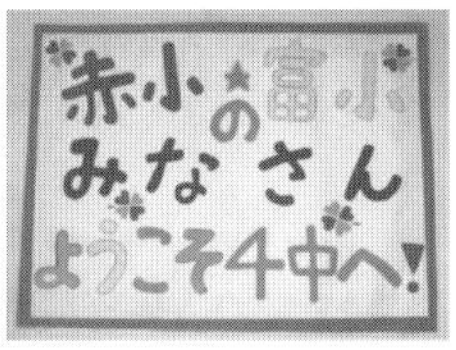

S

6年生の中学校に対する不安を，先輩として解消したい。中学校に入ってからの自分たちの経験を活かして，体験入学をプロデュースしたい。

A 自分たちの生活を見直し，頼りがいのある先輩になりたい。やりきった経験を活かして，これからも粘り強く取り組んでいきたい。

R 中学校のイメージを6年生に聞いてみよう。6年生が知りたいことは何かな？　中学校と小学校の違いは何かな？

C 小学生の不安は解消されたかな？　中学校のイメージは変わったかな？　体験入学をふり返り，6年生にメッセージを送ろう。6年生に頼ってもらってうれしかった。不安なときは，いつでも頼ってほしいな。

D 体験入学をプロデュースしよう。小学生の疑問や悩みに劇で答えよう。小学生が考えたアクションプランにアドバイスをしよう。

P 体験入学のためにどんな“おもてなし”ができるか考えて準備しよう。伝えたいことを劇にしよう。この台本で小学生に伝わるか小学校の先生にアドバイスをもらおう。

小学生が安心して中学校に入学するためには，先輩としてどんなことができるのかを考え，自分たちがもっている力を最大限活用し，おもてなしの心で，体験入学をプロデュースする単元である。取組を通じて，自分たちが中学校へ進学したときの思いや，これまでの中学校生活をふり返り，もうすぐ後輩を迎える自分たちは，どんな生活をすべきなのか，どんな学年をつくるべきなのかを考えるきっかけとしたかった。

まず，6年生のときに中学校生活に対して不安に思っていたこと，楽しみに思っていたことをふり返り，小学生のときにイメージしていた中学校生活と実際の中学校生活とを比較した。苦労したことやうれしかったことなどを思い出し，昔と今の自分を比べることで，自分たちの成長にも気づいてほしかった。

授業，テスト，昼食，部活動，規則，行事など，小学校との違いについてまとめたり，6年生に中学校に対するイメージを聞いたりして準備を進めた。

そんな準備を経て，「学習」「学校生活」「友だちづくり」の３つのテーマで，6年生に向けて劇を発表することになった。「授業時間内だけでは時間が足りない」と，自主的に集まり，台本を完成させる子どもたちもいた。取組の最初のころと比べ，先輩としての「S」を強くもてるようになった姿も見られた。よりよい劇にしようと，小学校に出かけ，「6年生に伝わる内容になっているのか」という視点で，小学校の先生にもアドバイスをもらい，台本を修正した。そして練習を重ね，本番を迎えた。

中学校では初めて先輩としてふるまう７年生。頼られるのがうれしくて，一生懸命６年生に接する子どもたち。劇にも全力で取り組んだ。６年生からも，「人間関係は，好き嫌いだけで決めず，しっかり話し合うことが大切だとわかった」「劇を見て，本当に思っていることを相手に伝えることが大切だと思った」「相手に自分のことをわかってもらえると仲よくなれることがわかったから，劇を思い出して行動していきたい」など，たくさんの感想が寄せられ，それは７年生の自信につながった。

劇で伝えたことは自分たちにとっても大切なことであると，あらためて気づいた子どもが何人もいた。自分の学級をふり返り，「友だち関係で気になることがある。このまま放っておくのは嫌だから，自分自身の行動を考えていきたい」との感想があった。この学習で中心となって活動した子どもの感想である。この前向きな思いが，学年全体にも広がり，となりの子に優しくなったり，授業を前向きに受けるようになったりするなど，学年の雰囲気が変わるきっかけとなる単元であった。

７年生は，この単元に取り組んだ当初，学習に向かう姿勢や人間関係などに課題を抱えていたが，この単元の取組が学びのエンジンとなり，自分たちの学校生活は，自分たちで変えていけるということを実感できた。

子どもの声

中学校生活にも慣れると，それと同時にクラスや学年にさまざまな課題も出てきました。クラスや学年の雰囲気が悪く，とても大変な時期がありました。

そんな中，「いまとみらい科」で「ウェルカム四中」に取り組むことになりました。小学生に向けたアドバイスを考えるうちに，「今の私たちが胸をはってアドバイスできるのか」と自分たちの生活をふり返りました。それ以降，この学年をよりよくしたいという思いが少しずつ出てきました。学年にある課題や問題に目を向け，自分たちでどうすればよくなるかを考えました。７年生の終わりごろには自分たちで解決する力がついてきたと思います。実際に以前より，学年の雰囲気もよくなっていきました。　（卒業式　決意のことばより抜粋）

実践者の声

入学当初から気になっていたＡは，自分が好きな活動や運動には積極的に取り組んでいたが，授業になると私語をしたり机に伏せたりして取り組めずにいた。この「ウェルカム四中」で，Ａは劇に力を入れていた。６年生からの質問に答える時間では，心配な面もあったが，授業について質問を受けたときに，「おれ全然できてないよな……」と自分のことを真摯に受け止める発言や姿があった。その後，少しずつではあるが，なんとか授業に取り組もうという姿勢がみられるようになった。

来年度の後輩という身近な相手に接することで，自分事としてとらえる意識が高まり，子どもたちの気づきや成長につながったと思う。取組を終えた後，「もっとこんなんできたよな～」という子どもの声もあり，しっかりと見通しをもてば，もっとしっかりと７年生が６年生をエスコートし，７年生が自信をつけることのできる単元だと感じた。

8年生

学校温度計をあげよう　校外学習改革 TPD（トラベルプロデュース大作戦）

S

自分たちの力で，校外学習をもっとおもしろくて，絆が深まるものにしよう！

A 学んだことから，今後の自分や学級，学年の活動で活かせるものは何かを考え，実践。

R 目的達成のために各自が調べた案をグループで調整。旅行社の方の話を聞いて作成したプレゼンを聞き合い，投票して行き先を決定。

C 今回の取組を通して，よかったこと，改善点，校外学習当日に感じたことなどをふり返り交流。

D 実行委員や各担当者のリードのもと，全員が安全に，そして目的達成のために協力して，校外学習を実施。

P 学年全員で絆を深め，成功させるためにできることを考え，役割分担。校外学習当日に向け準備を進める。

四中8年生では，春に校外学習を実施している。数年来，高槻市内にあるキャンプ場で，飯盒炊爨（はんごうすいさん）や学級単位での出し物などに取り組むことが続いていた。さまざまな活動を取り入れ工夫していたが，宿泊行事をおこなう7・9年生と比べると，子どもたちの達成感や満足感はやや低いようであった。

そこで，校外学習を「いまとみらい科」の単元として取り入れ，子どもたちが行き先や内容を企画，プレゼンテーションし，学年で内容を決定して実施するという「校外学習改革」に取り組んだ。

「学年の絆をより強くするために，自分たちの力で校外学習の行き先を考え，実施しよう」という自分たちで立てた目標のもと，取組が始まった。条件（行き先の範囲や予算，交通手段等）にかなうように，「行きたいところ」「やってみたいこと」を個人で考え調べた後，グループで意見を集約し，グループでひとつの企画案を作成した。

そして，旅行会社の方から，プレゼンテーションについて，プロの技を学んだ上で，グループごとに自分たちの提案をプレゼンテーションし，学年で投票して行き先を決定した（通天閣，天王寺動物園および道頓堀）。

ひとつの行き先に決まったことで，一生懸命考えてきたにもかかわらず，それ以外の多くの企画は採用されないという厳しい現実に多くの子どもが直面した。しかしながら当初の目的に立ち返り，子どもたちは活動内容の詳細なプランの立案，ルールや繁華街での行動範囲の決定，買い物おすすめリストの作成，役割分担など，校外学習実施に向けて，みんなで粘り強く準備を進めていった。当日は，実行委員や各担当者の進行のもと，学年全員で校外学習をつくりあげようという意欲がいろいろな場面で伝わってきた。道頓堀では，班ごとに，「おいしいたこやきを食べる」というミッションのもと，自由時間を取った。「一舟○○個で△△円」と決まっているところを，店員さんと交渉して，班の人数分を焼いてもらうことができるということも学習したようである。朝の串かつ屋から出てくる俳優とすれ違うといったハプニングもあったが，大阪市内の観光客も多い繁華街での活動で，はぐれたり，トラブルに遭ったりすることはまったくなかった。「みんなでつくった校外学習」だからこそ，活き活きとした主体的な子どもたちの姿が印象的であった。

ふり返りでは班活動を通して，今まで知らなかった班員のよさを感じたことや，自分が役割を果たしたことへの自信につながるような言葉を聞くことができた。子どもも大人も多くの困難に出会い，試行錯誤しながら進めた「トラベルプロデュース大作戦」であった。そのなかで，調整しながら，ねばり強く取り組むことができ，その後の学級，学年集団づくりにも，よい影響を与えることとなった。

実践者の声

今までの校外学習は，行き先を含め教職員が考えて提示したものであった。今回，子どもたちに考えさせる部分を大幅に増やした結果，今までにない主体的な行動が見られ，充実感を味わった。やらされるのではなく，任されることで，責任感ある姿が見られた。この授業は，子どもたちにとって参画の保障が明確であり，やりがいのある単元であった。

■校外学習改革 ―― 5年生バージョン ――

遠足といえば，決められた場所に行くことに意義を感じ，当日を楽しみに待つというスタイルだった。部分的に自分たちでおこなう活動はあったものの，とても主体的とはいい難いものであった。そんな子どもたちにとって，「行き先を自分たちで決めてみる？」という投げかけは，とても魅力的でリアリティがあった。しかし，楽しいだけで終わらせたくはない。林間学校のふり返りからスタートし，自分たちについた力と足りなかった力について考えた。身についたのは自分から意見を出す力で，足りなかったのは自分でやりきる力。なぜ遠足に行くのか，大切にしたいことについて話し合った。結論は，「遊べて学べる遠足にしよう」。これで自分たちの中にしっかりとS（立ち位置）が決まった。予算や時間は小学生が考えられる条件を設定した。調べ，みんなで考え，決定した。自分たちで決めた遠足は，楽しく学びのあるものとなった。ふり返りでは「自分の思ったことを発表し，計画できた」「自分たちで考えて決めるのは大変だったけど楽しかった」と自己効力感が高まったことをうかがわせる声が多かった。この単元は，まさに学校行事への参画である。できることの可能性を広げ，困難に出会ってもやりきる力が磨かれたのではないだろうか。ここでつけた力をこれからの生活で活かし，よりよい未来をつくってほしい。

(3)“まちの温度計をあげよう”（カテゴリー：地域・社会）

自分の生まれ育ったまちを愛せるということは，自分を肯定していくことにつながるという。自分のまちを好きになり，大切なまちだからこそ，課題に対して，改善を図ろうとする意欲が湧き，参画につながる。よりよい社会づくりに参画する“ほんまもん”の大人との協働を通して，社会参画の経験を積む。自分のまちのことをもっと好きになっていけるように，まちは人によってつくられていると感じられるように，地域の課題を自分に引き寄せて考える“まちの温度計をあげよう”シリーズを開発した。

3年生

まちの温度計をあげよう
わがまちキャラをつくろう

S **自分たちの「まち」にはすてきなところがいっぱいあるなぁ。自分たちの「まち」のすてきをいろんな人に知らせたい！**

A 自分たちが作ったキャラクターをまちで使ってもらいたい。お店とコラボレーションしてキャラクターを広めよう。

R まちのすてきなところへインタビューに行こう！　高槻市はどんなアピール方法をとっているのだろうか？　電話で聞いてみよう。

C キャラクターを作るとき苦労したことは？　うまくいったことは？「まちの人のアドバイスがあったからキャラクターがパワーアップしたよ」

D まちのキャラクターをつくろう。どのキャラクターも大事だから，赤大路キャラクターズ・富田ＡＬＬ☆ＳＴＡＲＳをつくろう。

P まちの人のアドバイスを聞いて，このまちのよさを伝えるキャラクターを考えよう。

社会科でおこなった校区探検と関連させ，もう一度自分の住むまちの魅力に出会う単元を開発した。自分たちのまちの魅力を知り，いろいろな人にアピールする方法を考え，発信することで，意欲的に行動していく子どもを育みたいと考えた。「ぜひ，まちの素敵なところを教えてほしい」という，となりの小学校からのビデオレターを導入に使った。あえて２校が競争するような挑戦的な内容にすることで，子どもたちの意欲をかき立てることにした。

S（スタンディング）では，自分のまちのよさを再認識させたいと考え，まちの素敵なところ，そして，その理由を思いつくままに出させることにした。酒蔵，公共施設，風呂屋，寺，神社，店，橋，踏切……。予想以上に子どもたちからたくさんの場所があがった。何よりも驚いたのは，日ごろなかなかねばり強く取り組むことができない子どもたちのワークシートが，びっしりと埋められていたことである。この気持ちを大事にしたいと考え，子どもたちがわくわくしてまちの「素敵」をアピールできる方法として，「まちのキャラクター」づくりを選んだ。そして，キャラクター作成にあたっては，単なる「施設の説明」ではなく，「まちに対する思い・願い」を，盛り込むことができるよう，リサーチ項目に工夫を加えた。キャラクターの作成過程では，まちの方をアドバイザーに招いて意見をいただき，自分たちの案を練り直す機会をとった。自分とは違う考えがあることにも触れてほしかったからである。「このお寺の松はとても歴史があるから……」「公園をきれいにしたいっていうイメージは入らないかな」など，わかりやすくアドバイスをいただいた。その後，子どもたちは何度も話し合い，キャラクター最終案を完成させた。できあがったキャラクターを学生の力を借りてデジタル化したり，パソコンに取り込んだりして，活用できるようにした。それをポスターにして，キャラクターのもとになった施設や自分の家の壁，商店街などに貼ることで，自分たちの活動やまちにこめる思いを発信した。次の「みらいのまちを考えよう」の単元では，キャラクターの活用を計画した。まちのお店に働きかけ，商品化してもらうなど，キャラクターを広めることができた。また，学習の中で，あいさつや言葉遣い，電話のかけ方なども指導し準備をおこなった。この学習を通して子どもたちは，社会に働きかける難しさや楽しさ，実現する喜びを感じることができた。

花パン　内田　三花さん

①私も富田小学校に通っていたので，地域の取組にはできることは協力していきたいという気持ちがあった。依頼されたのは富田商店街のキャラクターのパンやクッキーをつくってほしいということだった。商売の楽しさも知ってもらえると考え，協力した。

②販売している子どもたちの楽しそうな様子やうれしそうなお客様の様子を見ることができて，やってよかったと思った。みんな積極的でびっくりした。

③こういう取組を通して，なんとなくでも将来の自分を描くことができれば，目標もできるし，よい活動だと思った。小学校のとなりにある店なので，今後も子どもたちの将来に役立つことができれば幸いです。将来近くでお店をオープンさせてくれたらうれしい。

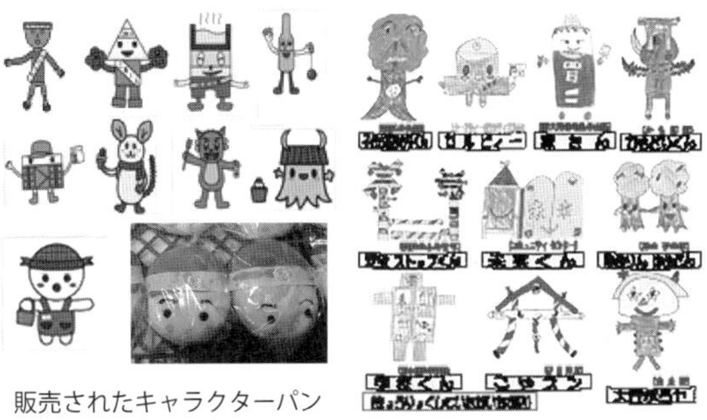

販売されたキャラクターパン

子ども＆まちの声

「子どもたちが商店街を元気にしようと考えてくれることはとてもうれしいことです。今回考えてくれた“富ちゃん”を商店街の正式なキャラクターにしたいと思っています。」
「こんなにきれいなキャラクターになってうれしい。みんなに知ってほしい。」

実践者の声

Ａの「ぼく，ここにいつも来るし，大好きな場所やからみんなに宣伝するわ」という発言から，学習意欲の高まりと，自分のまちを大切にしている気持ちが強く伝わってきた。もっとキャラクターの活用を考え，協力してくださった方々へ，お返しする場があってもよかったという反省点もある。しかし，学校とまちが連携することで，とてもダイナミックな取組をすることができ，それが子どもたちの成長につながった。子どものために学校がさまざまな機関と連携することの大切さを実感した。

5年生

まちの温度計をあげよう フードアクション

S 高槻ブランドの農産物を使って，まちを元気にする方法を考えたい！　高槻の農業を元気にするフードアクションを考えたい！

A S級グルメを使った「まちの温度計をあげよう」作戦を考えよう。どんなふうにしてS級グルメを広めようかな。

R 農家の方の話を聞いてみよう。こんなに若い人が農業をしているなんてビックリ！　農業って大変だけど，夢をかなえてすごいな。

C S級グルメでまちの温度計はあがったかな？
この料理本を見た人は，わくわくして食べたくなったかな？

D 自分たちが考えたS級グルメを作ってみよう。考えたメニューを使ってみんながわくわくする料理本をつくろう。

P 高槻ブランドの農産物を有名にするS級グルメを考えよう。みんなに愛されるメニューにしたいな。

本単元は，社会科で学ぶ農業とも関連させ，高槻の農産物を用いて高槻のまちを元気にしようという単元である。農業は，校区の子どもたちにとってはなかなか身近に感じにくい題材である。単元開発にあたって，取りあげる範囲を地元に限定することで，自分たちに引き寄せて考えられるように工夫した。地元産の農産物を知り，農業に携わる人たちや消費者の思いを聞いて，安全・安心な食生活が求められていること，それが地産地消に関連していることを理解させたいと考えた。そして，地産地消をキーワードに，地元産の農産物を使ったB級グルメならぬ「S級グルメ」を開発していく中で，積極的にまちづくりにかかわる態度を育みたいと考えた。

導入では，大阪府の「農の普及課」からのビデオレターで，「高槻の特産品を使ってまちを元気にしてほしい」という依頼をしてもらう形をとった。その際，子どもたちは初めて，「フードアクション」という言葉と出会ったが，じつは，その言葉は，自分たちにとって身近な言葉であることに気づいた。「残さず食べよう」「買い物するときは産地を見て，高槻産の野菜を選ぼう」など，自分なりの「フードアクション」をすることや，食料自給率，地産地消など，さまざまな視点からの意見をもつことができた。

リサーチの段階では，高槻のまちで農業を営む青年との出会いを設定した。昔からの夢を貫き，こだわりをもって働き続ける青年と出会ったことは，「若い人が農業しているなんてはじめて知った」「休みがないのに頑張っているってすごい」など，子どもたちにとって新しい発見がいっぱいで，今までより農業を身近に感じる刺激的な機会となった。

その後，子どもたちは，食材の加工のしかた，旬の時期などについて調べ，食材のよさを明確にして，まちを元気にするために，「高槻の農産物を使ったＳ級グルメ」をつくっていった。前年度，地元名産の富田漬をモチーフにした漬物を販売した経験を活かし，一人ひとりが考えたアイデアをもち寄り，実現可能かどうか見極めながら，取り組んだ。さらに，提供方法や値段，販売対象など，売れるものにするための条件や，考案したメニューのアピール方法を考えて，直接まちに働きかける取組につなげた。

子どもたちには，この取組を通して，たくさんの人との出会い，まちづくりにかかわり働きかけていく楽しさ，難しさを味わったのではないかと思う。

子ども＆まちの声

「自分たちがつくったＳ級グルメでまちの人たちがよろこんでくれてうれしい」
「自分たちが子どものころは農業について考える機会なんてなかった。小学生が自分たちのまちの農業について学び，考えてくれることをとてもうれしく思う」（ゲストティーチャーの農家の方）

実践者の声

自分の気持ちを友だちに伝えることが不得意な子どもが，積極的にまちの人へ声をかけている姿に成長を感じた。自分たちでつくったという自信がまちの人とつながるきっかけになったことがうれしい。もっと計画的に見通しをもって学習を進めると，選べる食材も広がっていたと思う。今回はこちらも試行錯誤だったので，子どもたちの希望を取り入れることができないこともあった。社会科や家庭科の学習とも関連するところが多くあったので，今回の学習にはスムーズに入ることができた。一人ひとりが自分にできることを考えながら行動していて，互いに協力する姿を見ることができたのはよかった。子どもたちのＳ（スタンディング）がしっかりしていたので，みんなのベクトルがそろっていたのだと思う。

大阪府北部農と緑の総合事務所　農の普及課　副主幹（当時）　高取　佐智代　さん

①四中校区では地域の農業，地産地消，高槻市唯一のなにわ伝統野菜である「服部しろうり」に注目し，活動をされていた。業務において農業者に直に接し，服部しろうりの栽培や利用にかかわっていることが，少しでも「いまとみらい科」に役立つならという思いから，ゲストティーチャーとして協働した。
②学校でつくったしろうりの粕漬けをどのようにＰＲしていくかという授業にかかわった。農業者から話を聞き，地域の伝統産業にかかわる取組もされていたので，当日の授業では，子どもたちの考えも幅広く，しっかりとしたもので感心した。私自身，大阪府の農業振興の業務に携わる中で，子どもたちが農業や農業者の方々を身近に感じることは大切だと思っており，協働することで業務の幅が広がった。
③学習を通じて，多くの人とつながり，地域のことを知り，皆で一丸となって取り組めたことはすばらしい経験。これからも経験を糧に，地域や人とのつながりを大切に，相手のことを考え，寄り添い，そして，行動する力を育んでほしい。

①なぜ協働したの？　②協働してどうだった？　③今後へのメッセージ

8年生

まちの温度計をあげよう
地域の夢（ねがい）をかなえたいねん

S **もっといいまちにしたい！　自分たちもまちづくりに参加しよう！　地域の人たちのねがいをかなえて，まちの温度をあげよう！**

A 今後，自分たちの生活に活かせることは何か考えよう。
＊いろいろな人と交流し，つながる。それが将来に活かされると思う。
＊人と一緒に活動するにしても，まず，自分でしっかり考えることが大事だ。

R “ねがい” をかなえるためにはどうしたらいいのか考え，調べよう。
＊まず自分でしっかり調べ，考えよう。
＊ＫＪ法を使うと意見が出しやすいし，比べやすい。

C 自分たちの活動をふり返ろう。
＊地域の人とかかわり，地域の人の思いや地域のことを知ることができた。
＊難しいことができたので，やりきったという気持ちがとても強い。

D 地域の “ねがい” をかなえよう。
＊自分たちのアイデアが実現した！
＊交通調査　＊公園清掃
＊福祉事業所カフェメニュー考案
＊地域イベントへの参加

P 地域の人のアドバイスを活かし，グループで実行に向けて企画，準備をしよう。
＊いろいろな考え方をすることが大事だ。
＊考えていたことを見直すことが必要なときもある。

校区には，まちづくりにかかわり，よりよいまちや人間関係づくりへの熱い願いをもって，さまざまな活動をしている人がいる。また，それらの人が集う多くの公共施設がある。子どもたちの生活は,「こんな地域にしたい」という願いをもった多くの人に守られ, 支えられている。しかし，今の自分の生活がさまざまな人とかかわりをもっていることに気づけずに，生活を送っている子どもが多かった。そこで，自分と地域との関係を見直し，社会参画への意欲を高めるきっかけとする単元を設定した。中学生が自ら地域に飛び出し，出会った多くの方と自分たちとの「共通の願い」を見つけだし，地域の方と協働してその願いを実現させるという活動であった。

まず，まちづくりをおこなっている人から，地域に対する願いや思いを聞き取ったり，地域にフィールドワークに出かけたりした。これは，子どもたち自身の目的意識を高め，「願い」をイメージするためのしかけであった。学年で 12 のグル―プを編成して，「自分はなぜその願いをかなえたいのか」,「その願いをかなえることは自分にとってどのような意味があるのか」ということを，子どもが常に自分に問いかけながら課題に取り組むことを重視した。願いの実現に向けての活動（Do）の前に，子どもたちによる「パネルディスカッション」を組み入れた。グループで考えた実現方法を発表し，他の生徒からの意見や質問，地域から来ていただいたアドバイザーからの助言などを受けて，自分たちの企画を再考し，実現に向けてよりよい内容にしていくことがねらいであった。

さまざまな準備段階を経て，地域にある保育所，コミュニティーセンター，青少年交流センター，地域の老人会などで活動に取り組んだ。活動内容は，障がい者福祉事業所のカフェスペースのメニューづくり，交通調査（アンケート）の実施，公園の清掃など多岐に渡った。

取組を通じて，地域の方々とのかかわりが増えるにつれ，子どもたちの「絶対にこの願いをかなえたい」という思いが強くなり，積極的に動く姿が見られるようになった。そして，自分たちの活動が目に見える形で実を結んだことに，多くの子どもが達成感を得ることができた。

何より大きな収穫は，地域の人とともに活動することによって，地域に関心をもち，地域に誇りをもつ子どもたちが出てきたことである。単元学習終了後も，何度も通って生み出した新メニュー「いまパフェ」は，実際にカフェスペースで販売していただき，地域の多くの方に食べていただいた。実現したときはみんなで喜んだ。また交通安全を考えたグループが，大人対象の交通問題のシンポジウムで発表する機会をいただき，中学生の力をほめていただいた。地域の多様な大人から評価されることで，子どもたちは自信を深めていった。まちをつくっている大人との肯定的な出会いを通して，自分たちの今の暮らしとこれからの暮らしについて，よりリアルに考えることができた大変意義深い取組であった。

実践者の声

授業では発言できなかったり，笑いで自信のなさを隠したりしていた生徒が，大勢の大人のいる前で堂々と発表することができ，成長を感じた。教職員の見通しが甘く，取組に予想以上に時間がかかったり，地域からお叱りを受けたりもしたが，子どもたちは最後までねばり強く取り組んだ。出会った人からエネルギーをもらい，子どもたちは力を蓄えることができ，それがその後の学校生活にプラスとなった。

かかわった地域の方の声

＊中学生がここまでしっかり考えるとは，中学生の力の大きさに元気をもらった。

＊中学生も協働する自分たちも力がつくWin-Win（ウィン ウィン）の関係ができたので，今後もさまざまなことを一緒に取り組んでいきたい。

たかつき交通
まちづくり研究会
高麗　敏之さん

①交通に対する思いを若い世代に伝えたいという気持ちと，まちづくりの理念を継続する必要性を感じて協力した。
②大人は当然と思うことも中学生は疑問に思うと固定概念をもたないため，新しく楽しい発見がたくさんあった。互いにまちに出て学んでいくことで，教えたつもりが実は教わっていることに気づいた。
③生徒の皆さんなら正しい自転車の走る場所や歩いていて危険な場所等を親に教えられる。大人の行動を変えられるのは 子どもたちかもしれない。たくさんの可能性をもつ中学生と，これからもいろいろな取組をしていきたいと思う。

障がい者支援施設
サニースポット施設長
今井　司さん

①若いときから障がいのある人と付き合うことで，隣人としての意識をもってほしい。うちで働く職員や利用者にも，校区にこんな子どもたちがいるということを知ってもらいたかった。
②四中生はすごいなぁと感じている。自分の想像以上に真剣で熱心に取り組んでくれている。そのときに瞬間的にでも熱中するものがあると，これからのエネルギーにつながる。大切なことを人のつながりから学んでくれている。
③自然にサニースポットに来てほしい。そして将来福祉の仕事に就く人が出てくれたらうれしい。今後も，中学生ともっとドキドキワクワクすることを続けていきたい。これからも，つながっていきましょう！

子ども未来部
部長代理
万井　勝徳さん

①四中出身だったこともあるが，子ども未来部は，次世代を育成する仕事なので，次世代が10年後の社会に向けて考えるという企画にかかわり，現状を伝えたいと思った，
②ネットで情報を集めるのではなく，子ども自身が積極的にまちに出て人に直接出会い，調べているのが意欲的でいいなぁと感じた。
③少子化が進んでいることを，次の子育て世代である中学生にも考えてほしい。子が減ると，働く世代が減る。それがどういうことか考えてほしい。これからの社会を支える中学生が子育てや高齢者など福祉のことを考えてくれるのはうれしい。これからもかかわっていきたい。

①なぜ協働したの？　②協働してどうだった？　③今後へのメッセージ

8年生

まちの温度計をあげよう H2A（Heart Heat Art）プロジェクト

S 高槻市から“まちの魅力を高めるような”壁画の依頼を受け…
「このプロジェクトでいろいろな人が笑顔になるなら，積極的にかかわっていきたい」「地域とのかかわりが強くなって，四中も地域も温度があがるのはうれしいのでがんばる」

A ＊まちを明るくする力になれるようがんばりたい。
＊一生懸命まちのことを考えている人がいることを知った。自分も考えていきたい。

R 高槻市やまちの人から依頼内容や思いを聞く。
＊地域の人から話を聞いて期待が大きいのがわかった。
＊地域の人の思いを受けて，自分たちもがんばらないといけないと思った。

C ＊自分の手形がずっと残っていくと思うと，将来が楽しみになった。
＊本当にいろいろな人が集まって協力し合っていた。

D まちの方や小学生とも協力しながら壁画を仕上げる。
＊このプロジェクトを成功させて，みんなが喜んだ笑顔が見たい。

P まちの人の願いや自分たちの思いを込めた絵のデザインを考える。
＊松や花にもいろいろな意味が込められてよかった。

本単元は，高槻市から「落書きをされて困っている倉庫の壁に“まちの魅力を高める”ような壁画を作成してほしい」という依頼があり，始まった。自分のこととして取組にかかわり，達成感を感じてほしいという願いから，生徒有志による「H2Aプロジェクト実行委員会」を立ち上げた。壁画完成に向けて，実行委員を中心に取組を進めていった。子どもたちが，前向きに取組を進められるように，思いや感想，取組の進み具合や予定，まちの方の声などを載せた通信をタイムリーに発行した。

壁に絵を描き，色を塗るという具体的な作業は形として見えるため，積極的に全員が参加できると考えたが，そこにいたる準備の段階から，住んでいるまちのことを考え，主体的に取り組むには工夫が必要だと感じた。そのため，リサーチでは，高槻市に「壁に落書きをされて困っている」という相談をしたまちの方や，願いをもってまちづくりにかかわっている方から聞き取りをおこなった。困っていることだけでなく，まちをよくするために今どんな願いをもち，どんな活動をされているかなど，まちの人の思いや願いに重点を置いたインタビューをおこなった。この出会いを通して，子どもたちの「まちの期待に応えたい」という思いが高まり，取組へのモチベーションにつながった。感想には，「このプロジェクトにはたくさんの人がかかわっていて，その分たくさんの期待もあって，僕たちが絶対につぶしてはいけないと思った」「みんながあったかくなるような絵を描きたいと思った。自分の住んでいるまちに自信や誇りをもとうと思った」と書いている。

他の地域の実践例なども踏まえ，個人でデザインを考え，班，学級を経て実行委員中心に学年でひとつのデザインにまとめあげた。まちの方々の願いのこもったデザインにした。そして，彩色の段階では，まち全体の取組にしたいという思いから，小学生，まちの方にも参加をお願いして壁画を完成させた。生徒の計画を実現するために，市役所やまちの方，警察の方，小学校の児童や保護者，教職員などたくさんの方に協力いただいた。そして，取組の成果を認めてもらい，生徒の思いも温まっていった。完成披露会は，地域の方とテープカットをおこなったり，市長からの感謝状を，高槻市のキャラクター「はにたん」から受け取ったりと盛大なものになった。

市やまちと協働することで，学校だけではできないダイナミックな「Do」を保障することができた。完成した壁画に落書きをされることも考えられた。そうなればまた子どもたちと考えていきたいと思っていたが，現在に至るまで落書きはされてはいない。

子どもたちは，計画が具体的な形として実現し，たくさんの方から期待や感謝されることで，自信をつけ，達成感を得ることができた。この学習の後，学校生活でも前向きに自分たちで取組をつくっていこうという雰囲気ができた。それは，9年生になって，学習や体育祭の取組などへつながっていった。

子ども＆まちの声

「ペンキのプロの方や，市役所の方，そして地域の方も来てくださっていてとてもうれしかったし，期待されている分がんばろうと思った」（実行委員生徒）

「もしもここを離れても，戻ってきたときに，『昔より今のほうがよい』と思える，思ってもらえるまちにしたい」（生徒）

「ずっと落書きされて困っていたから，こんなに立派な絵をこれだけの子どもたちが描いてくれて，うれしいしありがたい」（まちの方）

実践者の声

実行委員のAは，力をもっていながら，自信がもてず，それを発揮することができなかった。自分たちでやったという実感と，成果が見えやすい単元であったこともあり，この取組を通して，Aをはじめ子どもたちは，自分たちで取組をつくっていく楽しさを感じ，積極的に活動しようという意識が育った。教職員以外の大人と子どもたちとの対話がもっともてればよかったと思う。期待され，考え行動し，感謝される体験を通して，自信をつけ，まちに対する気持ちがあたたまったように思う。やりきったと思える課題設定，地域や市役所との連携が子どもの成長につながったように思う。

高槻市都市創造部住宅課
副主幹　吉川　芳宏さん

①落書きが解決できず，本当に困っているとき，「いまとみらい科」の取組を聞き，中学生との協働にかけてみたい！　と思い依頼した。
②自分のころは，地域のことなんか考えられなかった。中学生が，地元の人や小学生にも参加を呼びかけてくれたので，いろいろな人から「まちが明るくなった」と喜んでもらえてうれしい。
③まちに愛着をもってもらえるいい取組だなぁと思う。これからも協働を継続して，子どもの力を取り入れた地域に愛着のもくるまちづくりを進めたい。

富田自治会連合
会長　日置　孝文さん

①壁の落書き防止を子どもたち自身にやってもらい，地域のよさを知り，アピールしてもらえればと思い，子どもたちに託した。
②いわれてやるのではなく，自分の取組にして表現していた。わいわいと思いをもって描き，目が輝いていた。
③富田のまちのよさを感じて，次の時代を担ってほしい。自分の生まれたまちに誇りをもち，どんな社会に進んでも忘れずに生きていってほしい。住んでよかったと思えるまちにするという私たちの思いを若い人に伝え，私の体が続く限り，できることはこれからもやっていきたい。

①なぜ協働したの？　②協働してどうだった？　③今後へのメッセージ

9年生

みらいのまちを考えよう マイタウンミーティング～今の出会いと未来の私～

S 本当の出会いとは何かを考えよう！
まちづくりに熱い思いをもった人からさまざまな力を感じ，自分のこれからの生き方につなげよう！

A 「マイタウンミーティング」を自分の生き方につなげよう！ 本当の出会いから，進路をひらく力に。

R まちづくりに熱い思いをもった人を探そう。その人たちはどんな人？タウンマップにまとめよう！

C 「マイタウンミーティング」での学びをまとめよう。自分はどう語り，仲間はどう語ったのか。

D 学んだことと自分の生き方をつなげる「マイタウンミーティング」を実施！ 自分の思いを語り，仲間の思いやまちの人の思いを受け止めよう！

P まちづくりに熱い思いをもった人と本物の出会いをし，マイタウンミーティングを企画しよう。学んだこと感じたことを○○力・○○愛にまとめよう！

9年生は，義務教育のゴール地点。そんな子どもたちに，その後の社会を生き抜いていく力を育みたい。今の自分を見つめ，これから生きていく未来を展望してほしいと願い実現したのがこの単元である。

この単元を貫く大切なテーマとなるのが，「出会い」である。今までの「いまとみらい科」や，8年生で経験した職業体験，9年生の沖縄への修学旅行などを経て，学びの集大成となる単元でもある。それぞれの場面での出会いを思い起こしながら，まず，本当の出会いとは何かについて考えるところから子どもたちの「S」をほり起こしていった。そして，高槻のまちづくりに熱い思いをもった人について調べていった。その際に小学校の社会科の副教材『わたしたちの町高槻・大阪』を利用した。中学生になってから読み返すことによって，自分たちのまちについてあらためて見つめ直すきっかけとなった。そこから出会いたい人，話を聞きたい人を導き出し，その人についてこれまで培ってきたリサーチ力で詳しく調べた。調べた人の情報を「マイタウンマップ」にまとめて，自分が出会う人以外の情報についても共有し合った。

そしていよいよ，まちづくりに熱い思いをもった人との本物の出会いの日がきた。この日までにその人について調べ，さまざまな質問を用意してのぞんだ。少し緊張しながらも，子どもたちは自分の言葉で質問し，自分の生き方を語ったまちの方々の熱い思いを受け取っていった。自分なりに感じたその人の魅力を「○○力」「○○愛」というキーワードにまとめていった。たとえば，「伝統を守り抜く力」「エンジョイ力」「踏まれても負けないパワー」「みんなの笑顔愛」など，感じたことをわかりやすくまとめていった。

その後，学んだことを伝え合い，それを自分の生き方につなげる「マイタウンミーティング」を実施し，聞き取りをしたまちの人にも参加していただいた。それぞれの進路を目の前にした９年生が，自らの意思で手をあげて自分の思いを語り，それを真剣に受け止める仲間の姿が，そこにはあった。そんな姿に，まちの方から「子どもたちが自分の未来を語る姿に感動した」などの言葉をいただいた。

子どもたちは出会いを通して，双方が元気になるWin-Win（ウィン ウィン）の関係を実感することができた。次は，それを自分の一番近くにいる仲間との関係に活かし，進路を切り拓く力につなげてほしい。それが，義務教育を終えた後の未来を切り拓く力にもなると信じている。

子ども＆まちの声

「意欲的に語り合う姿に未来を感じた」（授業を参観された方）

「今まで積極的になれなかったけれど，本当の出会いの学びから勇気をもらって今私はここにいます。私も人に勇気を与えられる人になりたいと思います」（「いまみフェスタ」で代表報告した９年生）

実践者の声

９年生は，義務教育の最後であり，進路を見据え，社会に出て行く直前である。その前に，「いまとみらい科」の集大成としてまちの人からエネルギーをもらい，自分の生き方を語るこの取組は価値あるものだと思う。Aは途中から転校してきて，なかなかなじめなかった。しかし，この取組を通してまちの人のいきいきと活動する姿に勇気をもらい，自分から，いまみフェスタで語ることを願い出た。まさにまちの人の強い思いが子どもに伝わったのだと思う。堂々と自分のことを自分の言葉で語る姿をうれしく思った。

タウンスペース
WAKWAK
岡本　茂さん

①学校と地域が連携するモデルとなる取組を四中校区でやってほしいとずっと願ってきた。四中のことを評価してもらえるのは本当にうれしい。だから，新しい取組は地域が全面的にバックアップしていきたい。
②今の四中生は地域との接点があって本当にめぐまれていると思う。まちに出かけて学ぶことは，間違いなく将来につながっている。中学生が自分の進路のことも含めて自分の生き方について語る姿に感動した。
③四中校区が全国でもすぐれた実践をやっている校区であり続けてほしい。そのために，今後も協力を惜しまない。四中校区の取組とその積み重ねが，全国に発信されて影響を与えていってほしいと願っている。

マスミダンススクール
森川　勇さん

①ダンスを手段に大好きな高槻の地に文化を創りたい，盛り上げたいと考えている。文化は人と人とのかかわりから生まれてくるものだから，人とのつながりを大切に考え地域と交流するこの取組に興味をもった。
②意見発表では，恥ずかしさを感じる年齢にもかかわらず，はっきりと発言してくれて驚いた。年々生徒さんたちの目が変わってきているように思う。ミーティングに厚みのようなものを感じ，私も元気をもらった。
③９年間の取組の成果が出てきていると思う。私の中学校時代にはこんな取組がなかった。人と人とのつながりを大切するこのような取組に対して興味深く参加する姿勢をもち続けてほしい。一緒に高槻を盛りあげていきたいと思う。

高槻市総務部
危機管理監
黒藪　輝之さん
（高槻太鼓演奏者）

①太鼓を演奏することで聴いてくださる方が満足し，笑顔を見せてくれるのが何よりもうれしい。私は人とのつながりを大切に考えている。若い人たちと新たに出会い，つながりがうまれる場として興味をもった。
②私の話や生き方から感じてもらった気持ちを聴かせてもらい，互いの意見を伝え合うことができて，皆さんとの距離が近く感じられた。全員が意見をいおうとする前向きな姿勢に驚かされた。
③人とつながるためには，周りのことを考える「やさしさ」が大切だと思う。地域の人と話し合い，人とのつながりの大切さを感じ取ったならば，友だちや家族とのつながりについても考えていってもらいたいと思う。

①なぜ協働したの？　②協働してどうだった？　③今後へのメッセージ

実践者は語る

まちの温度計をあげよう わがまちソング＆アート

――企業・行政とのコラボ―― 4年生

３年生で，まちの温度計をあげるために「わがまちソング」づくりに取り組み，自分たちがまちづくりに参画できることを知った子どもたちは，「4年生ではどんなことができるかな」と興味津々であった。単元の始まりの時間に，各地にあるまちのアート作品の映像を見た。子どもたちは，絵が，見た人を元気にしたり，絵で願いを伝えたりできるということに気づいた。「やってみたい！」単元のＳ（立ち位置）は，決まった。「まちの元気アップを絵でプロデュースしよう！」。コンセプトは「いつでも，だれでも見たら元気になる絵」である。

大人でなければできない仕事は，子どもたちの活動と切り離して進めるほうが，子どもたちにどんな力をつけたいかを明確にすることができると考え，絵のテーマについては，「わがまちソング」の歌詞をモチーフにすること，場所については許可や手続き等があるので先生たちに任せてほしいと伝え，スタートした。とはいうものの，絵のテーマ決めも場所選びもとても難しかった。２つの小学校で合同学年会を開いてはアイデアを出し合った。「元気アップ」のフレーズだけでは，あまりにも漠然としていて，これという決め手もなく，いたずらに時間だけが流れた。「子どもたちに任せる？」「学校の塀でいいやん」。あきらめかけたとき，「なぜ，子どもたちが作った歌詞を使わないの？」「阪急電鉄さんなら声をかけられますよ」とのナイスアドバイスをいただいた。止まりかけた計画が動き出した。大人のＲ（リサーチ），なんとかクリア。

まず，子どもたちが取りかかったことは，実現に向けて情報を集めることである。子どもたちは３つの方法で調査することにした。ひとつ目はインターネットや本を使って絵の材料や道具について調べる方法，２つ目は街角アートを実践したプロに絵を描くコツや気をつけることなどを聞く方法，３つ目はまちの人の思いや願いをヒントにするために聞きとる方法である。プロに聞く経験やまちの人へのインタビューは人とのつながりに気づく大切なプロセスであると考える。実際にインタビューをした子どもたちの中から，「はじめは声がかけられなかったけど，20人に答えてもらってうれしかった」という声が聞かれた。「インタビューがこんなにおもしろいと思わなかった。また，やりたい」と目をキラキラさせて語ったのは，毎朝登校支援の必要な子であった。心にある「人とつながるスイッチ」を見つけたのではないだろうか。

絵を掲示する場所が決まった。阪急富田駅の壁面である。たくさんの人が行き交う場所であり，富田小と赤大路小の中間にあたる場所であるということが，子どもたちの「やったー！」の歓声につながった。阪急電鉄の方と子どもたちとの意見交換会も実施した。ここへ来るまでに，高槻市アート博覧会や高槻市都市創造部都市づくり推進課の方との出会い，阪急電鉄本社での話し合い等があった。この単元を進めるために大人の社会参画力がずいぶん育まれたように思う。

次にいよいよ下絵を考えることとなる。一番大事にしたのは，各学級で「わがまちソング」の歌詞の中から絵のキーワードを決めること。Ｒで集めた情報をもとに，自分の意見をしっかりもちながら，班や学級全体で話し合い，よりよいフレーズを選択するために，折り合いをつけ，練り上げていく姿が見られた。まさにこれは私たちのめざすコミュニケーション力であり，最後までねばり強く取り組む姿勢であった。多数決ではなく，全員納得する決定に，自己肯定感を高めた子どもたちであった。ここから下絵の完成に向けて活動は加速していく。下絵を学級で３つにしぼりこみ，もう一度まちの人の意見を聞きに出かけた。その集計をもとに再度下絵の練り上げをおこない，それぞれのキーワードとイメージカラーをもとに学級の絵を完成させた。同時に学級の絵の周りを囲むひとり１枚のピース（20cm × 20cm）もできあがっていった。これは，高槻アート博覧会に所属する中学校の美術の先生に２小合同授業をお願いして，「下書きなしで失敗しない絵」を教えていただいたことがベースとなっている。

こうしてできあがった「元気アップアート」をそれぞれの小学校で阪急電鉄の方にプレゼンテーションすることとなった。子どもたちは，緊張しながらも期待に胸をふくらませながらその日を迎え，自分たちの絵を見せながら絵に込めた願いや思いを一生懸命説明した。この説明は自分たちの度重なる話し合いの中から生み出されたものであり，その経験と達成感が自信となり，ゲストに十分伝わった。阪急電鉄の方の言葉や笑顔に，手ごたえを感じた子どもたちであった。

そして，「元気アップアート」は，テント地にアクリル絵の具で描いて仕上げ，３月の完成披露会を迎えた。阪急電鉄の高槻・富田統括駅長さんと一緒に除幕セレモニーをした。自分たちの絵が見慣れた場所に飾られたのを目の当たりにして，自分が描いたマイピースを指さし，友だちと何度もながめる姿があった。この単元は，自分たちの力がまちづくりに役立つことを実感するものであり，そのためにはたくさんの人の協力や支援が必要であることを学ぶ機会となり，社会参画力の育成につながったと自負している。

多くの人との出会いから，子どもたちは大人のすごさを感じたのではないだろうか。中学校の先生の絵を描く技法に感心し，高槻市の職員や阪急電鉄の方たちの誠意に感謝し，小学生の突然のインタビューに快く応じてくださるまちの人に感動したことで（断られたことも貴重な経験），自分の未来の姿への展望になったと考えたい。ひょっとしたら，わたしたち担任のこともこの単元を設定したことで「先生らもやるなぁ」と思ってくれたかもしれない……。そしてもうひとつ感じたのは，自分たちのすごさであり，このなかまでよかったという満足感であるように思う。

最後に，この取組が終わりに近づいたころのある子どものつぶやきを紹介したい。

「先生，まちの人たちを元気にしたいと思って活動してたけど，『がんばってな』とか，『楽しみにしてるで』っていわれて，自分らのほうが元気もらったわ」

そんなあたたかいまちが，四中校区である。

高槻市都市創造部都市づくり推進課　職員　皆谷　裕介さん

①将来のまちづくりの担い手となる子どもたちの「自分たちの描く絵画でまちを明るく元気にしたい」という発意と情熱に共感し，その手伝いができればと思った。
②取組では子どもたちの熱い思い，パワーを感じた。とくにプレゼンは，大人が圧倒される迫力，説得力があった。完成した絵画が富田のまちを行き交う人々に元気を与えるシンボルとなっているのをうれしく思う。
③「まちづくりは人づくり」という言葉があるように，地域に愛着をもった人を育むことが重要であると思っている。今後も，まちを元気にするために，ぜひ力を貸してほしい！

①なぜ協働したの？　②協働してどうだった？　③今後へのメッセージ

平成 26（2014）年度学習計画案

総合的な学習の時間「いまとみらい」学習計画案

8 年　【カテゴリー】学校　【テーマ】学校温度計をあげよう

【単元名】**校外学習改革**　12H

【ねらい】・見通しをたてて予算内でより魅力的な旅行先を企画，立案できる。
・説得力のあるプレゼンテーション力をつけ，さまざまな条件から行き先を選択できる。
・将来生きていく上で必要な企画力，表現力，実践力をつけ，人とつながる力を身につける。

S　課題と自分との関係（立ち位置）を見つめる

テーマと自分との関係を見つめることで，問題意識，課題解決の意欲をほりおこす。

・学習活動のオリエンテーションをおこなう。
　自分たちで校外学習を計画し，実行することを伝える。
　この取組を通して身につけていきたい力（企画力，表現力，実践力）などを明確にする。
　校外学習における目標を考える。
・考えられる行き先を出し合い，グループでひとつにしぼる。
　各個人が，行き先を考える。
　グループで交流し，行き先地の候補を決定する。

R　調べ，広げる

多様な情報からリサーチすることで視野を広げ，自分のできそうなことを考えて解決方法を見つける。

・グループで情報を集め，プレゼンテーションの準備をする。
　旅行会社の方をゲストに招き，プレゼンテーションの見本を見せてもらう。
　グループで企画書を作成する。
　プレゼンテーションに必要な情報をＰＣやパンフレットなどで集め，提示する写真を収集する。
　調べた情報をプレゼンテーション用の資料にまとめる。
・各クラスと学年でプレゼンテーションをおこない，投票で行き先を決定する。
　各グループが調べたことをさまざまな方法でプレゼンテーションをする。
　発表を聞いたあとに，投票をおこない，行き先を決定する。

PD　計画する，活動する

リサーチした課題解決方法を具体化するために計画を立て，取り組む。

・決定した行き先から，実施のために必要な情報を集める。
　必要費用，行程，見どころ，（アピールしたいところ）などを調べ，発表する。
　必要な情報をまとめ，しおりとハンドブックを作成する。
・校外学習を実施する。
　計画に基づいて行動する。
　実際に目で見て，自分の足で歩いて学びを深める。

CA　ふり返る，活かす

取り組んだ結果はどうであったのか，ふり返る。学んだことを活かして，自分を取り巻く社会をよりよくするためにできることを考え，自分の生き方に返す。

・つけたい力，目標が達成できたかをふり返る。
　見通す力，表現する力，考える力，つながる力など，はじめの目標に一人ひとりがどこまで近づくことができたかをふり返る。
・学習サイクルをふり返り，今後の自分たちの生活に活かせることは何かを考える。
　学習サイクルをふり返り，今後の自分の生活，学習につなげる。

平成 26（2014）年度学習計画案

総合的な学習の時間「いまとみらい」学習計画案

9 年　【カテゴリー】地域・社会　【テーマ】まちの温度計をあげよう

【単元名】マイタウン ミーティング ～いまの「出会い」、みらいの「自分」～　16H

【ねらい】
・私たちが暮らす高槻の街が好きで，生きがいをもって生き生きと魅力的に生活されている地域の人たちと出会い，その思いや希望を聞き取ることができる。
・出会った人の生き方から学んだことをもとに，自分自身の生き方や未来のまちづくりについて考え，『タウンミーティング』の場で発表することができる。
・聞き取りをした方に自分たちの思いや考えを伝えることで，未来に対する目標がもてる。

S　課題と自分との関係（立ち位置）を見つめる

テーマと自分との関係を見つめることで，問題意識，課題解決の意欲をほりおこす。

①修学旅行で国際通りの人と手紙のやり取りをし，出会ったときの思いをほり起こす。
②「本当の出会い」とはどのようなものかを人とのかかわりの深さをもとに考える。
③自分はどんな分野で活躍している人に興味や関心があるかを考える。
・小学校の社会で使用した『わたしたちの町　高槻・大阪』3・4 年生の副教材を再度読む。

R　調べ，広げる

多様な情報からリサーチすることで視野を広げ，自分のできそうなことを考えて解決方法を見つける。

①聞き取りをする方がどのような仕事や活動をされているかを事前に調べ，学習する。
・活動の拠点。
・どのような活動をされているか。
・その活動のもつ意味。
・どんな思いで活動されているかを考える。
・活動の中身を知ってどう思ったか。
②リサーチした内容をもとに，「出会い」で自分たちが伝える内容と，相手の方に聞きたい内容をグループで考える。
③地域で生き生きと活動されている方と出会い，グループで聞き取りを行う。
・どんな思いで活動しておられるか。
・どんなことにやりがいを感じておられるか。
・活動を始めたきっかけ。
・未来に向けての夢，まちづくりへの思い，など。

PD　計画する，活動する

リサーチした課題解決方法を具体化するために計画を立て，取り組む。

①「出会い」と聞き取りを通して学んだことをもとに，「今後の自分の生き方」と「未来のまちづくり」について考える。
・出会った人の生き方で感じた魅力やパワーをキ　ワードとして出し合い，交流する。
例「まちを元気にする○○力」「伝統を未来に活かす△△愛」
②『タウンミーティング』を実施する。
・一人ひとりが「自分の生き方」と「未来のまちづくり」について，学んだことと考えを発表する。
・発表を受け止め，相互に質問をおこない，回答することで中身を深める。
・聞き取りをした方にもアドバイザーとして参加していただき，助言をいただく。

CA　ふり返る，活かす

取り組んだ結果はどうであったのか，ふり返る。学んだことを活かして，自分を取り巻く社会をよりよくするためにできることを考え，自分の生き方に返す。

①今回の学習の成果と課題をまとめ，交流する。
・地域の方の生き方に学び，自分にどう返して考えたか。
・地域の方に出会い，自分の地域をどう考えていくのか。
・地域の方との出会いをきっかけに，近くにいる友だちとも本当の「出会い」をつくっていく。
・今後，自分の進路を考えるとともに，仲間の進路もともに考えることにつなげる。

エピソード：“単元開発は質を上げる闘い”

子どもが意欲的に社会参画し，つけたい力を育めるような内容をめざす単元開発は，楽しく，そして苦しい。

単元開発のためにおこなった方法としてまずあげたいのが，研究者の力を校区に入れることである。「○○先生指導日」を定期的に設定する。もしくは，単元開発に行き詰まったとき，どうにか打破したくて，無理を承知でお願いし，急遽来ていただくといったこともしばしばあった。とくに，葛上秀文准教授とは，日常的に連絡を取り合ってきた。迷ったとき，一歩進んだとき，確認したいときなど，支えてくださる存在である。また，時折強烈なスパイスをいただく出会いを得ることができるのが，研究開発学校の醍醐味である。第２章で述べたように，研究の節目節目で，さまざまな研究者から，はっきり指摘していただくことで，質を上げていくことができたのである。

しかし，産みの苦しみを伴う単元開発は，そうした外部の力の活用だけでは，なし得るものではなかった。学年でとことん論議すること，違う小学校同士で案を出し合うこと，小中が協働することなどを通して，ぶつかり，折り合いをつけ，いいものをつくっていくのだ。自分の意見をはっきり伝えて，スクラップ＆ビルドをくり返すことは気力も労力もいる。だから，ついつい，「はじめの案でいいやん」「がんばって考えてくれた案だから，これでいこう」「まぁいいか」という誘惑に流されそうになることもある。ある意味当然のことであろう。しかし，ここで，「いい人でいること」を返上して，嫌われ役になるのが事務局だったのかもしれない。「ちょっといい？」「今度の学年会，入らせてもらうね」。そんな声をかけられて，何をいわれるのか，どんなだめだしをされるのか，構える学年も多かったと思う。「このタイミングでいやだろうなぁ」と思いながら声をかけることも多々あった。ときには，気まずくなることもあった。すねたり，投げ出しそうになったりする仲間の姿も見てきた。うまく話し合えない学年チームもある。２つの小学校が同じ単元をともに開発するため，毎年何らかの摩擦がおきる。そんなときは，事務局や，コーディネーター役になれそうな人が，あいだに入り，調整役を務める。

また，職場全体の力を集めた「単元案の練り上げ」の場も，何回も設定した。学年のプレゼンに対して，意見をいい合う。少しでも，子どもにとって，実りある学習とするにはどうすればよいのか，アイデアを出し合う。管理職も，ひとりのメンバーとして参加する。

他には，一貫研の場を活用して，質を上げられるような提案をすることも事務局の大きな仕事であった。行き詰まっているところや，課題があれば，共有し，少し先を照らす。今いるところより，少し高みの目標を設定し続ける。そんな一貫研をデザインできるよう常に考えてきた。

何度もいうが，研究は人がつくっている。「あの子はのってくれるだろうか」「この子の意欲に火をつけたい」「素敵な人に出会わせたい」「こんな力をつけてほしい」。子どもの顔を思い浮かべ，子どもが元気になること，学ぶおもしろさを体得すること，自分や大人，社会のすごいところに出会えること，そうやって，自分のキャリアを形成し，未来を切り拓いていくこと，そんな姿をイメージして，心を込めて一つひとつの「学び」を開発していった。

それは，「いまとみらい科」だけに限ったことではない。子どものことを考え，教育の質を高める闘いを続けることは，教員という仕事の本質であるし，原点ではないかと思う。

【事務局】

3.「いまとみらい科」をより豊かなものに

「いまとみらい科」の実践を進める中で，進化していったものとして，次の３点がある。

(1) ワークシート

四中校区では，１年生から９年生まで学習サイクルに沿った共通の形式でワークシートを使用している。子どもたちが授業で考えたり，話し合ったりする活動を充実させるために開発したが，9学年を通して活用することにより，S－RPDCAという同じ展開で進めることができる。そして，このワークシートを活用し，子ども自身が課題解決方法・学び方を獲得する手立てとした。

しかし，取組を進める中で，課題として浮かびあがってきたのは，ワークシートを埋めることに一生懸命になってしまい，埋めることが目的になってしまう子どもの姿や，書かせることを目的にしてしまう教員の姿であった。つまり，子どもに，何のために書いているのかを理解させていなかったため，書くことと，つけたい力がつながっていなかったのである。その反省を踏まえ，子どもが，書く意味を理解できるよう，丁寧な指導をおこなうこととした。また，書く分量の調整や，書く場面の吟味など，ワークシートやその活用方法を改善した。

子どもたちが記入したワークシートは，「いまとみらい科の学習ファイル」にとじていく。学習サイクルに沿って，その時々の気づきや学びを記し，必要に応じて立ち戻ることもできる。そうすることで，自分の学びや成長を実感することができる。実際に，中学校で学習に取り組む際に，小学校のときのファイルを活用することもある。このファイルを蓄積していくことで，自分の学びの過程や成長を記録したポートフォリオが完成する。

①

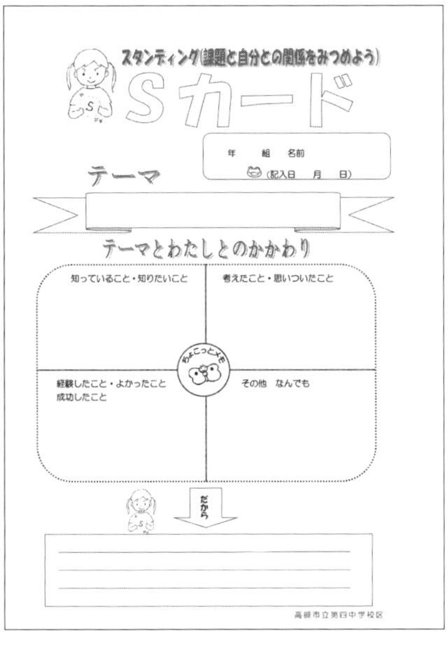

S（スタンディング）カード…テーマと自分とのかかわり（立ち位置）を考えるためのカード

・テーマについて，これまでの経験で知っていること，うまくいったこと，うまくいかなかったこと，もっと知りたいこと，やってみたいことなどを考え，テーマと自分とのかかわりをつかむ。

☆学びのスタートになる，重要な１枚である。

②

③

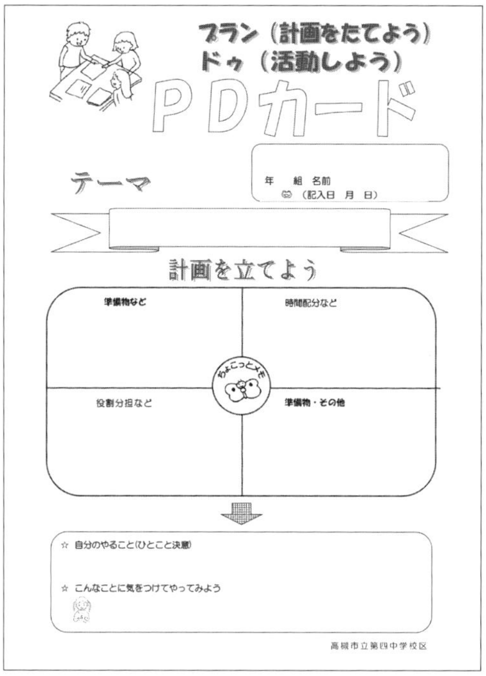

R(リサーチ) カード…自分の視野を広げるためのカード

- R(リサーチ) が, S(スタンディング) につながるように, そして, リサーチ結果を根拠にしたプランが立てられるようにする。
- 何をどうリサーチするのか, リサーチする際の観点を書くことを大切にした。

PD(プラン・ドゥ) カード…計画・活動していくときに使うカード

- 役割分担, 時間配分などを含め, 計画していくことで, D(ドゥ) の学習に活かす。
- D(ドゥ) での自分の決意を記すことで, 何のための活動か (自分の立ち位置S) を忘れないようにする。

④

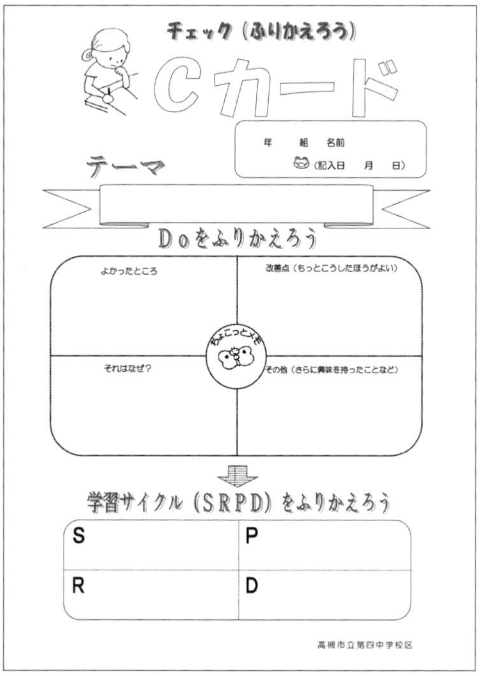

C(チェック) カード…活動のふり返りと, 今回の学習サイクル全体のふり返りをするためのカード

- 学習してよかったこと, 改善できること, さらに興味をもったこと, その理由など, 観点を示すことで, 子ども自身が自分の成長や学びを見取ることができる。

⑤

A（アクション）カード…学習サイクルを通して学んだことを確認し，自分の生き方（生活）につなげられることを記入するカード

- 生活の中で活かしていくこと，継続して行動できることを考えて表明する。

学習の中で随時活用↓

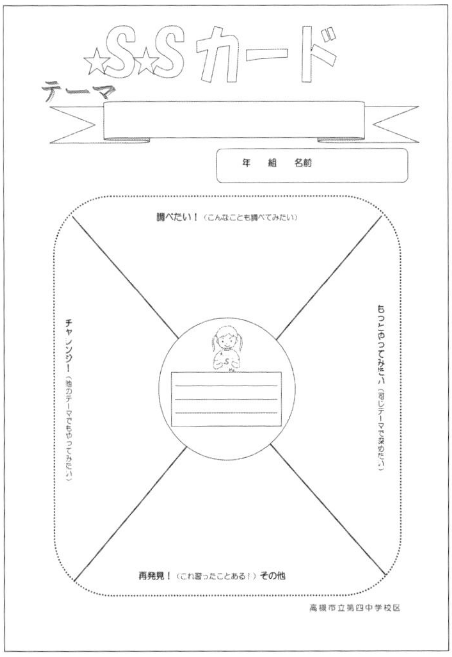

SS（スペシャルスタンディング）カード･･･いつでもSに立ち戻れるようにするカード

- S（スタンディング）は，学習のはじめだけでほり起こされるものではなく，テーマに深く出会う中で育まれることもある。ほり起こされた興味関心や意欲を書き記す。
- 学習サイクルの各段階で，SSカードを記入する時間をとる。主に5年生以上で使用。

ワークシートは，子どもの実態や学習内容に応じたものになるよう，常に改善を図っている。各ワークシートが子どもにも浸透し，今はどの段階の学習なのか，次はどんな学習なのか，子ども自身が見通しをもって学習を進められるようにするためにも，よりよいものとし，活用していきたい。

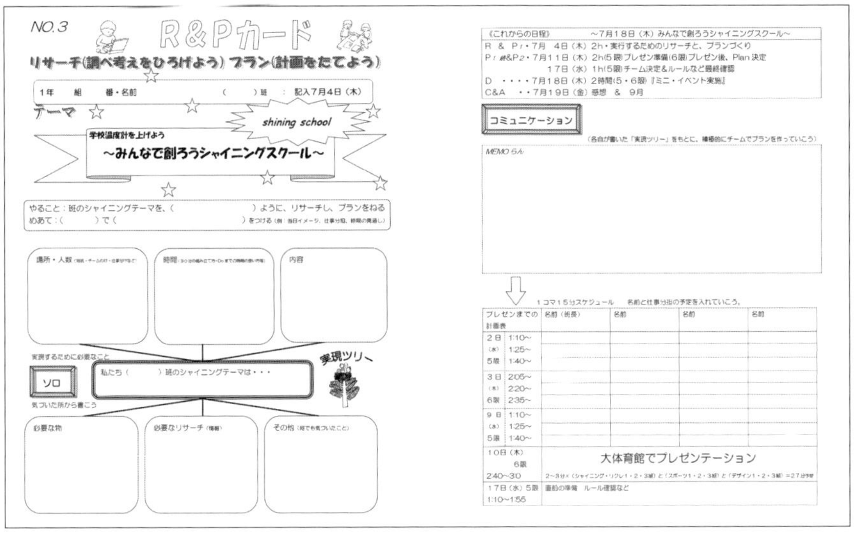

(2) 言語力

・「いまとみらい科」に取り組んで感じた課題

これまで述べてきたように，子どもたちは，「いまとみらい科」で解決したい課題と出会い，主体的に取り組む姿を見せてきた。しかし，ある子どもが，「自分はこれがいい！」と主張し，みんなが納得できず話し合いが平行線をたどり，折り合いがつけられないことも数多くあった。解決するには，相手の意見を聞いたり，根拠をもって説得したりする言語力が必要となるが，その点ではまだまだ力がついていないと感じることが多かった。せっかくのプレゼンの機会に，話す力の足りなさから自信がもてず，原稿を読むだけで気持ちを伝えきれない姿もあった。また，話し合いの際の教職員の支援のしかたにも課題が見られた。

「いまとみらい科」を，もっとおもしろいものとし，もっと一人ひとりの力を育むものとするためには，すべての学習のベースとなる聴く力・話す力・書く力・議論する力といった言語力の育成が急務であることを痛感する場面が多くあった。そんなときに，研究者より次のような指導を受けた。

- 言語力が「いまとみらい科」充実の鍵。育てたい言語力（たとえば「質問力」など）をしぼり，校区らしい９年間の言語力育成ステップ表を作成してはどうか。
- 話し合いで折り合いをつけて，解決していくためには，質問力やプランにだめだしする力など，本当の意味での建設的な話し合いができる言語力の育成が必要。
- 話し合いには，さまざまな形態がある。場面に合わせて，効果的な選択を（ペア・４人・全体など）。
- 書く活動を充実させてほしい。ただし，ワークシートの空欄をうめるだけ，それを見て話すだけでは力はつかない。
- 10分間原稿を見ずに話せる子を目標に。「話す」から「語れる」子へ。

言語力についての大きな課題を感じた校区は，子どもたちの言語力を育成するために，３校の教職員からなるプロジェクトチームを発足させた。そして主に以下のことに取り組んだ。

・聴く・話すレベル表の作成

１年生から９年生までを貫いて言語力を育むためには，縦９年間，横３校の教職員が，共有できる９年間のステップを刻んだ「ものさし」が必要であった。そこで，先進校視察や，髙木展郎教授（横浜国立大学）の講演から，「あたたかい聴き方・やさしい話し方」のレベル表を作成した。

これを，３校の全学級の教室に掲示し，常に意識できるようにした。「今日は，レベル１を意識して，友だちのほうを見て聴こう」「今の意見は，Ａさんとどこが同じ？」と教職員が問いかければ，子どもたちはそれを意識して話し合いを進めることができる。「Ｂさんにつけ足しで」「Ｃさんのここはよかったと思う。なぜなら……」など，根拠を明確にした話し合いをする子どもた

（7～9年生教室掲示用）

中1・2・3年　あたたかい聴き方	レベル	やさしい話し方
話し手と自分の考えを比べながら聴く （話し手の考えに賛成、反対、□□は同じだが○○は違う　など）	4	**場面に応じた効果的な方法を選び、相手の反応を見ながら話す** （例をあげる、比喩を使う、視覚的な資料を使う　など）
内容を理解しながら聴く （話題や話の流れを意識する　事実と意見を聞き分ける、根拠が適切か考える　など）	3	**なぜそのように考えたのか根拠や理由を伝えながら話す** （「○○という資料から　～と思います」など）
話し手が話しやすい聴き方をする （あいづちを打つ、分からないときは問い直す、好意的に聞いている態度を示す　など）	2	**聞き手に分かりやすい表現で話す** （分かりやすいことばを選ぶ、具体的に話す、結論から先に話す、適切な接続語を使う　など）
集中して話し手の方を向いて聴く	1	**聞き手の方を向いて、場に応じた大きさの声ではっきりと話す** （声のレベルを考えて、ゆっくりはっきりと）

（4～6年生教室掲示用）

あたたかい聴き方	レベル	やさしい話し方
友だちが話しやすいと思える聴き方を考えながら聴く （このような聴き方をすれば、相手は安心して話せるだろうな）	4	**なぜそのように考えたのか根拠（こんきょ）と理由を伝えながら話す** （～を読んだから・聞いたから・調べたから　～と思う）
友だちと自分の考えをくらべながら聴く （ここが同じだな） （ここがちがうな）	3	**友だちの考えと自分の考えをくらべながら話す** （～さんといっしょで、ぼく・わたしは～） （～さんとちがって、ぼく・わたしは～）
友だちの話に反応しながら聴く （わからないから、もう１回聴かせて！） （うんうん。同じです！なるほど！）	2	**全員に聞こえる声でわかりやすく話す** （ここまで　わかる?） （ぼく・わたしは　～　だと思います）
おしゃべりをせず話している友だちの方を向いて聴く （目と、おへそを向ける）	1	**友だちの方を向いて話す** （みんなに聴いてもらえるように、みんなの方を向こう）

（2～3年生教室掲示用）

あたたかい　きき方	レベル	やさしい　話し方
友だちがあんしんして話せる　きき方をしよう （どんなききかたをしたらいいかな？）	4	**なんでそう思ったのか友だちに　話そう** （～をよんだから・きいたから、～とおもうよ）
友だちと自分のかんがえをくらべながら　きこう （ここが同じだな） （ここがちがうな）	3	**友だちのかんがえと自分のかんがえをくらべながら　話そう** （～さんといっしょで、ぼく・わたしは～） （～さんとちがって、ぼく・わたしは～）
友だちの話にはんのうしながら　きこう （わからないから、もう１回きかせて！） （うんうん。同じです！なるほど！）	2	**みんなにきこえる声でわかりやすく　話そう** （ここまで　わかる?） （ぼく・わたしは　～　だとおもいます）
おしゃべりをせず　話している友だちの方を向いて　きこう （目と、おへそをむけよう）	1	**友だちの方をむいて　話そう** （みんなにきいてもらえるようにみんなのほうをむこう）

（1年生教室掲示用）

あたたかい　ききかた	レベル	やさしい　はなしかた
ともだちがあんしんしてはなせる　ききかたをしよう （どんなききかたをしたらいいかな？）	4	**なんでそうおもったのかともだちに　はなそう** （～をよんだから・きいたから、～とおもうよ）
ともだちとじぶんのかんがえをくらべながら　きこう （ここがおなじだな） （ここがちがうな）	3	**ともだちのかんがえとくらべながら　はなそう** （～さんといっしょで、ぼく・わたしは～） （～さんとちがって、ぼく・わたしは～）
ともだちのはなしにはんのうしながら　きこう （わからないから、もう１かいきかせて） （うんうん。おなじです！なるほど！）	2	**みんなにきこえるこえでわかりやすく　はなそう** （ここまで　わかる?） （ぼく・わたしは　～　だとおもいます）
おしゃべりをせず　はなしているともだちのほうをむいて　きこう （めと、おへそをむけよう）	1	**ともだちのほうをむいてはなそう** （みんなにきいてもらえるように、みんなのほうをむこう）

ちの姿が見られるようになってきた。

また，言語力の育成は，国語科との関連が深いと考え，プロジェクトチームの学習会に，住田勝准教授（大阪教育大学）にお越しいただいた。学習会では，「低学年の段階ではひとつのテーマにできるだけ多くの意見を出す“拡散的話題”で話し合うことで，まずは話し合いのよさを味わい，楽しさを体感することが大切である。中学年ではいくつか出てきた意見をまとめる“集約的話題”に取り組む。そして高学年から中学校では，違う立場の意見とも折り合いをつけながらまとめていく“対立的話題”へと発展していく」といったことをあらためて学んだ。子どもたちが意見を出し合い，受け止め，よりよい話し合いを進めていくためには，教職員が，言語力について，理解を深め，実践することが必要だった。また，言語力の育成は，「いまとみらい科」だけでおこなうものではない。各教科の授業や特活・道徳などすべての教育活動でおこなうことで，より効果が発揮されると考えた。そこで各校では学級単位だけでなく，学校全体での行事や集会などでも，これまで以上に話すこと・聴くことを重視した。全校集会で前に立った教職員は，子どもたちが聞いていることを確認する。集中して聞けていないときには，立ち止まって注意喚起をおこなう。話を聴くだけではなく，自分の考えを伝える場面も設定した。

少しずつ原稿に頼らずに報告したり，自分の言葉で相手に伝えようと工夫できたりする子どもが増え，聴こうとする姿勢も育ってきた。

・中学生の姿から見えること

聴くこと・話すことを意識し，それを校区３校で取り組んできた。数年来意識して取り組んできたことで，四中生の姿に変化が見られるようになった。なかなか集中できず，話を聴くことが不得意だった子どもたちが，顔を上げて落ち着いて聴けるようになってきた。思春期ということもあり，人前で話すことに消極的であった子どもたちが，地域に出てもしっかりと話せるようになってきた。

四中の教職員からは，「こちらが大きな声で指導しなくても，聴けるようになってきた」「小学校からの学習の積み上げを，中学校でも感じるようになってきた」「入学当初からグループでの話し合いがスムーズに進む」などの声があがっている。

これらの声からわかるように，「いまとみらい科」をきっかけとして，９年間を通して言語力の育成に取り組んだことで，その成果が子どもたちの姿に現れてきている。

「言語力」は，人間関係を築くのが不得意であったり，自分に自信がもてなかったりする校区の子どもたちが生きていく上で，大切な力となると考えている。小学校から積み上げた取組を，中学校でも継続することで，子どもたちにその力をさらに育んでいくことが必要である。

(3) 教職員の社会参画力

地域の期待と厳しい声・たくさんの失敗と成功

【学校の枠から出ること】

リアリティある「いまとみらい科」を開発し，社会参画力の育成をねらいとした実践をするということは，子どもを地域・社会に出すことだけでは成立しない。当たり前のことであるが，「教職員自身が地域・社会に出て行く」ということが前提となる。これまでは，地域連携といっても窓口になる担当が中心となってお膳立てをするということが多かったが，教職員一人ひとりが学校という枠から出ていく必要に迫られることになった。

第四中学校区，高槻市にはまちづくりやさまざまな活動に力を注ぐ，子どもたちに出会わせたい魅力的な方がたくさんいる。その方たちの協力を得て，協働する機会を多くもち，子どもたちを育てていきたい。そのためには，子どもたちに出会わせる前に，教職員がその方たちと出会わなければならないのである。校区では，一人ひとりの教職員の名刺をつくり，一人ひとりが学校の窓口として動くことになった。

【いざ出てみると】

「学校の先生は世の中を知らない」とよくいわれる。その言葉に反発を覚えながらも，いざいろいろな教職員が学校を出だすと，「子どもたちの社会参画力を問う前に我々自身にその力がない……」と，頭を垂れるしかない事象がいくつも起こった。

アポイントを取らないままにお家を訪ねて叱られたこともあった。「いったい何を求めて訪ねて来たのか，何がしたいのかはっきりしない」との苦情を受けて，慌てて他の教職員が説明に伺ったこともあった。一度に大勢の方に協力を求める場合は，社会人になりたての教職員も含めて，担当者全員が分担して協力依頼や打ち合わせに行くことになる。教職員自身が取組のねらいについて未消化なまま，校区でいうところのS（スタンディング＝課題と自分との関係を見つめる）を明確にもたないまま，単に役割として動いた結果が招いたことである。また，ゲストティーチャーとして来ていただいた方を，役割の確認不足から，最初のあいさつだけで，授業終了後，お礼もいわず放置してしまったこともあった。

このような数々の失礼を重ねてきたにもかかわらず，毎年新たな出会いがあり，今も多くの方々の力を借りて，取組を進めている。未来を担う子どもたちへの期待ゆえ，根気強くおつきあいいただいているのではないかと思う。子どもたちとの出会いを楽しみにしてくださったり，子どもの変化を喜んでくださったりする方も多い。子どもたちの“吸引力”のおかげである。

【教職員にこそ求められる社会参画力】

校区では，子どもたちにつけたい社会参画力を「社会の中から課題をとらえ解決する力」「人や社会に働きかける力」「矛盾や困難を乗り越え，自分の生き方に活かし続ける力」と定義した。そして，発達段階に応じて具体的にどのようなことができればよいか，『社会参画力ステップ表』をつくった。

たとえば，8・9年生の「社会の中から課題をとらえ解決する力」では，課題発見力と計画・実行力が求められており，具体的には，「適切な解決方法を選び，見通しをもって計画を立て，修正を図りながら活動する」とある。また，「人や社会に働きかける力」で求めるコミュニケーション力と働きかける力は，それぞれ，「多様な他者と，適切に意見のやりとりをする」「協力を依頼するために，自分の考えを適切に伝える」とある。

子どもにこのような力を求めている我々ではあるが，この表に記載した内容は，そっくりそのまま我々教職員に求められている力でもある。

今も，ゲストティーチャーなどをお願いする際，依頼，準備，本番などさまざまな段階で，「教職員の社会参画力はどうなっているのか」と気をもむことが往々にしてある。計画を立て始めるのが遅く，依頼がぎりぎりになったり，スケジュールの見通しが甘く慌てたり，計画内容がずさんであったりと，結果的に相手を尊重して動けていないのではないかと思うことが起こってしまう。

地域・社会の方々との協働作業の場面だけではない。職員室の中でも，「なぜもっと早くから準備できないのか？」「このような計画でよいのか？」「相手を意識して動けているのか？」と思う場面によく出会う。我々にとって最も身近な社会である職員室で見ていても，社会参画力の欠如を感じてしまうことがある。

「教職員が学校の枠を越えて，実社会に出ることで，魅力ある地域の方や教材と出会える。そのことが，子どもにとっても，教職員にとっても，地域の方にとっても意欲のわく充実した学習につながると考える。地域の方との協働，3 校の教職員との協働は，多様な価値観の中での話し合い，修正を重ねながらチームで研究を進めることにつながる。つまり教職員が社会参画力を身につけることにより，意識改革・授業改善を進めることをめざした」。研開発学校指定 3 年目の実施報告書に記載した，「『いまとみらい科』がめざしたもの」の一部分である。我々がしっかりと社会参画力を身につけることが，子どもたちの豊かな学びにつながっていくことを忘れないようにしたい。

第5章

推進！　小中一貫教育

――Do〈Ⅱ〉もうひとつの研究開発――

小中一貫教育は私たち教職員の Do の場。
考えたことを，みんなで形に。一人ひとりが，
動いて形に。
子どもたちの顔を思い浮かべながら。

第5章　推進！　小中一貫教育
―Do〈Ⅱ〉　もうひとつの研究開発―

1. 小中一貫教育の取組

本章では，小中一貫教育という視点から，校区での実践の姿を整理していきたい。小中一貫教育は，その方向性が国のレベルでも議論されており，高槻市においても，平成28（2016）年度から，すべての中学校区で小中一貫教育の推進が決まっている。今回の研究が，その点からも参考になれば幸いである。

(1)3つの一貫

小中一貫教育を進めるとき，何を一貫するのかが重要である。本校区は，序章でも述べたように，これまでの経緯もあり，「子ども理解」「学習内容」「学習方法」の３つをそろえることの大切さを確認してきた。しかし，小小や小中の文化の違いなどから，実際には思うように進まなかったという現状があった。今回，「いまとみらい科」の取組を進めることにより，上記３つの一貫が進みだしたとようやく実感できるようになってきた。

①子ども理解の一貫

学校において，小中一貫教育を進めようとしたとき，距離など物理的な壁もあるが，中でも大きな壁となったのが，子ども理解のずれである。子どもの言動をどうとらえ，見取るのか，その一貫こそ子どもの成長にとって，一番大切な視点である。たとえば，荒れたり投げ出したりといった厳しい実態を見せる中学生を前にしたとき，「小学校できちんと力をつけてこなかったからだ」と考える中学校と，「せっかく力をつけて送り出したのに，中学校でそれを活かしきれない」と思う小学校。子どもの現象面にふり回され，子どもの背景や生活などを含めた深い子ども理解の視点がないままに，互いに課題の原因を相手に求めるだけの関係では，課題解決は当然望めない。子ども理解がずれたままでは，その子のどんな力を引き出していくのか，本当につけたい力は何なのかを定めることはできない。

９年間，もしくは０歳から18歳までを一貫した深い子ども理解があってこそ，子どもたちは自尊感情を育み，安心して育っていけるのである。

そこで，子ども理解の一貫を進めるために，めざす子ども像の共有や方針の一貫など，３校の教職員のベクトルをそろえる取組が始まった。以下，主な取組を紹介する。

・一貫研（3 校合同小中一貫研究推進研修会）

教育連携会議の各機関にも参加を呼びかけ開催する３校全教職員が集まる合同研修会である。研究者等の講演会，小中人事交流中の職員から学ぶ研修，授業公開，授業討議，教材開発，ワークショップなど全教職員が参加し，子ども理解などのベクトルを合わせるための大切な研修会である。

・小小合同学年会・小中合同学年会

互いの子どもの様子や授業について共有を進めながら,「いまとみらい科」の共同開発や共催授業，共催行事の企画，調整をおこなう会議である。

たとえば，6 年生では,「いまとみらい科」で，2 小混成学級を編成し，合同授業を多く取り入れている。小小・小中の教職員が集まり，2 つの小学校の子どもたちがともに中 1 ギャップを乗り越えるために，子ども理解を深める大人の作戦会議の場となっている。

・保幼小交流・小小交流・小中交流

異校種間での子どもの交流を意識的に設定している。学びの場を共有することを通して，互いの子どもの姿を見合い，子ども理解を深めている。保幼小，小小・小中が互いの取組から学ぶことも多い。また, 6 年生が中学校で 3 日間を過ごし, 授業を受けたり, 先輩と交流したりする「体験入学（3Days)」をおこなっている。1 年生が保育所・幼稚園の子どもたちを迎えるためにできることを考える単元も設定している。

・校区内小中人事交流

小中一貫教育の研究の中で，小学校から中学校へ，中学校から小学校へという校区内小中人事交流がおこなわれた。

中学校から小学校に異動した教職員は，その後，四中に戻り，5 年生から 9 年生と小中通して 5 年間担任をし続けた。小学校から中学校に異動した教職員は，7 年生，8 年生，9 年生と 3 年間中学校の担任を続けた。

中学校の組織的な対応や進路指導，小学校の丁寧な子ども対応や指導など，指導方法，生徒指導の両面で小中が互いに学ぶ意義は大きい。小中人事交流をおこなうことで，子ども理解が進み，小中それぞれが互いの文化を知り合い，教育のよさを活かし合うことは，小中の段差による課題の解消に効果があると考える。何より，「人」が動くことで，「文化」を運ぶ。異動者の生の経験を直接聞くことによって，小中教職員の子ども理解が深まる。異動した教職員を通して，校区が学んだことは大きい。

・四中校区教育連携会議『つなぬく』（保・幼・小・中・高・地域）

各機関が集まり，0歳から18歳までを貫いて生きる力の育成・子ども理解について考える。地域の願いや取組から学ぶ機会を大切にしている。校区の教育の原点を確認できる大切な会議である。（序章参照）

・地域の研修会への参加

地域の公共施設では，子ども理解や子育て，まちづくりなどについて学ぶ講座や研修会が開かれている。これらに積極的に参加することで，地域の方と出会い，地域の願いを知り，子ども理解を深めることにつながる。

0歳から18歳までの子ども理解の一貫，そして地域とも子ども理解を共有できる土壌が校区にあったことが，「いまとみらい科」の成果にも大きくつながったと感じている。

②学習内容の一貫

小中一貫教育の推進には，学習内容の一貫が必要不可欠であるが，どのように取組を進めていけばよいのかは，今までの連携では見えていなかった。学習内容の一貫のために，小中9年間を貫く軸をどこにもっていけばいいのかわからなかった。当初，各教科で9年間を一貫したカリキュラムを作成することを小中一貫の中心におくことも考えたが，小中全教職員が実

単元開発チェックリスト

	ポイント	チェック欄
1	社会参画力ステップ表に基づいて単元開発している。	
2	子どもにとって問題意識，学ぶ意欲をほり起こすための工夫がある。	
3	他教科や既習事項との関連を図っている。	
4	子どもの考えを広げるために適切な手段や機会を設けている。	
5	実社会(家庭・学校・地域・企業・NPO・行政 etc.)に関わったり，参画したりする活動がある。	
6	他校や異年齢と関わる機会がある。(単元によって。年に1回以上をめざす。)	
7	今回の学びを，自分を取り巻く社会をよりよくするために継続的に活かす工夫がある。	
8	学んだことを他教科や行事等に活かす工夫がある。	

感を伴う研究にしていくには至らなかった。
そこで，小小や小中，教科のちがいを超え，全教職員で取り組める「いまとみらい科」の開発を軸として，学習内容の一貫を進めることにした。
「いまとみらい科」の９年間のカリキュラムを作成することで，小中９年間の系統性を整理した。９年間というスパンで，つけたい力を育めるよう，内容を精選した。
「いまとみらい科」の開発にあたっては，単元開発チェックリスト（図参照）を作成した。このチェックリストで，「子どもにとって，問題意識，学ぶ意欲をほり起こす工夫がある」「実社会に関わったり，参画したりする活動がある」などの項目を設定することで，「いまとみらい科」がめざす内容がぶれないようにした。
また，「社会参画力ステップ表」を作成し，９年間を見通して社会参画力の育成を図れる内容とした。９年間の発達段階を踏まえたこのステップ表を「いまとみらい科」の規準とすることで，つけたい力を育む「いまとみらい科」の内容を開発していくことを意識できた。
単元開発チェックリストと，社会参画力ステップ表をよりどころとして，内容の一貫を進めた。

③学習方法（学び方）の一貫

学び方の一貫は，思った以上に困難であった。学級担任が基本的にすべての教科を受けもつ小学校と，教科担任制の中学校との違いは明らかである。その上，全学年複数学級ある赤大路小学校と単学級が多い富田小学校では，授業の進め方にも違いがあった。小小の学び方の違いは，四中での指導をより困難にする。小中の学び方の違いは，子どもを困らせる原因にもなる。校区では，小中一貫を進める上で，学び方の一貫が大切であると考えた。
学び方の一貫にあたっては，まず，子どもの力を育む学び方，「ソローコミーソロ」や「S－RPDCA」を３校の教職員で共有した。そして，公開授業をくり返して検証を重ね，ベクトルをそろえていった。研究討議を通して，新しい見方や考え方が生まれてくる。協働することのおもしろさに気づいたとき，学び方の一貫は進み始めたといえる。
また同時に，学習環境の面からも一貫を進めた。３校の教室環境を同じにしていくことは，子どもたちにとって，学年や教科が変わろうとも，同じように学んでいける安心材料となる。３校の教職員がめざす方向を共有することにもつながる。学習サイクル図を掲示するなどの視覚的な学習環境の一貫は，思った以上に効果があった。
研究を進めて４年。「次はR（リサーチ）やなぁ。アンケートとってみたいわ」「やっとD（ドゥ）や！」「最初のS（スタンディング）忘れたらあかんな」と子どもたちの会話に学習サイクル（S－RPDCA）が普通に使われるようになった。「まずは，５分間ソロタイムです」「では，今から10分間でコミしてください」の指示で，デジタイマーがセットされ，さっと机の向きを変えて話し合う子どもたちの姿が見られるようになった。
以下，主な取組を紹介する。

＊共通した学習スタイルの実施
・S－RPDCA学習サイクル（第３章1.（3）参照）
学習サイクル（学び方）を小中一貫して，何度もくり返すことで，子どもが主体的に課題解決方法を習得できるようにするものである。「いまとみらい科」だけではなく，各教科等や生徒会・

児童会などの活動，行事づくりなど，さまざまな場面で取り入れている。

・ソロタイムⅠ－コミュニケーションタイム－ソロタイムⅡ（第３章 1.（3）参照）

自分と皆の力を使って問題解決していくための学習スタイルであり，言語力の育成も意識できる。９年間，学年や教科を超えて，学び方のスタンダードとして取り入れている。

・「聴く・話すレベル表」の作成（第４章 3.（2）参照）

発達段階に合わせて作成した。すべての学びの基礎となる聴く力，話す力の育成は，９年間を見通して積み重ねることが必要である。「４のレベルを意識して話そう」。そんな指導が中学に進学した７年生でもはじめから可能となる。

・３校合同研究授業

「いまとみらい科」等の研究授業を各校で実施し，その後研究協議をおこなう。その際，「校区共通の授業（参観）評価シート」を活用し，授業の成果と課題を出し合う。回を重ねるごとに，校種を超えて忌憚のない意見をいい合えるようになっている。全体討議で，積極的に発言する教職員の姿も増えた。互いの授業や子どもの様子を見合い，それを共通の題材として研究を進めることは，「学び方」の一貫を進める上で大切なことである。

・校区共通授業（参観）評価シートの作成（第２章 1.（4）参照）

研究授業では，３校が共通の評価項目で授業を見て，成果と課題を出し合えるようにした。つけたい力を育むために，子どもの学びは充実していたか，教職員の働きかけは有効だったのかなど，評価シートを活用して研究討議を進めている。

・学習環境の整備

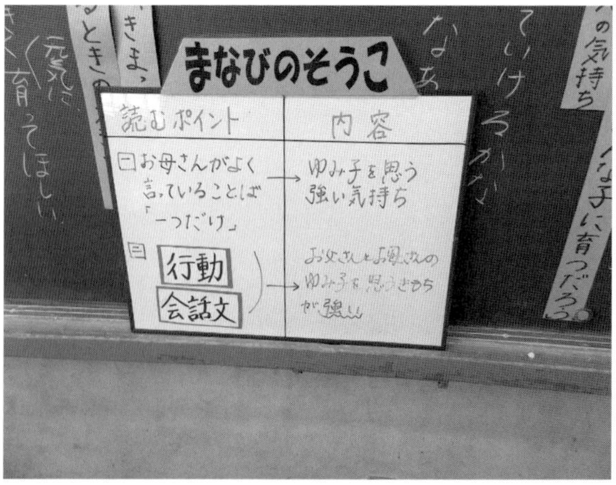

学習環境は最大の教育基盤である。子どもたちは，毎日その環境の中で学び成長していく。子どもを包む文化でもある。子どもが安心して９年間育っていくために，３校の学習環境をそろえていく意味は大きい。さらに共通した学習スタイルを意識するためにも，校区の学習環境を問い直し，どの教室にも同じものをそろえ，視覚的な整備を進めた。

まずは，前述した学習サイクル図や「聴く・話すレベル表」を各教室に掲示し，常に意識できるようにした。また，授業の中で考えたり話し合ったりする際に見通しがもてるようにデジタイマーを設置した。「今日の学習カード」や「ソロ①・コミ・ソロ②カード」など黒板カードは，貼りつけて使えるようにした。さらに，既習事項の活用・新しい学びの追加をイメージするための「学びの倉庫」をホワイトボードを使って準備した。

デジタイマー

黒板カード

・中学校教員による小学校での授業（第 5 章 1.（3）参照）

右の写真は，中学校の音楽の教員が，小学校で授業をしている様子である。他にも，中学校の数学の教員が，週 1 回，両小学校の 6 年生の授業に入り，担任と連携して授業をおこなったり，中学校の体育の教員が，小学校で水泳等の指導をおこなったりした。小中の学び方のギャップを埋めるだけでなく，中学に入学してくる子どもたちとの関係を築き，児童・生徒理解を深める意味も大きい。

(2) 一貫を進めるシステムとサイクル

連携型小中一貫教育は，違う文化を背景にもつ学校が一貫することである。一貫を進めるには，さまざまな戸惑いや乗り越えるべき困難がある。たとえば，研修の予定を組むだけでもひと苦労である。中学校には小学校にはない定期テストや部活動がある。小学校にも中学校にはない文化が存在する。

「この日に校区で研修をしたいねん」
「でも，テスト前やからなぁ。急にいわれても……」
「研究発表会は，土曜日開催でどうですか」
「いや，その日は部活動の大事な試合があるから……」
「中学校としてはこの日が都合いいねんけど」
「いや，その日は児童会の行事があるから……」

連携型小中一貫教育をスタートさせたころ，何度もこのようなやり取りをくり返した。3 校で日程を調整しながら，どのタイミングなら互いが大事にするものを尊重しながら，一貫を進めることができるのかを考えた。当初は小学校と中学校が互いにゆずることができず，ぶつかることがよくあった。

小中一貫を進めるためには，教職員の意欲や努力が必要であることはいうまでもないが，それだけでは，乗り越えられない。もちろん，子どもが安心して，9 年間を通して育つためには，小中一貫は欠かせないことであり，大切なことだと考えているが，困難を乗り越えるための，「システムとサイクル」の整備が必要であった。

■高槻市立第四中学校区小中一貫イメージ

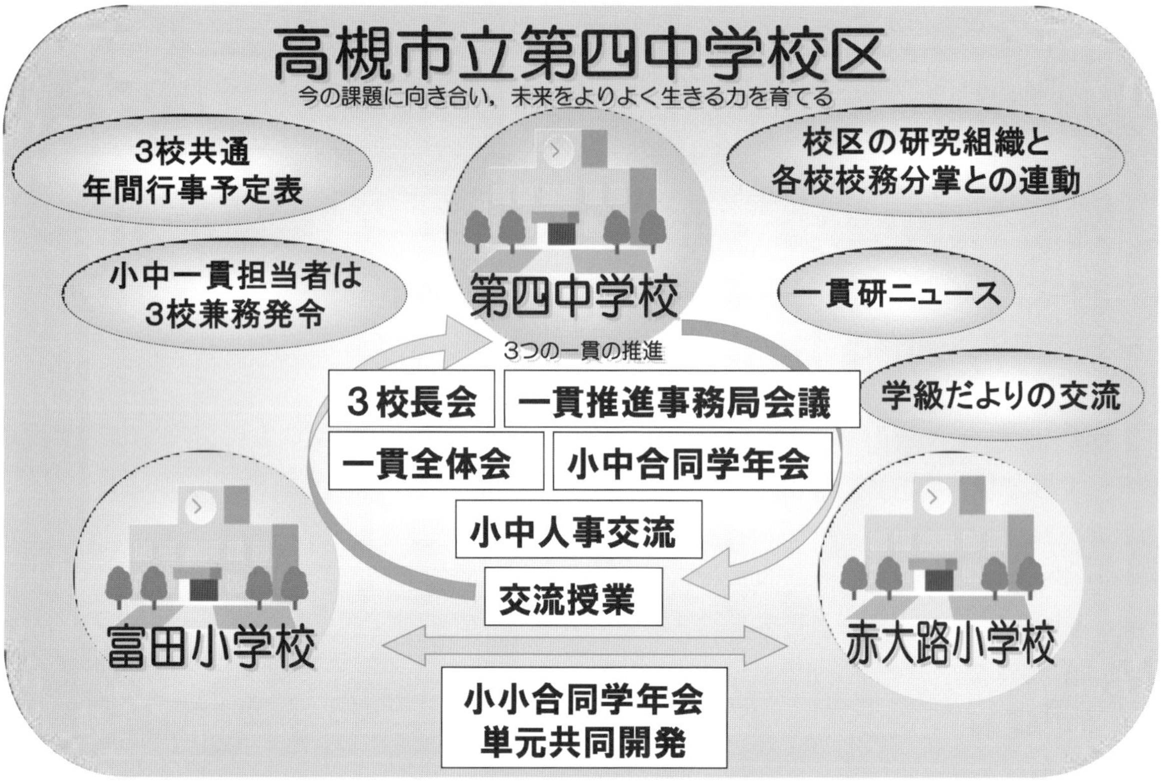

まず，小中一貫を進めるシステムとして，校区にとって重要だったのが，一貫を推進する組織を整えることであった。

・3 校長会と事務局会議

拡大事務局会議（3 校長 + 各校担当者）

小中一貫を推進する実質的なエンジンとなるのが，「3 校長会」である。「3 校長会」の意向をうけて，具体化を図るのが，「小中一貫教育研究推進事務局」である。このシステムが整備され，機能することではじめて研究が進む。月 2 回の 3 校長会で大きな方向性を確認し，細かな調整や研究を推進する事務局会議は，場所を各校もち回りにしながらおこなった。人の移動は文化の移動を伴う。3 校の担当者でおこなう事務局会議は，研究開発学校指定期間，年間 100 回を超えた。また，校区にとって，大きな方向性を考えるときや，今までの方針と変更が必要なときなどには，3 校長と担当者で拡大事務局会議をもった。これらを定期的に，しかも場所をもち回りでおこなうこのシステムは，小中一貫を進める上で，大きな効果があった。

・校区の研究組織と各校校務分掌の連動

校区の研究組織と，各校の校務分掌を連動させる工夫も必要である。連携型小中一貫教育の場合，研修のすべてを合同でおこなうことは不可能であるため，校内研修会と併せて，校区の一貫研を実施していくことになる。校区の研究の方向性や取組と，各校の取組がばらばらでは，ベクトルはそろわない。たとえば，校区の「いまとみらい科プロジェクトチーム」は，各校の校務分掌でいえば，どこが担うのか，校区の学習環境の一貫を担うのは，各校のどの分掌に担ってもらうのかなど，校区と各校の組織を連動させることも重要となった。

また，システムを日程に落とし込み，1ヶ月，1年間といったサイクルでまわした。

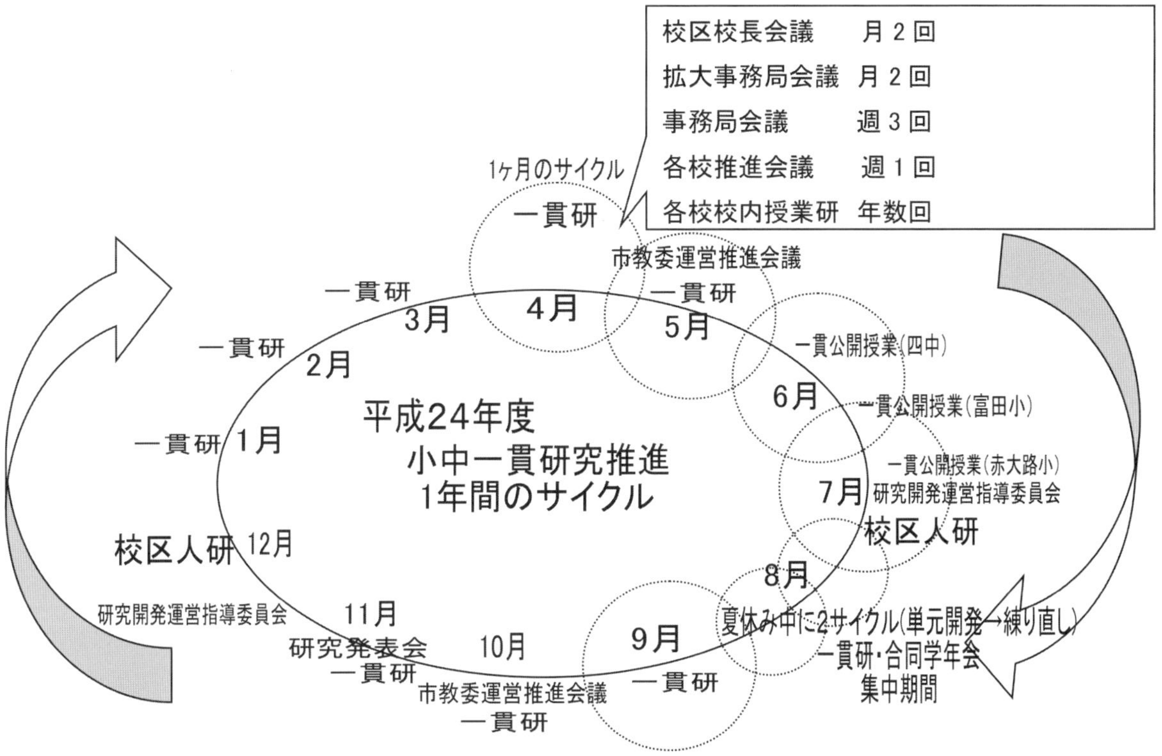

・3校共通年間行事予定表の作成

初年度の年度当初の段階では，3校共通年間行事予定表の作成が不十分であった。そのため，あとから校区の予定を追加することとなり，教職員の不満を招いた。その反省を踏まえ，年度末に3校の次年度の行事予定表をもち寄り，日程の調整をおこなうようになった。毎年のことであるが，この行事予定表をつくるために，何度も会議をもたなければならないほど，大変な作業であるが，これがないと，教職員は，日々の忙しさに流されてしまう。教職員は，この行事予定表が年度当初からあることで，見通しをもって安心して働けるのである。年間行事予定表を作成したうえで，月1回程度実施したのが，一貫研である。

すべてのシステムをサイクルとしてまわしていくことで，小中一貫は進む。システムとサイクルの両方を大事にすることで，校区の小中一貫は大きく前進してきたのである。

平成 24（2012）年度

Ⅰ　小中一貫教育研究推進事務局

メンバー（各校校長・各校担当者・[市教委]）

①校区校長会議　（3 校長）（月 2 回）

②拡大事務局会議（3 校長＋3 校担当者）（月 2 回）

③事務局会議　（3 校担当者）（週 3 回）

④市教委運営推進委員会（校区事務局メンバー＋市教委）（年 2 回）

⑤研究開発運営指導委員会（学識経験者・府教委・市教委・校区）（年 2 回）

Ⅱ　各校プロジェクト

①各校校務分掌を一貫研と連動させる

②各校一貫推進会議（週 1 回）

Ⅲ　研究推進サイクル

①一貫研（年 17 回）

公開授業　6 月～ 7 月＋各校公開授業研

四中→富田小→赤大路小

②小小合同学年会（年 12 回＋α）

③一貫研と連動した校内研

Ⅳ　研究推進のしかけ

①一貫研ニュースの発行

②事務局会議の場所はもちまわりで（人の動きとともに文化を運ぶ）

③3 校行事予定表の作成

④校区内異校種人事交流

エピソード：“何度も 3 校長会”

校長の役割とは何か。本当にこの 4 年間，よく 3 校長会を開いたものである。どれだけ開いたのか回数もわからない。うれしいときも，厳しいときも，ことある度に寄ってきた。「小中一貫を進めるという柱がなかったら，どれほど楽か」。何度もそんなことを思いもした。

3 校長会は，とくに初年度，この研究の事務局の役割を担ってきた。1 回の研究会，一歩の前進のためには 3 校長が事務局となり，各校の現状を分析し，提案を練り直すという状況であった。教職員の研究に対する不安や，地域の教育機関との調整など課題は山積していた。初年度の 3 校長は本当によく会い，そして飲みに行き，愚痴をいいあいながら，その中でイメージの共有を図ってい

ったように思う。研究開発を受けた当初，中学校は落ちついているとはいい難い状況であり，生徒指導上の課題も大きかった。そんな中学校の状況を研究授業で実際に見る中，すぐさま小学校の課題として小学校の校長が校内に返してくれた。確かに数多く会えばいいというものではないが，これは，まさしく３校長会で何度も小中の学校づくり，小中一貫した学校づくりについて話し合っていたからこそであると思う。今思えば，とくに１年目は本当に大変だったからこそ今となっては懐かしく思いだされるのだろう。

２年目以降も，研究方針，計画自体が何度も厳しい指摘を受け，あいまいさを指摘された。「校区の子どもたちの課題を解決したい。学習意欲を引き出し，学ぶ意欲・生きる意欲あふれる学校教育を構築したい。学習内容を子どものためにも，働く教職員のためにも確立したい」と願いは崇高であっても，思いと熱ばかりが空回りし，方向性と具体的ステップが見えなかった。各校大きな課題を前に，多忙な毎日を過ごしており，そんな状況の中，消耗した100人あまりの教職員を研究の渦の中に引き込むのであるから，当然，研究会は当初不満の連続であった。説明も不十分，内容も十分とはいえなかったからである。研究会後に回収されるふり返りシート。毎回これを読み，どう小中一貫に返していくのか，３校長と事務局の大きな課題であった。

「なぜ忙しい中，こんな研究をしなければならないのか」

「事務局が何をいっているのかわからない」

「事務局だけがやっているようだ」

次々と事務局に対する批判が現れた。こんなことでは事務局はもたない。事務局担当者からは，「各校でしっかりと意義づけを確認してもらわないと事務局はもちません」という訴えも聞いた。何度も担当者と会議をもったわけだが，事務局担当者は通常考えられないほどの事務局会議を重ね，本当に我慢強く研究に対する「S」をもち続けてくれたと思う。

模索が続く中，３校長会は，一触即発の危機も経験した。しかし，３校のよさを確認し合い，論議を重ね，また，さまざまな方との出会いを通して，教職員にも具体的方向を示すことができた。研発を受けてから４年目の最終年度には，キャリア教育にかかわって文部科学大臣から表彰を受けるなど，教職員の継続的ながんばりが形となり，３校長としてうれしい限りである。しかし，浮かれているわけにはいかない。まだまだ子どもたちの課題は解決されていないのだから。

教育は夢とロマンである。子どもたちの課題解決に向けた営みの中にこそ，苦しくとも夢とロマンがある。子どもは未来である。そして，私たちは，その未来をつくる仕事に携わっているのである。そのことを肝に銘じ，３校長会が教職員や地域に発信していくことの大切さを思う。

校長も変わっていく。しかし，３校長会は続く。今年度も新しい校長を迎え，寄り合っている。今後３校長会は，保育所長，幼稚園長を含めた校園長所長会として，就学前からの連携をさらに強め，校区の子どもたちの課題解決のために機能し，その役割をしっかり果たしていかなければならない。

【沖田　厚志　第四中学校　校長（平成22年度～）】

エピソード：“年 100 回の事務局会議”

ところで，自分たちは，昼夜休日を問わず，大小合わせると，いったい年に何回くらい顔を合わせたのだろうか，これは記録しておくべきだろうと，事務局会議の数を数えてみた。ゆうに 100 回を超えていた。初年度末の総括で,「100 回もやってそれだけですか」と，研究の進捗状況を批判され，悔しさで震えたこともあったが，今ではそれもなつかしい。3 校の電話番号は，すぐ暗記した。3 校間で電話をしなかった日は，ほとんどないのではないだろうか。3 校長会を設定する，事務局会議を設定する，場所を決める，時間を決める……。そんな事務的なことでさえも，調整するには電話やメールが必要だった。初年度は各校からひとりずつの計 3 人。2 年目と 3 年目は，研究加配がついたため，4 人となった。大げさかもしれないが，運命共同体のように濃密な日々を過ごすことになる。誰より信頼するし，いい加減さが見えると，誰より腹が立つ。「そこで，流されるのはおかしいと思う」「それやったら 2 小がずれていくやん」。けんかもした。個性も，強み弱みも，気持ちのコンディションもモチベーションも，筒抜けだったのではないかと思う。職場のことは，よく話した。どの職場が今，いい感じなのか，しんどい状況にあるのか，誰と話し込む必要があるのか，校長とは意思疎通が図れているか，教頭とはどうか，自分たち研究推進の立場は各職場でどうなっているのか。いいときも，厳しいときも，一番近くで互いの仕事ぶりを感じてきた。同じ目的に向かって，ともに進む仲間である。立ち位置を問い合い，ともにあゆんできた。

うまくいかないときは，一番に批判されるが，前に立つものとして，それは当然であろうと思う。一方で，いい思いもたくさんさせてもらってきた。子どもの成長を感じるとき，教職員の成長を感じるとき，研究が育つ手ごたえを感じるとき，校区や校区の文化が動いたとき，その充実感はたまらない。厳しい言葉をいただくことも多々あるが,「いつもありがとう」「お疲れさま」など，校区の教職員からたくさんの元気をいただいてきた。自分の教員人生を揺るがすような出会いもたくさんあった。仕事をしながら，成長させてもらえる贅沢な 4 年間だった。ハードだったが，“おいしい仕事”だったと思う。もう 1 回するかといわれれば少々考えるが……。

【事務局】

・一貫ニュース

システムとサイクルを回し続けるには，常に小中一貫の「いぶき」が感じられるしかけをすることが大切である。そのために発行しているのが「一貫研ニュース」である。これは，3 校兼務発令を受ける担当者らが中心に発行する。主に毎回の一貫研の開催に合わせて発行している。ここでは，研究の成果と課題を共有したり，また各校での取り組みの様子を交流したりしている。「一貫研ニュース」のコーナー『四中校区ホット HOT』では，各校での教職員のがんばりや素敵な取組を紹介し，校区としての研究の熱をあげ，校区の教職員をエンパワーすることにつながっている。以下，紙面の例をいくつかあげる。

平成２５(2013)年4月11日　No.1

『今の課題に向き合い，未来をよりよく生きる力を育てる』
～連携型小中一貫教育による児童・生徒の発達の段階に応じた
新領域の指導内容開発と指導方法の工夫に関する研究～

四中校区一貫研ニュース

発行：四中校区小中一貫研究推進事務局

新しい仲間を迎え、新しいステージへ！！

吹く風もやわらかな季節となりました。

新しく校区に来られたみなさん、ようこそ　第四中学校区へ！みなさんから新しい「力」をいただきながら、「チーム四中校区」の幅を広げ、深め、より豊かな教育を創っていけることにわくわくしています。これからいっしょに「今と未来を切り拓く子どもを育む小中一貫教育」を創造していきましょう。どうぞよろしくお願いいたします。

四中対面式で校区イメージソング「今と未来」合唱！

四中の入学式は全校生徒で行われます。先輩に見守られながら、赤大路小、富田小それぞれの代表生徒による新入生の言葉では、中学生活への希望が語られました。昨年度取り組んだ「いまとみらい科」で２校混合クラスをつくって共に学習した経験も語られました。入学式後の対面式では、「今と未来」を全校生徒で合唱。出会った初日に、いっしょに歌える「歌」を持ち合わせていることのよさと、それを活かそうとした四中のチャレンジを実感しました。これも、「学校改革」「学校温度計アップ」です。小学校が送り出した子どもたちが、３校＋家庭＋地域の教育力に育まれ、これから多くの出会いと学びを経て、成長していく姿が楽しみです。各校のチャレンジが始まっています。

出会いの春、1年生入学～9年間の入口～2年生の姿から、1年間の成長を感じました

赤大路小１００人、富田小 26 人の１年生を迎えました。今まで保育所・幼稚園や保護者から大切に育てられてきた子どもたちを預かることの重みを感じます。

１年生は、たくさんの友だち、小学校という新しいところにどきどきわくわく。そんな１年生が､あこがれのまなざしを向けたのが胸を張る２年生の姿｡「ようこそ１年生！学校は楽しいところだよ」工夫を凝らし、計画を立てて、新入生説明会から「おもてなし」を続けている２年生の姿は、たのもしくまぶしいものでした。

笑顔と涙と、すばらしい歌声と共に卒業した旧９年生を見つめる７年生、８年生の子どもたちからも感じましたが、子どもにとって、「かっこいいなぁ」「あたたかいなぁ」「私もやってみたいなぁ」･･･身近なモデルにふれる機会はかけがえのないものです。拍手で、言葉で、まなざしで「ありがとう」「すごいね」と言われる上級生にとっても同じくかけがえのない経験です。

今年度も０歳から１８歳を貫くの校区・地域連携を活かし、異学年だからこその出会い、リアリティある社会とふれあうからこその発見、学びを一人ひとりの成長につなげていきたいと思います。

四中校区イメージキャラクター　みらいおん

【第１回一貫研のスライドより】

今年度の方針　（小中一貫 校区一貫の中で）

①いまとみらい科の充実と発展
→もっと縦・横の連携を
→もっと，ダイナミックな単元を
→もっと，子どもの意欲を燃やす単元を
②いまとみらい科の学び，3年間の成果を他の教科，学級・学校・校区づくりに広げる
→子どもが意欲的・主体的に学ぶ授業づくり
→SRPDCA　ソロ-コミ-ソロの活用
→3校の協働（小中一貫）校区の協働（校区一貫）

＊教育活動すべてのベースとして，日常の集団づくりの充実・授業改善・言語力育成を継続

平成２５(２０１３)年５月２３日　№２

『今の課題に向き合い，未来をよりよく生きる力を育てる』
～連携型小中一貫教育による児童・生徒の発達の段階に応じた
新領域の指導内容開発と指導方法の工夫に関する研究～

四中校区一貫研ニュース

発行：四中校区小中一貫研究推進事務局

今年度も校区はチャレンジします

第１回一貫研より

気がつけば沖縄は梅雨入り。汗ばむ日が増えてきました。５月の連休も終わり、子どもたちとの日常が本格的に始まりました。クラスづくりのこと、授業のこと、職場づくりのこと･･･取組を進めるための活発な会話が飛び交っています。

子どもたちが人や社会とつながり、今と未来を切り拓いていけるように校区の教育力を高めていきましょう。四中校区小中一貫教育推進にあたり、今年度も新しいチャレンジが始まっています。

☆小学校の先生が中学校の授業支援をしています

赤大路、富田両小学校の小中一貫担当者が第四中学校で火曜・水曜・木曜の３日間、交代で勤務しています。四中では、各教科の授業に入り込み、授業支援や、生徒指導をおこなってます。

中学校からは、「小学校の先生がいてくれることはありがたいし安心」という言葉が聞こえています。小学校からは、「教科担任制というシステムの中で、子どもとコミュニケーションをはかる時間を確保することの難しさを感じる」との気づきを聞かせてもらいました。小小中３校の教員が授業や子どもたち、また、子どもとの関わり方を互いに見る中で気づいたことを共有していきたいと思います。そして、小中それぞれの良さを活かし、補い合い、校区の教育を創造することにつなげたいと考えています。

☆中学校の先生が小学校で授業をしています

四中の音楽の先生が小学校で授業をしています。専門性を活かした指導が、小学校の子どもたちにはもちろん、小学校の教員にとっても大きな刺激となっています。一方で小学生に伝えるには、「もう少しゆっくり話したほうがいい」「今日のチャレンジポイント！などわくわく感が大事」など小学校で授業をすることで気づけることも多くあります。

小学校児童の感想より

- 音楽のとき、新しい中学の先生が来てくれたので、これからの音楽の授業が楽しみです。
- 音楽では第四中学校の先生がきて、きれいな声の出し方がわかったのでうれしかったです。
- 「いまとみらい」の曲があんなに高い声だとは思いませんでした。

四中校区ほっとHOT

赤小の掲示物が熱い！

校舎入口の「ようこそ赤小へ」。また、各学年の願いが「可視化」され、学年キャッチフレーズとして、廊下に貼ってあります。子どもの願いと先生方の願いがリンク。他にも素敵な掲示物がいっぱい。掲示物は学校文化を創る大切な「しかけ」ですね。

四中の学年会が熱い！

9～10 人のチームで学年を作る中学校で大切な会議です。運営推進委員会等各会議の内容共有、丁寧なケース会議、いまとみらい科や道徳の授業案練り上げ等をおこないながら、複数の目で学年の状況を分析し、今週の方針（作戦）をチームで立てています。

富小の自主公開授業が熱い！

各教科の授業改善をはかりたい･･･自主公開授業のチャレンジが始まっています。「Ｓが大事だと思うけど、Ｓが難しい」「導入は成功していた」「話し合いの視点を絞り切れていなかった」授業後、参観者・授業者でわいわい。授業を見合うからこそ見えてくるものがあります。

四中校区教育連携会議「つなぬく」開催。校区のベースとなる大切な会議です。

韓国から視察三〇人。一言説明しては通訳タイム。小中一貫への関心は「大」でした。

校区親睦～番外編～**校区職員ソフトバレー**大会。大盛況でした。名珍プレー続出。

平成25(2013)年7月16日　No.5

『今の課題に向き合い，未来をよりよく生きる力を育てる』
～連携型小中一貫教育による児童・生徒の発達の段階に応じた
各教科の指導内容開発と指導方法の工夫に関する研究～

ゆめ みらい学園

四中校区一貫研ニュース

発行：四中校区小中一貫研究推進事務局

第4回一貫研の学びを　私たちの学びの倉庫に

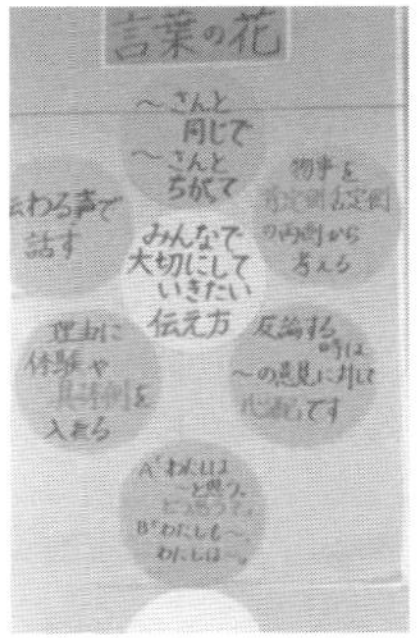

７月２日、富田小学校で２年生と６年生の公開授業を含む一貫研が行われました。第３回の赤大路小学校での一貫研に刺激を受け、授業学年は毎日授業についての議論を熱心に行っていました。

６年生は国語・説明文「感情」の授業を行いました。前時のふりかえりをする中で、「いかりという感情は本当に必要なのか？」という子どもたちの声があがりました。その問い（S）をとくために、自分の主張を考え（P）、となりの友だちと、そして全体とで交流を行いました（D）。授業の中で大切にされたのが、『言葉の花』という掲示でした。これは、６年生の国語科で学んだ力をわかりやすく掲示したものです。学びの倉庫を子どもたちに可視化することで、子どもたちが考える手立てとなっていました。子どもは「筆者と対話することで、自分の考えが深まった。」とふりかえり（CA）、自分の考えを、教材との出会い、友だちとの交流を通して深める授業でした。一人ひとりの子どもたちが目標を達成するために、どんな手立てが必要かを考え、いくつものチャレンジがありました。

２年生は国語・物語文「スイミー」の授業を行いました。おすすめの場面を書いた本の帯を友だちにわかりやすく紹介しよう（S）という問いをもった２年生。わかりやすく云えるためにはどうしたらいいか考え、練習をし（P）、ペアトーク・全体交流で、友だちに伝えました（D）。話し手はわかりやすく伝えることを意識し、聞き手はいいところを発見しようと聞きました。子どもたちが見通しをもって話し合い活動ができるように、はじめにペアトークのルールを確認しました。悩んでいる子どもに寄り添う先生の姿が見られ、子どもたちは安心して話し合いを進めることができていました。

赤大路・富田の２校の授業研を経て、あらためて丁寧な教材研究をすることの大切さを感じました。また、温かい雰囲気の中で子どもに寄り添う視線の大切さを感じました。２回の授業から学んだことを活かして、よりよい授業づくりを校区で進めていきましょう。公開授業を支えてくださったみなさん、ありがとうございました。

葛上先生の指導助言より

2年生の授業より

□ 話し合い活動はポイントを絞ることで活発に

２年生の授業では子どもたちがペアや全体で話し合い活動を行った。子どもたちは意欲的に話し合いを行っていた。しかし、子どもが何のことをどのように話せばよいのかをより明確に絞ることで話し合いが活発になるのではないか。

□ ペアトークでは子どもたちが安心して話し合うことができた

ペアトークにより安心して、話し合うことはできた。しかし、ペアトークの場合、２人でじっくり話し合うことはできるが、よりたくさんの人から意見を聴くことができない。たくさんの意見と出会うのであれば、たくさんの人と話し合うことが必要になる。活動の特徴を活かして授業を計画していきたい。

6年生の授業より

□ 説明文の良さを活かした授業展開を

今回の授業では「いかり」について必要か否かを議論した。しかし、自分の経験だけで話し合いをしてしまうと、それは国語科よりも道徳に近くなってしまう。筆者の主張を踏まえるということをもう少し意識して話し合いが出来ると、教材の価値が高まったのではないか。「喜び」「幸福」（プラスの感情）について取り扱ってもよかったのかもしれない。

□ 学びの倉庫を活かす

６年生が教室に掲示した“学びの花”により子どもたちは学びの倉庫を活用し考えることが出来た。今回の授業のように学びの倉庫を活かすことは大切だが、どの授業でも今回のようにできるわけではない。学年で、学校で、個人で学びの倉庫の蓄積の仕方を検討していきたい。

平成２５(２０１３)年１０月３１日(木)　No.9

『今の課題に向き合い，未来をよりよく生きる力を育てる』
～連携型小中一貫教育による児童・生徒の発達の段階に応じた
各教科の指導内容開発と指導方法の工夫に関する研究～

ゆめ みらい学園

四中校区一貫研ニュース

発行：四中校区小中一貫研究推進事務局

１１月９日まで残り９日！！

いよいよ研究発表会が目前に迫ってきました。これまでの研究の成果が発揮できるように、研究発表会当日までの残りの期間を大切に過ごしていければと思います。

学びの空洞を埋める授業へ

当日の授業だけでなく、すべての授業の中でそれまでの毎日で研究発表会を意識して積み重ねたいと思います。また、それが当日の授業への追い風になると思います。以下、具体的な例です。ぜひ、実践してみてください。

☆日常の授業で

■ **デジタイマーの積極的活用**
一貫して学習環境を整えていることの大きな主張になります。ソローコミーソロの活動の中で活用して下さい。「〇〇分延長します～」はなるべくせずに、適切な時間設定を心がけてください。

■ **「学びの倉庫」の意識を高く！**
当日の大きな主張に「学びの倉庫」があります。先日の一貫研でご覧いただいたホワイトボードを活用した「学びの倉庫」を各校で作成しています。その時間に活用できる既習事項を初めの「学びの倉庫」に書き込むか紙に書いて貼るなどして、授業の最後にその時間の学びを新しく「学びの倉庫」に加えるのがスタンダードな使い方です。ホワイトボードを活用した「学びの倉庫」、どんどんつかってみてください。これを活用することにより、学びの系統性を意識でき、今日の学びが言語化しやすくなります。

■ **学習支援カード**
「学習目標」「今日の学習」「めあて」「ソロ」「コミ」「ソロ」などのカードを使うことで板書が見やすくなり、子どもたちにとっても今何をやっているのかがわかりやすくなります。

■ **ホワイトボードではなく、「コミュニケーションボード」**
これまでも授業のコミ場面で使ってきたミニホワイトボードですが、これから『コミュニケーションボード』とよんでいきましょう。ただのホワイトボードではなくコミュニケーションをする大切なツールです。

■ **聴く・話すレベル表**
相手に伝わるように話す、相手の思いを受けとめようと聴く。話すこと、聴くことはすべての授業で言語活動を行うときの基盤となります。

☆指導案について

指導案の最終案を提出していただきましたが、ギリギリまで磨き上げをしていきたいと思います。磨き上げるときのキーワードは「**はじめて読んだ人でもわかる指導案**」です。当日の参加者は指導案を見て、どの授業を見ようか考えます。初めて読んだ人でも「見てみたい！」「ワクワクする」ような指導案に、この一週間で作り上げていきましょう。

指導案ブラッシュアップ　ポイント
- ✧ 単元への授業者の思いや願いが伝わるか。そのための単元の位置づけは明確か。
- ✧ 単元の流れがわかりやすく組まれているか。
- ✧ 評価の規準がしっかりと示されているか。
- ✧ 本時のめあてを達成するための本時の主発問は的確か。
- ✧ 本時の流れの後にめざす子どもの姿がはっきりと描かれているか。
- ✧ 補足資料・解説・手書きの図・ワークシートなどを積極的に添付する。
- ✧ 予想される子どもの声を「子どもの学習活動」に入れる。
- ✧ 学びの倉庫を引きだす工夫があるか。
- ✧ 学びの倉庫がはっきりと示されているか。

☆学習環境について

教室や廊下、階段の掲示物など、教科学習やいまとみらい科の学習内容が伝わるように工夫を加えていきましょう。
（例）　題字（タイトル）をつける。
　　　台紙にはる。
　　　活動の説明をつける。　　など

中１ギャップを乗りこえる　3Daysスタディ　in四中

１０月２９日からの３日間、赤大路・富田小学校の６年生が四中へ通い学習する、いまとみらい科の「3Days スタディ」が始まりました。富田小学校と赤大路小学校の６年生が混合クラスをつくる。小学校の先生が教科担任で授業を行う。７年生（中１）の授業を参観する。７年生と６年生が交流する。中学校へ入学する６年生にとっても、中学校へ入学して半年がたった７年生にとっても学びの多い３日間になってほしいと思います。

7年生のおもてなし

廊下を歩いていて目に入ってくるのが、たくさんの「Welcome」の掲示物。７年生がたくさんの掲示物を作ってくれていました。先輩がやさしく受け入れてくれていること、勉強や生活面への不安を少しでも解消しようとしてくれていることが伝わってきてうれしいです。

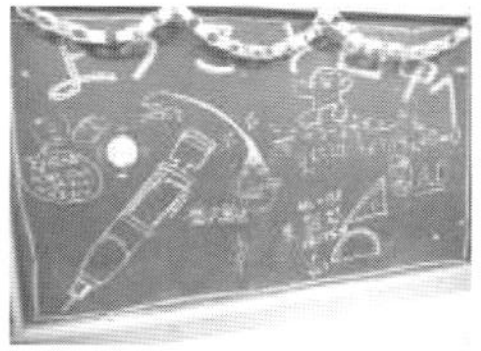

・校区ムービー

「校区ムービー」とは，各校の取組の様子を撮影した写真を研究に沿う形で編集したフォトムービーのことである。写真で研究の筋道を印象的に伝える手段として活用してきた。研究内容を伝えられると同時に，校区の子どもたち，そして教職員のがんばっている姿をたくさん映し出すことで，校区の教職員が今やっていることに価値を見いだし，子どもたちの成長した姿を再確認できる。それは，自分たちの取組に自信をもつことにつながる。

「校区ムービー」をつくる際にポイントとなるのが，3校でできるだけ多くの写真を集めることだ。教職員は授業，学校行事，保護者と一緒におこなう取組など，さまざまな場面で記録写真を撮っている。その中には，子どもたちの輝く姿がいくつも収められている。そんな輝く姿を埋もれさせないためにも，3校で呼びかけ，できるだけたくさんの写真を集めるようにする。そして，担当者だけでつくるのではなく，作成途中で校区の教職員から意見をもらい，修正を重ねながら完成させていく。

「校区ムービー」は，校区の教職員はもちろん，保護者や地域にも公開する。「子どもたちのいきいきした表情がすてきですね」と温かい声をもらっている。

「先生っていい仕事やなぁ」「校区みんなでがんばろう」という意欲を引き出し，校区の教職員を元気にする取組である。これも，校区が小中一貫を進めるための大切な取組なのである。

(3) 校区内小中人事交流・兼務発令が運んだ一貫の息吹

この研究にとって，人事面での支援は大きかった。校区の課題解決が進むよう，研究が進むよう，人の動きを見える形で整え，サポートしていただいた，大阪府教育委員会，高槻市教育委員会には心から感謝したい。まず，小中一貫を進めるにあたり，校区内小中人事交流がおこなわれた。新任3年間を四中で過ごした理科の教員が小学校に異動することになった。また，小学校で担任をしていた教員が，四中へ異動することになった。中学校への異動は，教科のしばりもあるため，異動できる可能性がある者は，数名に絞られた。状況を考え，「俺しかないやん。がんばってくる」と決意した教員の覚悟は，並大抵のものではなかったと思う。

小中で人が入れ替わる，しかも数時間単位ではなく，担任として丸々入れ替わったこの人事に，「本気なんやと思った。これは，一番見えやすい主張だった」と，地域の方からもいってもらった。また，完全な異動を伴う人事交流だけでなく，教科指導での交流など，さまざまなチャレンジもおこなった。

ひとつは，中学校教員の教科の専門性が高いことを活かした。たとえば，体育の教員による小学校での授業は，子どもたちはもちろん，「あんなふうに，運動量を確保するのか」「テンポよく進めるのか」と小学校教員にとっても大きな刺激となった。数学の教員が，2小の6年生の算数に入ることで，2小の様子がわかることは，四中にとっても得るものが大きかった。指導法のず

れを修正していくことも可能となる。また，小学生にとって，中学の先生に継続的にふれる機会を得ることは，中学校の存在を身近にし，不安を軽減させる。中学の音楽の教員が，小学校で授業をする取組もおこなった。小学校の教員は基本的に「全科」を教える必要がある。音楽や体育が得意なものばかりではない。その点，その教科のプロである中学校の教員は違う。何度もその授業をくり返すため，授業の質があがる可能性がある。そう思うと，小学校にとって中学校の力を借りることはありがたいし，学びになる。もちろん，逆もある。小学校はトイレの行き方，チャイムの守り方から始まり，12 歳までを預かるのである。丁寧に，大切に子どもを育てる。授業においてはノート指導，板書計画などについても細やかな配慮をおこなう。掲示物などの教育環境の整備も丁寧である。その点は，中学校が学べるところである。他には，中 1 ギャップを未然に防止する意味もあり，小学校の教員が，定期的に 7 年生（中 1）の教室で授業支援をおこなう試みもおこなった。人事交流をおこなうことで，人が動く。机上の空論ではなく，生身の人間が入れ替わり，文化を運び合う意義は大きい。

2 つ目は，「3 校兼務発令」である。「3 校兼務発令」も，研究にとっては，大きな追い風だった。以下の文章は，3 校兼務発令を受けた研究開発学校の研究加配の立場から記したものである。

エピソード：“3 校兼務発令”

研究開発学校の研究加配は，実際に 3 校で勤務した。3 校に机を置き，曜日ごとに勤務校を割りふり，「小中一貫や『いまとみらい科』を推進する文化を息吹かせる」というミッションがあった。実際に各校に身を置くことでわかることは多い。職員朝礼の進め方から，職員室の雰囲気，子どもとの関係性など，一貫中といえども，違うことは山ほどあった。「よくもこれほど違うのに，一緒に研究ができているなぁ」と思い知らされることもあった。3 校にわたって勤務することで，各校の情報は，今までよりずっと把握しやすくなり，人間関係を広げることができた。各校での勤務中，各校の校長と研究の進捗状況や，課題などについて話し合えたことも大きいと感じる。大切な情報があるときには，1 日に 3 校を回ることもめずらしくなかった。顔を合わすので，情報伝達が確かになるし，スピーディーに課題解決が進む。また，各校の研究推進者と話し込む時間をもてることもありがたかった。研究は一貫研という全体会が柱となるものの，すべて全教職員で集まれるわけではなく，各校で進めるところも大きい。一貫研と連動した校内研の充実が重要になるため，その作戦を立てる時間を確保した。子どもと顔なじみになれることもありがたかった。日に日に「学園の子」「校区の子」という感覚が増していった。どの学校の子も 9 年間安心して成長してほしいと，各校の子どもたちの顔を思い浮かべながら願うことができた。3 年次の研究加配は，小学校から四中に異動したため，小学校では「中学校の先生」といわれ，中学校では「知っている小学校の先生」といわれた。

運動会・体育祭などの大きな学校行事は，可能な限り 3 校とも参加した。「一生懸命は美しい」。この言葉を 3 校それぞれの校長が，各校で子どもたちや教職員に語っていることを知ったときはうれしかった。勤務校と元勤務校の２校では，さほど気を使わないが，赤大路小学校での勤務では，自分の役割は何かと悩むこともあった。しかし，この研究によって，毎週やってくる得体の知れない研究加配に，「お疲れさま」「しんどい仕事をありがとう」などの温かい言葉をかけ，受け入れてくれた赤大路小学校に感謝したい（オフィシャルではないが，忘年会は，３校ともに参加してみた。３校全体でやる懇親会だけならわからなかったかもしれないが，懇親会の雰囲気は各校でかなり違う。各校のカラーが出ていて，その違いが興味深かった）。

天笠茂教授（千葉大学）には，「こんな勤務が許されている教員は，全国であなただけかもしれませんよ。自分の今の立場を最大限活用して，研究を進めなさい」と背中を押していただいた。「歩く小中一貫」といわれ，忙しいときに研究加配が職員室に座っているのを見るだけでも，圧迫感を感じて嫌なときもあっただろうと想像するが，この勤務形態を支え続けてくれた校区の教職員は懐が深いと思う。悩みながらではあったが，チームが広がり，つながりが深まること，各校のがんばりを感じられることは，研究加配にとって喜びであり，研究推進の原動力となっていた。

【研究加配】

エピソード：“小中人事交流で生き抜きました”中から小へ

1. ミッション

転勤してはじめにいわれたのが，「ミッションは，中学校に元気に帰ること」だった。正直，それくらいのことなら大丈夫だろうと受け止めていた。ところが，そんなことを考える暇もないくらい，猛スピードで流れていく日常の中で，とにかくがむしゃらに走り続ける毎日だった。

2. トイレに行けない

１日は，教室で「おはよう」と子どもを迎えることから始まる小学校。中学校では朝は職員朝礼から始まっていた。「おはよう」から「さようなら」までずっと教室で過ごし，休み時間は次の授業の準備，宿題の丸つけ，子どもの「昨日な〜こんなことあってん」という話を聞き，どたばたしているうちに放課後になり，放課後は，その日の授業の課題や宿題をやりきれていない子どもに声をかけて一緒にやりきる毎日だった。休み時間ごとに職員室に戻る中学校のスタイルに慣れていた私は，トイレに行きたくても行けない日々が夏休み近くまで続いた。

3. 恐怖の掲示板

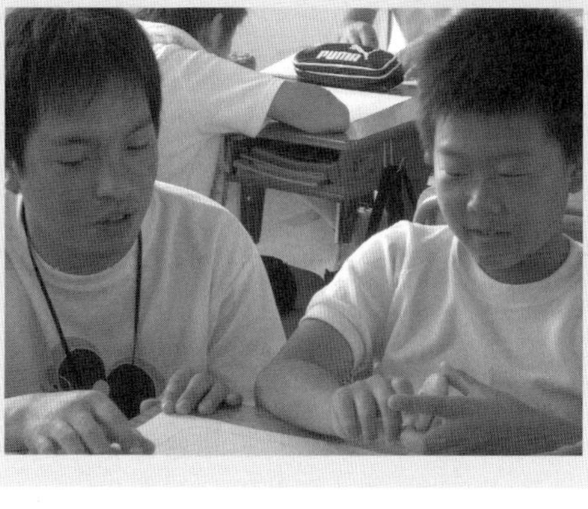

入学式を迎えるまでの１週間。慣れないながら，教材の購入計画や時間割の確認など事務的な仕事をあらかた終え，少し余裕が出てきた。周りを見渡すと，素敵な掲示物を作成している先生の姿があった。そして，各教室を見せてもらうと，掲示板が素敵に飾られていた。教室だけでなく，廊下や階段の掲示板もきれいに飾られている。花や動物などの掲示物を

つくったことがない私の心の中で，不安が大きくなってきた。1 年を通して，参観日前や行事の後，授業で作品をつくった後など，飾らねばというプレッシャーを感じ続けた。

4. 困ったときに

授業のことや行事のことをはじめ，困ったらとにかく相談することを心がけた。4 月当初の修学旅行の下見，うさぎ当番，プール当番，組立体操，学習発表会，参観日，全教科の授業……とわからないことだらけだった。理科は，中学校の経験があったため，小学校の先生からも頼りにされたが，ほかのことで困ったとき，仕事の手を止め，真剣に相談にのってもらえる環境だったから，2 年間がんばり続けられたのだと思う。小学校だけでなく，校区でも支えられているということを日常の中で感じられることが，私にとって大きな安心感だった。

5. 新たに増えた視点

2 年間で小学校の雰囲気を感じ，どっぷりそれに浸かって，中学校に戻れたらよいなと感じていた。また，校区の教職員の前で今の自分が感じていることを話す機会を与えてもらい，時折，立ち止まって考えることもできた。そのような中，授業やトラブルの指導に当たるとき，目の前のことだけでなく中学校 1 年生になったら，中学校 3 年生になったらという視点が生まれてきた。そして，そのことを考えると小学校と中学校では段差が大きいと感じた。授業のスピード，トラブルの指導，放課後の使い方など，中学校から小学校に来て，私自身が感じた戸惑いはすべて，子どもが中学校に行ったときの戸惑いにもつながるのではと考えた。いわゆる中 1 ギャップを教師である私も感じていた。

6. 中学校に戻って

さまざまな人の支えがあり，なんとか「元気に中学校に戻る」というミッションは達成できたのではないかと思う。中学 1 年生の戸惑いに，「それは戸惑うよな」と思える自分もいた。「ここがこう変わったんだよ，がんばれ」といえる自分もいた。一方で，私が小学校で十分つけてあげられなかった力もあり，「小学校のときにこうしておけばよかった」と後悔や責任を感じることも多々ある。小学校での 2 年を終え，中学校に戻り 3 年がたった。未だに，毎日が気づきとチャレンジの連続である。

【越智　健太　四中（平成 19 ～ 21 年度）富田小（平成 22・23 年度）四中（平成 24 年度～）】

エピソード：“小中人事交流で生き抜きました”小から中へ

研究開発のスタートと同時に，小学校から第四中学校に異動した。私に課せられた使命は，「小学校と中学校の架け橋になること」。その役割を自覚し，忘れることなくまずは 1 年間を生き抜こうと覚悟を決めた。とはいえ，私には小学校教員としての経験しかない。小学校教員らしさを，中学校でどこまで貫くことができるかの挑戦だった。

1 年目，中学校 1 年生の担任としての第一声。「みんなと一緒に中学校に来たで！」と笑顔で出迎え。小学校の文化をもち込んだ。係活動では，「遊び係」や「お笑い係」が誕生。学級を盛り上げ，つなぐ役割を担ってくれた。中学校から始まるルールについても，一つひとつ丁寧に，納得できるまで説明した。昼食時は，小学校のように，毎日班をまわりながらいろいろな話をした。学級通信は，小学校のように，子どもに寄り添う内容にした。語りかけるように自分の思いを綴り，子どもの言葉や文章を積極的に掲載した。そんなことを続けていく中で，まるで小学校のような学級が，中学校の中にできていった。

しかし，すべてがうまくいったわけではない。私は変わらなくても，子どもたちは成長し，大人に近づいていく。あまりに距離の近い私が，子どもたち，とくに女子には暑苦しくうっとうしい存在となった時期もあった。自分の思いが伝わらない。どう接していいかわからない。小学校教員時代には感じたことのない悩みだった。その悩みを私は隠すことなく，受け止めようと努力した。これまでと違って当たり前。うまくいかないこともあって当然。いろいろな人に相談した。ときには，違う学年の生徒，同じ学年の教員，管理職，小学校時代の同僚……。みんなの一つひとつの言葉を自分に返しながら，子どもとともに成長させてもらうことができた。

もうひとつの大きな悩みが，授業だった。専門性を必要とする中学校の授業において，私にはスキルも知識も足りなかった。自分が理解しきれていないことを，どうやって子どもたちに伝えるのか。子どもが楽しいと思える社会科の授業をつくるにはどうすればいいのか。毎日突きつけられる悩みだった。それを乗り越えるためには，ただひたすら教材研究しかなかった。同じ教科の教員にも常に相談にのってもらいながら，職員室の机を教材や参考書で山積みにし，まずは知識を自分に詰め込んだ。そこから，子どもたちにどうすれば伝わりやすいのか，熟慮を重ねてプリントと教材を作成した。それを積み重ねていくことで，社会科の授業の魅力を再確認し，学ぶことの喜び，授業の楽しさを感じることができるようになった。

私は３年間，７年生から９年生まで担任をし，子どもたちを見送った。どんどん大人に近づいていく子どもたちの成長を感じ，送り出すことができた卒業式でのあの感動は，今も忘れずにある。小学校の卒業式とは，また違った感動があった。私が常に大切にしてきたことは，小学校教員として培ってきた「子どもの目線に合わせ寄り添うこと」である。学級づくりでも，授業づくりでも，行事でも，「いまとみらい科」でも，進路指導でも，それを常に自分にいい聞かせ，強く意識し続けてきた。それが，「小学校と中学校の架け橋になること」につながると信じたからである。その思いを貫くことができたのは，異動してきた私を温かく迎え，育ててくれた四中，そして校区の教職員の支えがあったからこそだった。そして誰よりも私を中学校教員として育ててくれたのは，子どもたちである。また，保護者・地域の方の励ましと理解があったからだと思っている。

現在は，第四中学校で校区の研究を推進する立場で仕事をしている。私を中学校教員として育ててくれた子どもたち，校区の教職員，地域・保護者への感謝を忘れず，少しでもこの校区に恩返しをしながら，生き抜いていきたいと思う。

【馬場　彰一　富田小（平成21年度）　四中（平成22年度～）】

エピソード：“この２人をつぶさない校区の決意”

小中一貫教育というより，この校区の研究の象徴がこの２人だった。２人は，「転勤」という決断を迫られ，それを受け入れてくれたのである。誰より苦労することは想像にかたくない。大げさにいうと，「転職」くらい大きなことである。その決意をしてくれた仲間は，どんなことがあっても，大切にする。元気に元の学校に帰ってもらう。それが，受け入れる学校の教職員の決意でもあった。

私は，中学校から異動してきた越智先生を富田小学校の研究推進者として，間近に見ていた。元気な５年生の担任として，スタートを切った彼が「お茶はいつ飲むのか」「トイレはいつ行くのか」「子どもとの距離が近すぎないか」と，その時々に吐く素直な言葉は，貴重であり，今も小中ギャップを考える上で，語り継がれている。彼は，小学校と中学校の文化の違いを言葉で，仕事ぶりで，毎日表現してくれた。スタートは，順風満帆ではなかったと記憶している。「口調が速い」「黒板の字が小さすぎる」。そんな声はいいとして，子どもとの関係もはじめからうまくいったわけでなかった。彼自身の表情も今みたいには，ほぐれていなかったし，心配した時期もあった。そんな彼が，毎日子どもにまみれ，職場の同僚にまみれ，確かに成長していった。誠実に着実に，仕事をする彼の存在は校区の宝であると感じるようになった。中学校の先生として，小学校卒業を前に「旅立ち準備懇談会」を企画するなど，意欲的に元気に２年間を生き抜いた。四中に子どもと一緒に戻った彼は，7・8年と担任をもち続け，今，9年生の担任である。校区ではまだ唯一勤務していない「赤大路小学校にも行ってみたい」と話しているのを聞いてすごい教職員もいるものだと感心している。

もうひとりの宝が馬場先生である。彼は，富田小学校の同僚だった。私が研究推進を担い，彼は第四中学校で「小学校の先生のまま生き抜く」ことを宣言した。彼とは同期でもあった。互いの場所で，恥ずかしくないような仕事をしていくことが互いへの意地ではなかったかと思う。こういう緊張感のある関係性が，この校区の質を上げていくのかもしれない。私が担任として卒業させた子どもたちを彼が引き受けるかのように７年生の担任となった。学級通信は文字が大きく，写真がいっぱいで，小学校テイスト満載だった。小学校の係活動では，ごく当たり前である「遊び係（学級遊びを企画する）」なるものを７年生でもつくってしまったのは彼の学級であった。中学校でよく取り組まれる班ノートの前に，「ミニ作」という小学校での取組を導入したこともあった。「なんで○○したらあかんの？」。子どもの疑問に対しては，「校則やから」「きまりやから」ではなく，丁寧に話し込んだ。「小学校の先生」を貫くといった通り，意図的に小学校の文化を運び，中１ギャップという課題と真っ向勝負したことになる。子どもたちは，安心した表情で，落ち着いて「中学生」になっていった。彼の存在は，四中にとっても大きなものだった。子どもと目線を合わせた近い関係性も，中学では異色にうつった。「呼び捨て」文化にも石を投じた。おもしろいほどに，「中学校の先生」色の濃い担任もいる学年だったが，そんな学年団のコラボを見ているのも興味深かった。しかし，彼の四中での生活も，ずっとスムーズに進んだわけではない。途中，大人になっていく子どもたちとの関係に悩んだり，教科の専門性が足りないという壁にぶつかったり，学年団という職場づくりに悩んだりもした。その彼が，9年生までもちあがり，進路指導をやりきったとき，「小学校は，もっと学力にこだわらないといけない」といった意味は重いものであった。

2人とも，誠実に子どもや保護者，教職員と向き合った。子どもたちとともに悩みながらも成長していった。一貫研では，何度も話を聞く機会をもった。彼らががんばったこと，存在してくれていたこと，生き抜いてくれたことが，校区にとって大きな刺激となり，この研究の“本気度”をあげたことは間違いない。一方で，彼らを受け入れ，真摯に学び，支えた各職場も，やっぱりがんばったのではないかと思う。小中一貫教育は，人が動き，人がつくるのである。

【事務局】

2. 一貫が生み出したもの

小中一貫が進む中で，校区はさまざまなものを生み出してきた。小中3校の教職員の協働や子ども同士の協働は，多くの効果をもたらした。教職員がわくわくする。子どもたちもわくわくする。保護者や地域もわくわくする。協働による新たな創造が，校区をさらに元気にし，子どもたちの輝く姿を引き出していく。一貫が生み出した主な取組を，以下に紹介する。

(1)「いまみフェスタ」

子どもたちが活躍できる舞台をつくりたい。「いまとみらい科」の取組を交流する場をつくりたい。校区みんなでつくる子どもたちのフェスタを立ちあげたい。そんな思いで生み出したのが，「いまみフェスタ」である。企画・進行を担当するのは8年生であり，子どもたちの参画（Do）や，発信する機会を保障する場所にしたいという意図もあった。

第1回の「いまみフェスタ」では，3年生（小学校）が，「わがまちソング」を歌い，6年生から9年生までがこれまでの「いまとみらい科」の取組を報告した。これまでの学習の成果を活かして，原稿を見ずに，自分の言葉で一生懸命伝えようとする子どもも出てきた。最後には，参加者全員で校区のオリジナルソング「今と未来」を合唱した。校区の一貫が進んできたことを感じながら，「いまみフェスタ」は終了した。

第2回「いまみフェスタ」では，とくに子どもたちの聴く姿勢の成長を感じることができた。一生懸命に話す友だちの言葉を，真剣に受け止めようとする姿があった。また，小学生が中学生の報告を聴き，あこがれを抱くことにもつながった。

「いまみフェスタ」は，校区で立ち上げた子どもたちの成長を感じる場所である。3回目を迎えた今でも，校区の一貫を象徴する取組である。（平成26（2014）年度の「いまみフェスタ」については，第6章参照）

(2)「いまみソング」

校区には，3 校の子どもたちと教職員みんなが歌える歌がある。通称「いまみソング」，平成 24 年（2012）年度に生み出した校区オリジナルソング「今と未来」である。この歌が，どのようにして生み出されたのか，その中心となった教職員のエピソードでふり返る。

エピソード：“いまみソングプロジェクト”

「3 校で合唱がしたい。3 校で歌える歌を」。そう思い始めたのは必然だったように思う。プロジェクトが始動した当初，私は日本中の小学生・中学生が歌っている代表的な合唱曲を歌うことを考えていた。しかし，なかなか「これだ！」と思う曲が見つからず，途方にくれていた。そんなとき，せっかくなら 3 校の思いがこもったオリジナルソングを制作しようという話になり，とんとん拍子で話が進んだ。幸い，富田小学校では，以前から先生がつくったオリジナルソングを歌っていたという経緯もあり，富田小学校の先生の協力のもと，思いのこもった素敵な曲ができあがった。子どもたちから歌詞を募集してできた曲をはじめて聞いた時，子どもたちの今の気持ちに合った曲の内容に感激し，3 校で歌える日が待ち遠しくなった。その曲をもとに本発表（3 年次研究発表会）当日は吹奏楽部の演奏で合唱したいと考えた。ギターで作曲されたこの曲を，ピアノ版と吹奏楽版へ編曲することが決まった。夏休みに 3 校の音楽担当が集まり，制作にとりかかった。編曲は，私たち音楽担当にとってもはじめての取組。日ごろ，各学校でひとりきりで教材研究をしている私たちにとって，互いの考えを出し合い，曲を完成させていく過程は大きな刺激となった。たくさんのことを学べた有意義な時間でもあった。編曲版は試行錯誤をくり返し，時間はかかったものの，協力しながらつくりあげ，納得できるものとなった。

私たちは夏休み明けから各校で歌い始めた。はじめて 6 年生の子どもたちにこのプロジェクトの話をしたとき，どんな取組か想像できず，戸惑いの声もあった。しかし，曲を聴かせると「いい曲やなあ」「早く歌いたいわ」という反応が多く，子どもたちも意欲的に歌い始めた。だんだん歌っていくうちに，音楽の時間に歌うことを楽しみにする子どもたちも増え，「この曲好きやねん」「この曲のここがかっこいいよなぁ」と授業の後，話に来る子どもたちも出てきた。それと並行して，中学校の吹奏楽部での練習も始まった。合唱の伴奏としての演奏ははじめてで，非常に難しいが，やりがいを感じて練習に励んでくれた。

本発表まであと数日と迫った日，リハーサルを兼ねて 3 校での合同練習の日を迎えた。舞台に並んではじめて声を合わせて歌ったとき，中学校の体育館には歌声が響きわたり，3 校で歌える喜びにあふれていた。

「本発表は必ずうまくいく」。そう確信できる心のこもった合唱だった。

本発表当日，吹奏楽部の伴奏のもと，少し緊張ぎみではあったが，子どもたちは堂々と気持ちをのせて歌いきった。子どもたちの歌い終わった後の晴れ晴れとした表情に，練習を重ねてきたこと，がんばってきたことが実を結び，形となったのだとうれしく思った。合唱を通して心が通じ合えたこと，力を合わせることでひとりでは感じることのできない感動を味わえたこと，この経験が子どもたちに自信をつけ，心を豊かに育てていったように思う。

今でもこの曲は各校の休み時間や放課後を告げるチャイムとして流れ，子どもたちには親しみのある曲となって次の世代へと受け継がれている。このプロジェクトで，学校を超えて3校の教職員で取り組めたこと，合唱を通じて力を合わせたことは私の大きな学びとなった。これは，それぞれの学校の先生の協力があったからこそ成し得たことで，ひとりでは決して実現できなかったことである。

音楽のもつ力を再認識し，音楽のもつ可能性を広げてもらった校区にはとても感謝している。

【平澤　朋子　赤大路小学校（平成22年度～）】

『　今と未来　』

作詞　作曲　高槻市立第四中学校区

伝えたい　届けたい　この思い　歌にのせて
聞かせてよ　受け止めるから　きみのその思いを
一人じゃ胸がふるえて　不安な時だって
ほら　顔上げて　ふり返ればみんながいてくれるから
弱い自分に　強い風に　負けそうになっても　乗り越えていける

今も未来も　どこまでも続く道で　今を大切にともに歩いて行こう
新しい何かに　輝かしい未来に　続いているこの道を
今も未来も　どこまでも続く道で　自分らしく輝く光を見つけよう
その一つ一つで　きれいな虹をつくり
行き先を照らしてくれる　夢を描こう

夕日に染まるグラウンド　一日が終わる
明日もみんなに会いたいな　みんなの声が聞こえる
けんかしてもいいんだよ　やさしさに気づいていく
さぁ　手をつないで

今も未来も　どこまでも続く道で　自分らしく輝く光を見つけよう
その一つ一つで　きれいな虹をつくり　行き先を照らしてくれる　夢を描こう
輝く今と未来へ　夢を描こう

(3)「いまみキャラ」

子どもたちと一緒にわくわくする一貫の取組をしたい。それが校区のキャラクターを生み出す「いまみキャラプロジェクト」だった。校区を象徴するキャラクターづくりは，校区の望みであった。子どもたちやまちの人の思いがたくさんこもったキャラクターにしたい。夢を形にするプロジェクトが，校区一貫の中で動き出した。

ひとりでも多くの人のアイデアを募ってつくろうと，赤大路小学校，富田小学校，第四中学校の子どもたちと保護者，そして地域へと広く呼びかけてキャラクターの案を募った。そこから，いくつかの候補に絞り，平成24（2012）年7月に投票を実施した。その投票を見事に勝ち抜いたのが，四中生が考えた「みらいおん」。そのかわいらしさとわかりやすいキャラクターで，子どもたちに大人気となり，校区のキャラクターに選ばれた。

「みらいおん」は，校区一貫を象徴するキャラクターであり，マントには，両小学校の「T」と「A」の文字が。手にもつ魔法のステッキは，「4」の形になっていて，未来の扉を開くかぎになっている。胸の時計で今と未来を自由に行き来し，今と未来をつなぐことができる。子どもらしい発想にあふれたキャラクターである。

今では，校区のどの学校でも，来校者を「みらいおん」が出迎える。校区の子どもたちにも，まちの人にも愛されるキャラクターとなっている。

エピソード：“研究発表会”

1年目は五里霧中，2年目は試行錯誤，3年目にようやく前進……。研究のための研究をしてきたわけではない。それでも，3年目の研究発表会は「本発表」というだけあって，大きな山であった。この山に向けて，主張を練り直し，何度も指導案を書き換え，ぎりぎりまで工夫を重ねた。研究冊子，リーフレット，会場準備，人の動きなど準備は多岐に渡り，市教委の支援も受けながら，総動員で研究発表会をつくった。前日，各校の事務局メンバーが全体会会場に集まれたのは，夜遅くであった。掲示物や椅子の準備などが整い，よそ行きになった四中体育館に立つと，この3年間のことがさまざまに思い起こされた。ここまできたら，明日は，校区の子どもたち，教職員，ゲストティーチャーの方々を信じて胸を張ろうと事務局は思った。

当日は，全国からたくさんの方に来ていただき，市内からも多くの教職員の参加を得ることができた。どの教室を回っても，先生方のチャレンジがあり，主張があり，子どもたちが「いまとみらい科」を通して，考え，発信する姿があった。研究者には，子どもたちが成長したこと，意欲が感じられたこと，それを引き出した教職員のがんばり，地域のみなさんの力強さなどたくさん褒めていただいた。教職員には，きついことも伝え，無理もお願いしてきた。

しかし，この日をともにつくってきた教職員のことも，懸命に学ぶ子どもたちも，支えてくれた地域のことも誇らしかった。

全体会のオープニングでは，６年生・７年生と教職員がいっしょにオリジナルソング「今と未来」を歌った。子どもたちのまっすぐな歌声に会場の温度があがっていくのを感じた。

パネルディスカッションでは，天笠教授，杉田調査官，藤田調査官，葛上准教授それぞれの立場から，校区の取組を価値づけてもらい，校区にとって，今後につながる大きな力となった。進んできた道や方向が間違っていなかったことを感じ，これからも自信と誇りをもって，進もうと思えた。

「研究発表会」の開催には，多大な労力を費やす。しかし，何年もかけて，積み重ねてきたことを主張し，評価されること，評価され，改善していくこと，そのための山場は必要だと考える。発信しなければ，評価もされない。この日，また後日，たくさん寄せていただいた感想やご意見は校区にとって貴重な宝であり，確かな手ごたえを感じるものであった。子どもにとって学校生活を豊かにする学校行事のように，研究発表会を通して，育まれるものもある。

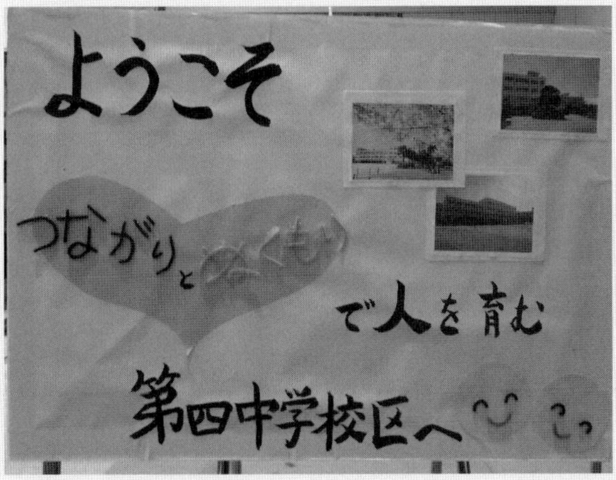

すべてが終わろうとしていたとき，教育連携会議『つなぬく』のメンバーに会った。「ようがんばったなぁ。また，これからやなぁ」。差し出された手を握ったとき，感謝の気持ちとともに，これからも地域といっしょにがんばろうと思えた。

【事務局】

第6章

成果と課題

――Check どうやったん？ ちゃんと見取らなあかん！――

歩きながらのこの研究は，常に Check しながら進めてきた。
今の成果は？　今の課題は？
研究を正しく見取ることが求められた。

第６章　成果と課題
―Check　どうやったん？ ちゃんと見取らなあかん！―

1. 研究の成果

(1) 子どもたちの変化

①「校区効果測定」

「いまとみらい科」の学習を始めるにあたって，この取組が子どもたちにとってどのような効果があるのか検証したいと考え，関西大学の寺嶋繁典教授にご指導いただき，平成 23（2011）年度に効果測定アンケートを作成した。その後，平成 25（2013）年度に項目の見直しをおこなっている。なお，本測定は，4 年生から 9 年生を対象に実施している。

「私にも関係あるんや」

「自分と課題の関係を見つめることができる」と回答する子どもたちが増えている。「いまとみらい科」において，自分と課題の立ち位置を問う「S」を大切にしてきた成果であるととらえている。

自分と課題の関係を見つめることができる

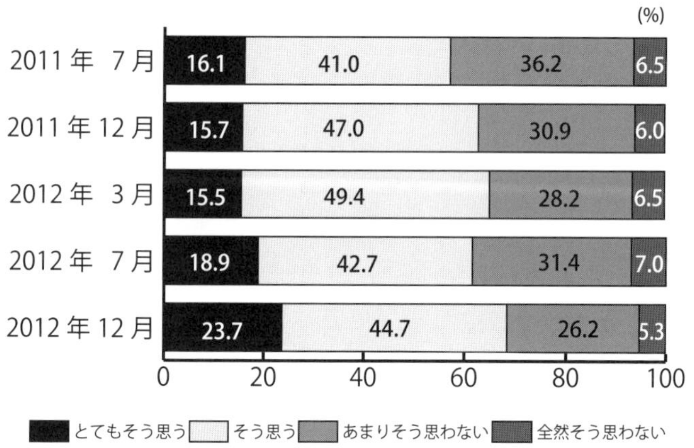

「どうやって調べる？」

「わからないことがあるとき，どのように調べたらよいかわかる」と回答する子どもたちが増えている。困難に直面した時にどうすればよいかわからなかった子どもたちが，「いまとみらい科」を通して，R（リサーチ）をくり返したことで，課題解決方法を少しずつ身につけている。

わからないことがあるとき，どのように調べたらよいかわかる

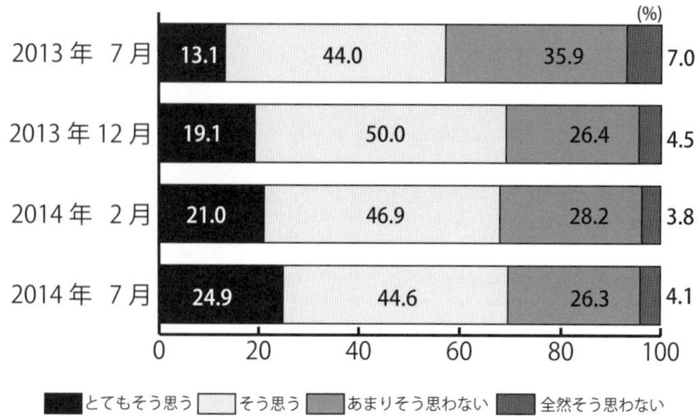

「人の意見を取り入れて」

「人の意見を取り入れることができる」と回答する子どもたちが増えている。「いまとみらい科」で，さまざまな意見に出会いながら，P（計画）を立てる経験を積み重ねてきた成果が表れている。

「投げ出さずにやってみる」

「失敗してもあきらめずにもう一度チャレンジする」と回答する子どもたちも増えている。困難に出会うと，あきらめることも多かった子どもたち。その結果，達成感を得られず，自己肯定感につながっていかなかった。「いまとみらい科」でD（参画）する経験を大切にしたことにより，自分の役割がある，感謝される，自分が役に立っていると実感できる，そんな経験が子どもたちの意欲につながった。相手意識が芽生えることで，「もういいや」とあきらめるのではなく「何とかしたい」と前向きな姿が見られている。

「出会うっておもしろい」

「いまとみらい科」を通して，たくさんの人との出会いがある。出会いにわくわくし，出会った人から学んでいることが，「いろいろな人と出会うことは楽しい」と常に80％を超える子どもたちが回答することにつながっている。子どもたちが，人とのつながりを楽しんでいることが読み取れる。

人の意見を取り入れることができる

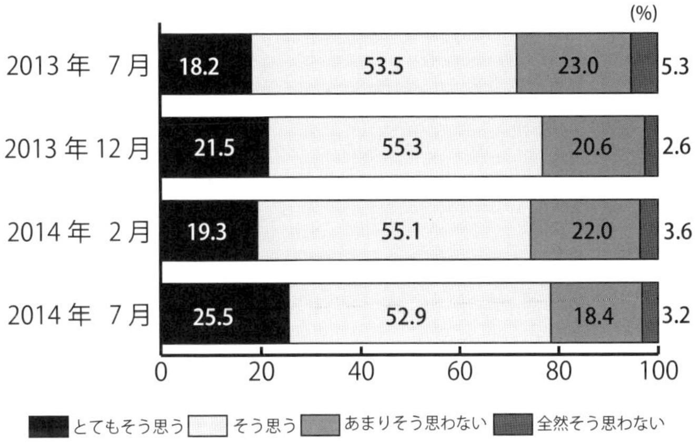

失敗してもあきらめずにもう一度チャレンジする

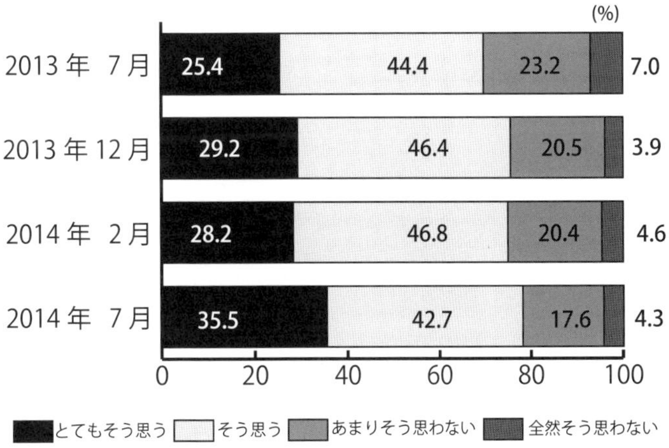

いろいろな人と出会うことは楽しい

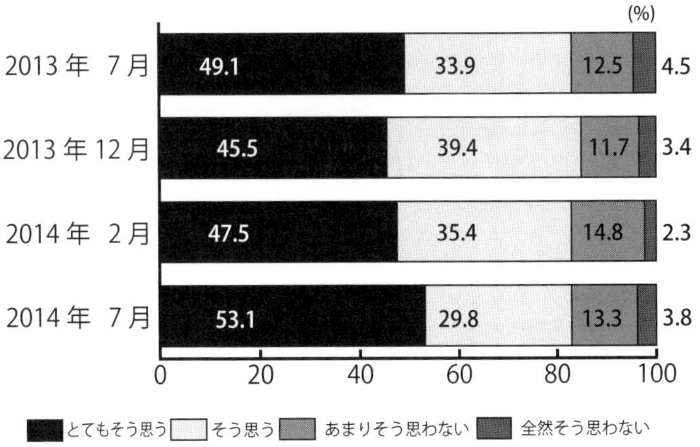

「次に活かそう」

「学んだことが生活につながっていない」ということが，子どもたちの大きな課題であった。何のために学ぶのか，学ぶ意義をなかなか見いだせない子どもたちがいた。

「いまとみらい科」を中心に，学校での学びと生活とのつながりを意識した学習をおこなってきた。また，教科で学んだことを「いまとみらい科」で活用するなど，横断的な学習をおこなった。その成果として数値が上昇してきていると考える。しかし，CA（ふり返り，次に活かす）できていると回答する子どもたちが，70％に満たないということは，学びを日常に活かせていないと感じている子どもが多くいることも表している。これからも今の学びと将来をつなぐという視点を忘れずに，子どもたちの「学びの空洞」が埋まってきているかどうか検証していきたい。

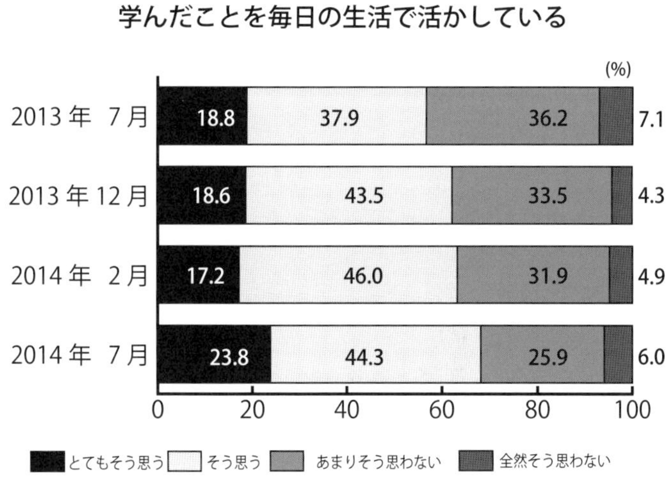

「一生懸命は美しい」

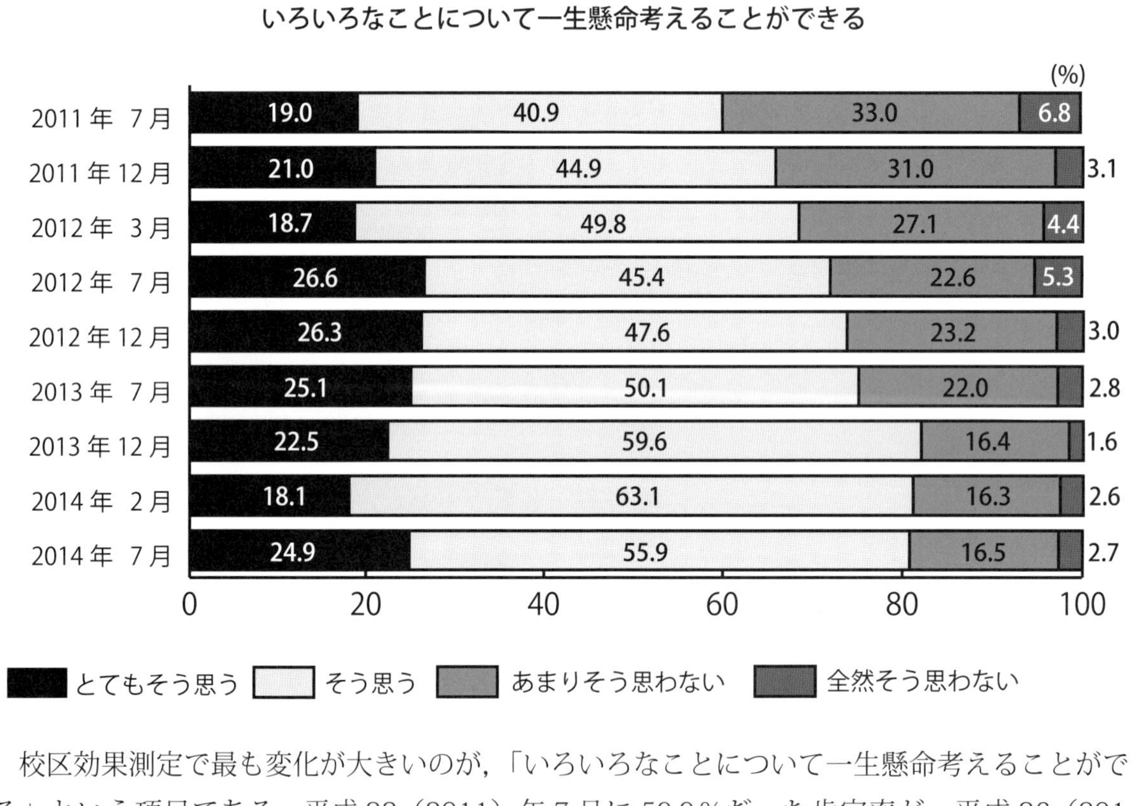

校区効果測定で最も変化が大きいのが，「いろいろなことについて一生懸命考えることができる」という項目である。平成23（2011）年7月に59.9％だった肯定率が，平成26（2014）年7月時点では，80.8％にまで上昇している。たとえば，運動会・体育祭では，最後まで走り切ることや，顔をあげて懸命に演技するようになった。かつては，「一生懸命やることは恥ずかしい」という文化があり，全力を出し切れない，全力を笑う子どもの姿もあった。そんな子どもたちが，「いまとみらい科」を通して，答えの出ない課題や，解決が難しい問題について一生懸命考える機会をもってきた。そして，「一生懸命考えてよかった」と思える経験を積み重ねてきた。一生懸命な姿は，次の一生懸命を生む。「一生懸命は美しい」が3校の文化として根づいてきたことが，数値としても表れていると考える。

②「全国学力・学習状況調査質問紙」（平成 26（2014）年度第四中学校 9 年生結果）より

将来の夢や目標をもっていますか

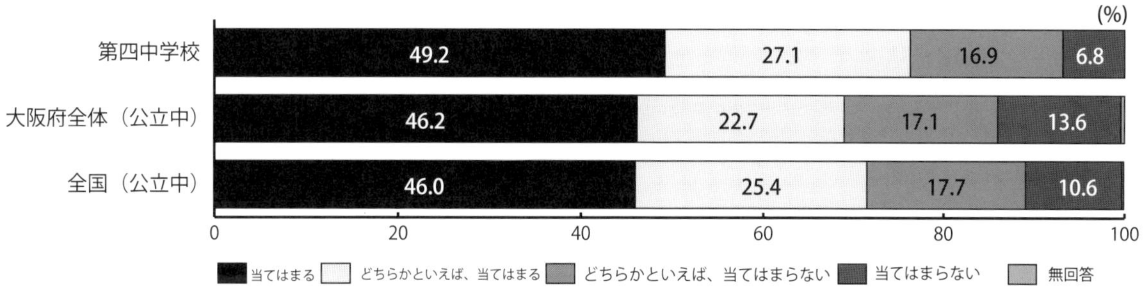

「将来を展望できない」。そんな校区の子どもたちの長年の課題を考えたとき，義務教育の出口である 9 年生において，「将来の夢や目標をもっている」と肯定的に回答する子どもたちが，全国平均と比べても，高くなっていることは，校区の教職員にとってうれしいことである。

ものごとを最後までやり遂げて，うれしかったことがありますか

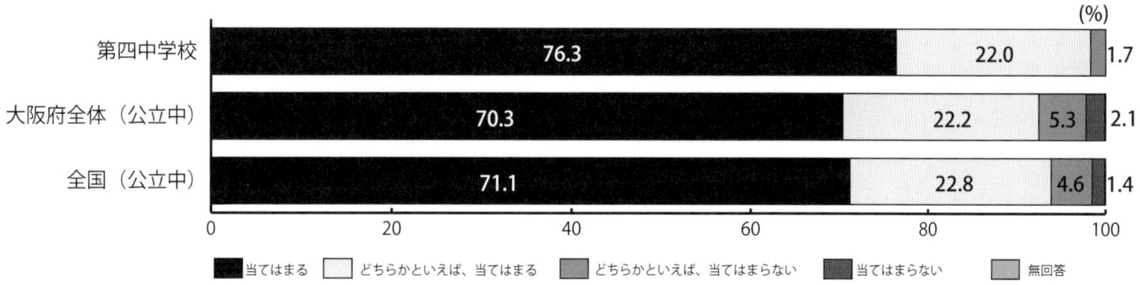

「困難に出会うと途中で投げ出す」ことが校区の子どもたちの課題であったが，98．3％の子どもたちが「ものごとを最後までやり遂げて，うれしかったことがある」と回答している。

「総合的な学習の時間」では，自分で課題を立てて情報を集め整理して，
調べたことを発表するなどの学習活動に取り組んでいますか

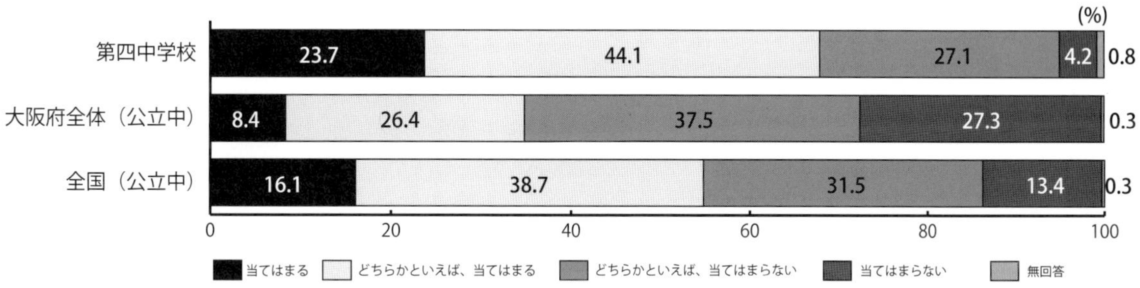

子どもたちが，「いまとみらい科」の学習のことをとらえて，このように，全国平均を上回る回答をしているものと思われる。

③子どもたちの声

「いまとみらい科」は，子どもが主体となって活動する授業であり，アンケートやインタビュー，依頼，意見発表などで，外部の方々と接する機会も多い。「今までやったことのなかったことを，大きなスケールで，いろいろなメンバーですることができて新鮮だった」という言葉の通り，子どもたちも，「いまとみらい科」はこれまでの学習とは違うという認識をもっている。
以下，子どもたちのワークシート等の声を紹介する。

- 総合が「いまとみらい科」にかわって不安があったけれど，この１年間で自分は成長したと思う。今はこの辺りの小中学校しか実施していないけれど，ぜひ他の学校も実施してほしいと思った。
- まずはじめは，自分で考えることが大事だと思う。この学習で学んだことを将来活かすことができればいいなと思う。
- 自分たちが企画したことを，実際に自分たちでできるのは，すごくおもしろいと思った。
- みんなで協力して企画を考えたりするのは楽しいことだ。
- 人と人とのつながりはとても大事なことだし，自分のひとことで始まることもある。これからも，この勉強を通して，人とのつながりを大事にしていきたい。
- 最後までできたことの達成感は，これからの自分たちの自信になると思う。
- 大人に対する敬意を学べた気がする。生徒と同じくらいの数の大人の協力があって，この活動を全部最後までやりとげられたと思う。
- よりよいまちにするために，自分でやれることはやる。
- 地域の人とかかわったことで，知らなかったことをいっぱい知ることができた。そして，私自身もこの町に住んでいることにもっと誇りをもって暮らしていこうと思った。
- 誰かと一緒に活動することの大切さや，いろいろな考え方をすること，やりたいと思わなかったことでもやってみることの大事さなど，たくさんのことを学んだ。
- いうだけではなく，そこから動くことが大事。大きいことではなくて小さいことでも変えていける。
- この学習で私が学んだことは，目標を立てると考えやすくなるということ，少し勇気を出してがんばってみたら，うまくいくということだ。だから，どんなことでも一歩ふみ込んでいく。そうすれば，何か変わるから。

④子どもたちの日常の姿

「いまとみらい科」の取組を通して育まれた学習意欲，達成感，自信が，日常生活の中でも，さまざまな成果となって，表れてきている。自信がもてず，自分を表現するのが苦手なある子どもは，グループのメンバーに意見を伝えるようになり，いろいろなことに積極的にかかわり，友だちと一緒に挑戦することを楽しむようになってきた。そして，「この学習で見つけた『友だちとつながる方法』を１年生にも発信したい」と前向きな姿を見せるまでに成長した。

・「ＤＪやってみたいねん」

給食時間の放送をもっと聴いてもらえるようにしたい。自分たちには何ができるか考えた結果，ラジオのＤＪのようにやってみようということになった。それをひとりでやり遂げるのではなく，４人グループで協力しながら進めていった。「今日は何の曲をかけようかな」「給食放送では，どの本を読んだらおもしろいかな」。そんな「やってみたい」という気持ちを，一歩進んで形にする子どもの姿が見られるようになってきた。

他にも，「署名を集めたい」「応援団長をやってみたい」「生徒会執行部に立候補したい」「いまみの実行委員になりたい」「いまみの活動を放課後もしたい」「文化祭を立ち上げたい」「地域の祭りを盛り上げたい」。そんな，意欲的な子どもの姿が増えてきている。

また，「いまとみらい科」の取組がきっかけとなり，まちのフェスティバルで自分たちの取組を発表したり，夏祭りに参加して募金活動をしたり，校区の幼稚園の運動会の手伝いをしたりと，地域に働きかける子どもも増えている。

このように具体的な子どもたちの姿から子どもたちの変化を感じている。子どもたちの主体的な姿が見られた２つの取組を紹介する。

・「体育祭改革」

子どもたちにとって，最も解決したい課題は，自分たちの最も身近なところ，学校にこそたくさんある。「自分たちにとって居心地のいい，楽しい学校にしたい」。誰もが願うことである。しかし，学校の主役であるはずの子どもたちが「こうしたい」と願っても，それが聞き入れられて，学校が変わるということは，案外ないのである。

「いまとみらい科」でいうところの「社会」には，もちろん学校が含まれている。社会参画を求める以上，学校という「社会」づくりに参画し，よりよい場にしていく機会が子どもたちに与えられなければならないのである。

第四中学校では，平成 24（2012）年度から体育祭を平日開催に変更することになった。これを契機に，学年，生徒会が連携して体育祭改革に取り組むことにした。「体育祭をもっとおもしろいものにしたい」という子どもたちの願いの実現であった。

具体的に取り組んだことは，以下のような内容である。

1. 形式を変える（体育委員会の提案）

従来の学級対抗形式に加え，縦割りの団対抗の要素も加えた。それに伴い，全員参加の団対抗種目もつくった。その昔，高槻市内の多くの中学校の体育祭は，縦割りの団対抗形式で，応援合戦も盛んであった。しかし，中３が後輩のよきモデルになれないといった生徒指導上の弊害や応援練習に割く時間の問題もあり，いつしか団対抗での体育祭は姿を消していった。

団対抗形式とはいっても，今回は過去と比べると，ほんのささやかなものであり，応援もその場で声をそろえる程度のものである。ところが，子どもたちは体育委員が務める団の応援リーダーを中心に，学年を超えて自分たちの団の出場者を一生懸命応援し始めたのである。

2.　表現活動の時間を設ける（9 年生の提案）

第四中学校の体育祭はこれまで競技中心の比較的シンプルなものであったが，9 年生による表現活動の時間を設けた。9 年生による表現活動は，7・8 年生にも観客にも大変好評であった。子どもたちが達成感を味わい，自信をもつよい機会となった。

3.　校区の子どもたちの参加を考える

平日開催という条件を活かし，小学校だけでなく，長年連携してきた保育所，幼稚園の子どもたちも参加できるように，次のような取組をおこなった。

・保育所 , 幼稚園の子どもたちの参加種目の設定。生徒会執行部と 9 年生の有志がともに出場。
・7 年生が 6 年生の出場種目を新設して，7 年生全員が 6 年生のサポート役となって出場。

改革に取り組んで 3 年目の今年。「一生懸命はかっこ悪い」から，「一生懸命が美しい」が当たり前の体育祭になってきた。長年四中生を見ている地域の方の言葉が印象に残っている。「子どもがテキパキ動いている。みんなで力を合わせて動いている。中学生は変われるんやなあ」。

・「いまみフェスタ 2014」

第1部　10時55分～

Ⅰ　あいさつ　第四中学校　沖田校長

Ⅱ　7年生　ダンス
体育の授業で学習したダンスを、７年生全員で発表します。前半は白い軍手をはめて演技します。自分たちが考えたふりつけもあります。７年全員でやるからこそ見えてくるものがあります。一生懸命、最後まで踊りきります。

Ⅲ　第四中学校生徒会　報告
１２月のフェスタヒューマンライツで報告した、児童生徒議会・第四中学校生徒会の取り組みを報告します。パワーポイントも、自分たちでつくりました。

Ⅳ　6年生　報告
赤大路小学校と富田小学校の６年生は、「学校温度計を上げよう」の取り組みを報告します。まず、それぞれの学校に行き、お互いを知り合うことからはじめ、中学への不安を伝え合ったり、お互いの学校や地域について新しい発見をしたりしてきました。２小が協力して発表します。

Ⅴ　7年生　報告
①「シャイニング・スクール」　②「ウェルカム四中～３デイズ～」
③「みんなにやさしいまち～ホッとシティ～」の３つの取り組みを報告します。
①では自分たちのふだんの学校生活をより良くするために、②では小学校６年生を迎えるために取り組んだことを報告します。③は私たちのまちに目を向け、みんなにやさしいまちとはどういうまちかを考えていく取り組みです。

Ⅵ　6年7年合同合唱
初めて取り組む混声三部合唱で、６年生がソプラノを、７年生がアルトとテノールを担当して歌います。曲の題名は「COSMOS」。心を一つにして歌います。

休憩（10分間）
休憩中に、１１月に高槻ケーブルテレビ『クローズアップNOW』で紹介されたゆめみらい学園の取り組みを放送します。

第2部　11時55分～

Ⅶ　9年生　ダンス～四中ソーラン～
今年の体育祭で、９年生全員で踊った四中ソーランを代表メンバーで披露します。自分たちの思いを伝えるために、自分たちで選び、みんなで練習して、みんなで踊りきりました。

Ⅷ　8年生　報告
８年生は「校外学習改革」、「職業体験」、「地域での清掃活動」の３つに取り組みました。それぞれの活動内容をクラスごとに寸劇にしました。また、「いまとみらい」にちなんだ歌詞がたくさん込められている曲、「Love dream & Happiness」を学年全体で合唱します。

Ⅸ　9年生　報告
「出会い！発見！ゆいま～る！」「マイタウンミーティング～いまの「出会い」、みらいの「自分」～」の取り組みについて報告します。９年間の校外学習の集大成の修学旅行、そこで出会った沖縄の方。本当の出会いを地域の方とすることを通して考えた自分の進路。自分たちの感じたこと・思ったことを中心に報告します。

Ⅹ　全員合唱「いまとみらい」
四中校区のみんなが歌える、ゆめみらい学園の歌です。これからも校区でつながるために、歌い継いでいきます。今年もみんなで、笑顔いっぱいに歌いましょう。

平成 26（2014）年 12 月 22 日におこなわれた「第 3 回いまみフェスタ」。四中体育館には，3 校の子どもたちの「一生懸命」があふれていた。児童生徒議会の小中の子どもたちの司会の声が響く。仲間たちの報告に聞き入る子どもたち。そこには，教員の指示や指導の声はなかった。

出会いや学びから，自分たちにどんな力がついたのか，どの学年も一生懸命伝えていた。９年生は，６年生から８年生に，ひと学年ずつ自分たちの言葉でメッセージを送った。静かにメッセージを受け取る後輩たちの姿があった。

３校の教員は，穏やかな顔で，子どもたちを見守っていた。最後に，校区オリジナルソング「今と未来」を全員で合唱した。新しく校区に来た教職員もともに歌った。各校の職員室では，「子どもは，変われるんや」。子どもの成長を喜ぶ教職員の姿があった。また，それを生み出した教職員の成長を３人の校長は喜んだ。

濱田　真奈さんの声（平成 26（2014）年度第四中学校 9 年生　前期生徒会長）

私は，いまとみらい科でやる活動は，全部の中学校でやっているものだとずっと思っていた。だけど，他の学校の友だちの話を聞いていると，自分たちの活動がすごく貴重な経験だということがわかってきた。たとえば，私が8 年生の時にやった「地域の壁に絵を描く」という活動だ。先生たちから「これはすごいことだから」と聞かされてはいたが，実際自分の中ではそんな実感がなかった。でも，ある時，違う学校の友だちにその話をすると，とてもびっくりされた。絵ができたときの達成感や，地域の方からの感謝の言葉がすごくうれしかった。これはいまとみらい科をやっていないとできなかったことだからお得な気持ちになれた。今でもその壁の前を通ると，とてもうれしい気持ちになる。

「ゆめみらい学園」については，最初はよくわかっていなかった。でも，今ではもうなじんでいる。ゆめみらい学園という名前がついてから，小中で活動することが多くなった。中でもそれが一番強く感じられるのは，いまみフェスタだ。今まで他の学年がどんなことをしているかはまったく知らなかった。でも，いまみフェスタがあることによって，他の学年がどんなことをしているのか，どんなことをして地域に役立っているか知ることができた。自分たちがしていることだけでもすごいのに，他の学年もすごく大きなことをしていて，あらためてゆめみらい学園のすごさを感じた。

もうひとつ，ゆめみらい学園のまとまりを感じたのは，生徒会執行部での活動だ。3 校の生徒会，児童会が集まっておこなわれた校区児童生徒議会で決まったクリーン大作戦のことだ。小中学生が一丸となってそうじをしている姿を見て，ゆめみらい学園のみんなで活動していることがうれしくなったし，楽しくなった。

自分の中での変化は，小さいことから大きいことまでたくさんあった。中でも一番大きいのは「一生懸命やることの大切さ」を学んだことだと思う。今までの私は，学校の行事などにあまり積極的に取り組まなかった。でも，生徒会長となり，活動していく中で，より学校・ゆめみらい学園のことにかかわっていくことになって，どんどん楽しくなっていった。やっぱりそれは一生懸命だったから楽しくなっていったんだと思う。だから，これからおもしろくないことや苦しいことがあっても，まずは一生懸命がんばって，それを楽しさに変えていきたい。

⑤学力

子どもたちの変化として，最後に学力を見る。「全国学力・学習状況調査」が始まった平成19年度と平成26年度の９年生の結果では，依然として基礎基本の定着など課題があるものの，国語・数学ともに向上傾向にある。とくに「主に活用する問題」において，学力の向上が見られている。

右の表は，研究開発３年次（平成24年度）の９年生における「大阪府学力・学習状況調査」の結果である。「いまとみらい科」や授業改善などの取組を通して，日常的に書くことや話し合い活動，意見発表等の機会を多く設けたことで，活用する問題でも，最後まであきらめずに考えたり，書いたりできる子どもたちが増えてきたことによる結果であると考えている。また，子どもたちが，「いまとみらい科」で感じた達成感や充実感が，学習を含む学校生活全般の意欲の向上につながったことも，大きな要因だととらえている。

平均正答率：大阪府平均との比較
※各年度の大阪府公立平均を「１」として換算

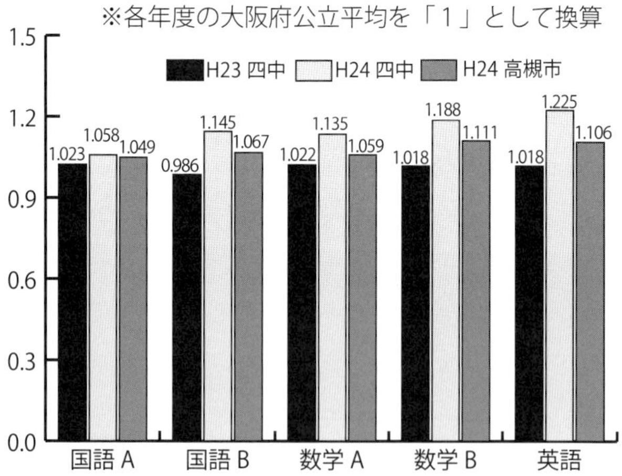

(2) 教職員の変化

・4年間のあゆみ

校区の一貫研では，毎回，コミュニケーションカードを記入している。このコミュニケーションカードの記述内容をたどっていくと，教職員の意識の変化が見えてくる。

研究開発１年次は，研究の方向性が見えず，不安や不満が先立つ状況であったが，３年次になると，３校の協働が進み，教職員の新領域「いまとみらい科」に対する反応は大きく変わった。一貫研全体会のコミュニケーションカードにも，肯定的，意欲的なものが増え，事務局に対しても，慰労や感謝を表す内容も見られるようになったのである。研究開発当初には，誰も想像していなかったことが現実になった。「いまとみらい科」の実践の中で，子どもがいきいきと取り組む姿にふれ，教職員の意識が変わったことは大きな成果であった。

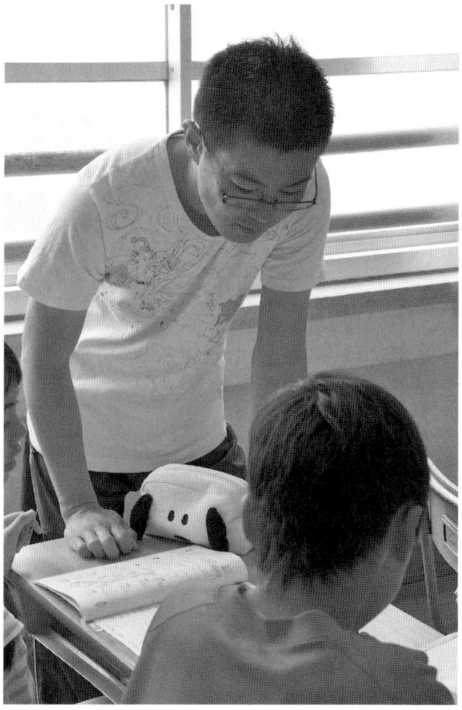

研究開発１年次

- 何をすればいいのかわからない。
- 大変！
- イメージがわかない。不安。
- がんばりたいけど，見えないからがんばれない。
- 総合的な学習の時間との違いがわからない。

2 年次

- 少しずつ研究は前進してきたが，具体的に何をすればよいのか不安。
- 何をすべきかわかりかけた気がするが，何を実践していくのかが悩みだ。
- 日々の生徒指導や教材準備の中で，まだ先が見えてこないのが実感だ。

3 年次

- 目標がはっきりし，自分の指導力を高める必要性を感じている。
- やっと自分の中でも整理され，どんなことができるか楽しみだ。
- 学習サイクルにも慣れてきた。
- 子どもに，ギャップを乗り越え，新しい文化を創り出そうとさせるのなら，私たちが理解し合う姿を見せる必要がある。
- 修正するというのはエネルギーがいることで落ち込むときもあったが，学年や周りの先生と一緒に取り組むことで，乗り越えるパワーに変わったと思う。

3 年次研究発表会後

- 今年で終わらず，今後も続ける意味のあるものにしていきたい。
- ようやく教職員同士の一貫があたりまえになった。
- まだチャレンジすべきことがある。これからが楽しみだ。
- これからが本番。次のステップ「日常の授業へ」が課題。
- 3 校の職員が一丸となってひとつの課題を追求し実践したことで子どもたちは成長したと思う。
- この日を自信にして一貫研をやり続けたい。

4 年次

- 中学校の卒業式の様子を聞き，一貫研でめざしてきたことの成果が形となって表れてきたと感じた。チームとして取り組む大切さと効果を卒業生の姿に見ることができた。
- 今の「いまとみらい科」はたぶん研究開始時と比べると数段磨きがかかっているのでは？ と思う。しかし，取組はよかったが，真に子どもにとってつけたい力がついたのか？ そんな問いかけを自分自身でしている。
- 来年度も校区としての S，学校としての S，自分自身の S をはっきりさせて働いていきたい。

エピソード：小小・小中連携 —— 当たり前ではない当たり前 ——

小中一貫教育の取組は，第四中学校・富田小学校・赤大路小学校の 3 校の教職員の連携のあり方を劇的に変えてきた。小中の連携の必要性についてはこれまでも，どの中学校区でも

認識し，一定程度取り組んできたと思う。しかし，その内容はそれこそまちまちで，年に１・２回の意見交流会レベルから，生徒指導・教科指導・行事等の連携，親睦など，多様な取組がなされてきている。第四中学校区では以前より地域と連携しながら保幼小中高の０歳から18歳までの育ちを共有する取組を進めてきているところであったが，今回の研究開発の取組は，今までの連携のあり方を根底からゆさぶるものであったといえる。

一貫教育では，まず教育目標の共有がいわれるが，それが何を指すのかがはっきりしないと教職員の意識は一向に変わらない。「育ちを共有する」という基本に立ち，確認したのは，９年間の教育を終えた時点での子どもの姿を共有することであった。単に無事に９年間を過ごすことではなく，卒業後，主体的にたくましく将来を切り拓いていく「生きる力」を身につけた子どもを，９年間かけて育てることを３校の教職員全員で共有することであった。共有することにより，それぞれの学年の子どもに応じた取組を構築することになる。任された学年だけを指導すればいいのではなく，９年間の連続した学びとなるよう，そのためには９年間を見据えた系統立てた取組が必要であった。

３校が９年間の連続した学びの軸にしたのが「いまとみらい科」であった。「いまとみらい科」の「学びのエンジン」としての役割は，具体的な授業実践・研究において，小中の壁・教科の壁を破る破壊力をもったものだった。小中の連携とはいえ，これまでは小中の発達段階の違いや，「文化」の違い，中学校の教科担任制などのいろいろな「壁」によって小中の教職員がともにひとつの授業について論議することは困難なことであった。しかし，この「いまとみらい科」を軸とした授業の取組は，いかに子どもたちの主体的な学びを創り出し，生活と将来につながる学力をつけるのか，そのための授業をどう創り出すのか，小中の教職員がともにひとつの授業をめぐり，指導案作りから議論をたたかわせることをはじめて可能にした。

一方，小中一貫教育の取組で重要なのは小中連携だけではない。じつは，小小連携が非常に重要である。それぞれの小学校がばらばらのまま中学校と連携を進めるのではなく，中学校区として一貫することが大切である。学校の実態の違いを尊重しながら，めざす子ども像や授業スタイル，教科指導や生徒指導の基本を共有することである。小小が共通した姿勢で中学へつなげ，中学はそれぞれの小学校を同じ姿勢で受け入れられること。小中連携を進めるには，なおのこと小小連携を重視し取り組むことの必要性を実感したのである。

このような取組の中で，必要に応じて小小の２校の教員が合同学年会を当たり前のようにもち，互いの学校・職員室に出入りしだしてきたこと。また，小中学校間においても，日常的に教職員が互いに出入りする関係にもなり，児童・生徒の合同授業や協働の取組も含めて校種別，学年別，小小の学校別を超えた協働した取組が進みだしたのである。ここにきて，ようやく四中校区連携型小中一貫教育のスタイルが形になり，方向性が見えてきたといえる。

【服部　建　前赤大路小学校　校長】

・現場が育つ――事務局を超える――

3校の教職員に研究の方向性を事務局が提示し，説明する。「こうしてほしい」「これでいきます」と依頼する。ときには，強引なほど引っ張る。また，それを求められることもある。教職員からすれば，納得することも，しないことも，何だかよくわからないこともあっただろうが，多くの教職員が動く。「どうしたらいい？」「それはなぜ？」といった質問に，事務局が答える。事務局の質問に研究者が答える。とくに，はじめのころはそんなスタイルが多く見られた。「この案では，主張が明確でない」「子どもの主体性を引き出せるとは思えない」「明確な意図なく，子どもに体験を丸投げしすぎ」等々，辛辣なつっこみを事務局や研究者がすることも少なくなかった。そうやって，ある意味戦い，学習の質を上げるのに必死だったからである。

しかし，「いまとみらい科」が充実していく中で，事務局と現場の関係に変化が見られるようになった。「子どもたちに出会わせたい素敵な人がいる」「企業とのコラボを考えている。実現できたらおもしろいのではないか」「農林水産省のページに“フードアクション”というものがあったが，『いまとみらい科』のヒントになるのでは」。事務局の想定を超えて，おもしろい発想が出てくるようになったのである。現場の先生方の教師魂に火がつき，事務局の提示した枠通りに取り組むのではなく，冒険してみる学年，事務局の当初の案よりずっと子どもたちの意欲に火をつける単元や効果的な工夫が随所に見られるようになった。こうなれば，しめたものである。

その代表的な例が，6年生の「学校温度計をあげよう」である。詳しい内容は，第4章2.（2）に紹介しているが，校区の長年の課題である中1ギャップの大きな原因である小小ギャップ・小中ギャップと向き合い，「中1」という近い未来を自分たちで切り拓く力を育もうという単元である。今では，定番の学習となっているが，6年の担任から，こんな提案があった。「中学校入学を見据えて，2小の子どもたちが混じった仮の合同学級を編成して，学習させてみたい」。この提案を聞いたとき，実現に至るまでに調整すべきこと，乗り越えないといけないことが山ほどあることはすぐに想像できたが，本当にうれしかった。私たち事務局が想定していたのは，あくまでも複数回の“交流”をベースにした単元だったからである。それに対して，赤大路小学校と富田小学校双方の6年生の担任が，何度となく会議を重ね，どうしたら子どもたちにとって意味のある単元となるのか，どちらの学校の子どもにとっても元気になり，中学校への希望を育む学習としていけるのか考えた結果のアイデアだった。「2小で取り組むアクションプラン」「合同遠足」「四中体験入学を1日ではなく，3日間に増やしたい」など，毎年少しずつバージョンアップされるこれらの取組は，毎日子どもたちに寄り添い，子どもたちの未来を見通したときに出てくる現場の力である。

研究は，教職員の感性を磨き，育てる。「子どもらが身を乗り出すような，いい単元をつくりたい」「おもしろい授業をつくりたい」「明日の授業に勝負をかけています」。教職員自身が“ほんまもん”の学習をしたいと熱くなれたことが，この校区の教職員の何よりの成果である。そして，教職員が，研究，つまり子どもと一番長い時間をともに過ごす授業に対して熱く本気になるという，当たり前のことが，何より子どもにとって大切で，課題解決の一番の近道であることを深く感じることとなった。

エピソード：" 校区を支える教頭連携 "

校区３校の敷居は低く，教頭は，日常的に電話で情報提供や問い合わせをしたり，必要に応じて顔を合わせて話し合ったりするなど，何かあったらすぐ連絡・連携が取れる関係である。

しかし，教頭は校区の研究・取組の牽引役を担う「小中一貫研究推進事務局」のメンバーではなく，定例会議も開いていない。したがって，校区の研究に関する情報などがダイレクトに入ってくるわけではなく，自分の意見やアイデアをダイレクトに反映させることも難しい。それどころか，学校業務もあり，自分の学校が会場にならない限り，一貫研も研究授業も留守番役，校区３校の教職員が " 全員 " 参加している場に行くことも難しいという状況にある。

そんな，少々微妙な立場の教頭として感じていることを書いてみたい。

【大人がもっと力をつけなければ】

子どもたちの成長を実感させられた平成 26（2014）年度第３回「いまみフェスタ」。6 年生から９年生が一堂に会して「いまみ」の取組などを発表する場である。3 回目を迎えた今年，教員が前に出て「指導」する必要はまったくなかった。小学生と中学生の司会で進行，舞台への移動も整列も子どもたちだけでスムーズにおこなえた。歌声も今までとまったく違う。見ている子どもたちの顔もずっと上がっていた。5，6 年前の四中を知っている者からすれば考えられなかった子どもたちの姿。感慨深いフェスタであった。

校区の教職員の努力の賜物である。しかし，同時に，子どもたちの成長に大人がついていけていないとも思う。40 代の教職員がほとんどいないという非常にいびつな年齢構成，経験年数の浅い教職員が増え，その熱意とは裏腹に，職場全体としては，見通しをもって仕事に臨むことや段取りが下手になっているのではないかと思う。そしてそれがまた忙しさに拍車をかけ，ときには殺伐とした雰囲気になる。

だが，今，教職員は，いろいろなことを学び研究ができる，" 前向きな " 多忙さの中にいる。過去には，生徒指導に追われて教材研究すらままならないこともあった。「忙しいけれど，この恵まれた環境を活かし，もっともっと子どもたちを育む力をつけていかなければならない」。いろいろな綻びを黙ってフォローしたり，口を出したり，漏れ落ちた隙間仕事にひとり黙々と取り組んだりしながら，そう思うのだ。

【子どもたちの姿を見せたい】

朝一番，地域の方からのお電話。何事かと少々不安に思いながら出てみると，「あの松の幹の色はな，黒松やから単なる茶色とは違う。あのマンションの入り口にある松の色に近い」。子どもたちが地域の倉庫の壁に描かせていただいている絵についてのアドバイスだったりする。1 本の松の木にも強い思い入れがあることを忘れてはいけない。そして，

校区連携掲示板は教頭の仕事

子どもに真摯に接してくださる方々の思いを大切にしなければならない。
「いまとみらい」の取組が始まってから，これまでよりずっと学校外の方の力を借りることが多くなった。窓口は，事務局メンバーや各学年の担当であることが多いが，教頭が相手からの電話に最初に出ることも多い。
お世話になる方々に直接お目にかかる機会がないこともある。「○○の件ですね。△△年生が今度お世話になります」。せめてこんなひとことだけでも添えて感謝の念を伝えることができればと，各学年がどんな取組でどなたにどのような協力を要請しているのかを把握し，電話がかかってきたとき，頭の中の引き出しからお名前を探している。

【教頭】

(3)　地域の変化

研究が始まった１年次，研究の道筋が見えず，保護者や地域に校区の取組を発信しきれていなかった。研究の方向性が定まった２年次以降は,「社会参画力の育成」という「いまとみらい科」の目的から，保護者や地域の方をゲストティーチャーとして招いたり，子どもが地域に出て活動したり，子どもの姿を見てもらう機会が増えた。そんな中で，子どもたちが前向きに取り組む姿を見て，校区の取組を理解し，積極的に支援しようとする地域の方が増え，地域と学校の関係にも変化が見られるようになった（第４章　いまとみらい科「実践紹介」の各ページには，協働した方からのメッセージを掲載しているので参照いただきたい)。

＊この間寄せられた地域・保護者の声より

1 年次（平成 22（2010）年度）
- 学校が何をしようとしているのかわからない。
- もっと発信してほしい。
- この勉強や小中一貫が役に立つのか疑問だ。

3 年次（平成 24（2012）年度）以降
- 「荷物もちましょうか」と声をかけてくれる中学生がいた。
- 生徒のあいさつがよくなった。
- 子どもたちが，まちのことを考えてくれるなんてうれしい。
- 積極的になったのがうれしい。
- 子どもが家でまで，ねばり強く考えているのをはじめて見た。こんな学習はうれしい。
- 子どもがしっかりしてきた。
- 屁理屈じゃなくて，ちゃんとした理由をもとに意見をいってくるようになった。
- 自分が子どものときにも，こんな授業（高槻の農業を元気にする方法を考える）があったらよかったのにと思う。
- 授業で取り組んだことを，家でも続けてくれている。
- 家での手伝いや会話が増え，家の温度があがっている。

- 子どもたちや教員自身の課題に校区の先生が真摯に向き合ってくれたことを知り，四中校区の子でよかったと思った。
- 地域のまつりに参画してほしい。
- 学習したことを市民のイベントで発信してほしい。
- わがまちソングをうたってほしい。
- お店で流したいのでわがまちソングの CD がほしい。
- わがまちソングの歌詞がほしい・楽譜がほしい。
- 防災リーフレットを街角で配布したことへの葉書より「おかげさまで自分の家の安全を見直せます」。
- 子どもがつくった地元商店街キャラクターを着ぐるみにしたい。
- 子どもたちがつくったわがまちキャラクターをパネルにして飾りたい。
- 「いまとみらい科」で開発した商品を売ってほしい。
- まちの温度をあげる清掃活動に対する手紙より

> 「おかげさまで公園も大変きれいになり感謝いたしております。私ども老人クラブ会員は毎日公園に集合し，町内の防犯パトロールをおこなっておりますが，皆さんに来ていただいた翌日 24 日の朝，集合したときに公園がきれいになっているのでおどろいておられました。今回は学習の一環としての活動と聞いておりますが，どうぞ，これからも小さなことでもよいと思います。気がついたことがあれば，ひとりでも皆とでも，誰かのために手助けとなることをしてあげてくださいね。これからも，バイタリティーのあふれた活動を期待しております。ありがとうございました。」
>
> （平成 26（2014）年 11 月 9 日）

教育連携会議『つなぬく』（序章参照）のメンバーは，どう見ていたのか。
――ほんまにうれしかった。そやけど，浮かれとったらあかん――

序章 2.（3）では，今回の研究指定当初の率直な思いを語ってもらったが，ここでは，この 4 年半をどう見て，今，何を期待しているのか，忌憚なく語ってもらった。その内容を記したい。

・成果

先日，研発指定から 5 年目の地域公開研究発表会（平成 26（2014）年 11 月 13 日）があり，3 校の授業を見た。運動会・体育祭にも参加した。今の 3 校の子どもたちを見ていて思うのは，「ほんとに落ち着いたなぁ」「いい表情をするようになったなぁ」ということだ。学力面や生活面でさまざまな成果が出ていることは，子どもの表情や街角でかわす会話からもわかる。「子どもが自分らしく幸せに育っていくこと」にこだわってきたものとして，本当にうれしいことであり，確かな成果と次への課題を感じている。

「いまとみらい科」では，小学生や中学生が幼稚園や保育所に来ることがある。以前は，子どもたちを受け入れる日はしんどかったし，神経を使った。小さな子どもたちのために，という一番大切な姿勢が見えず，自分たちが遊びたい気持ちが勝っていたからだ。しかし今，校区の子どもたちに，「やらされている」感はない。いきいきと，真剣に学ぶ，体験する姿へと変わっている様子を感じている。幼稚園の運動会では，懸命に，そして誇らしげに運営を助ける四中生の姿がある。「幼稚園の運動会，めっちゃ楽しかった」。そういってくれていることもわかった。自然体でいて，意欲がある。これは，S － RPDCA 学習サイクルでいう「S スタンディング（立ち位置）」を明確にする学習の成果であると感じている。

いわゆる中１ギャップで，わからない勉強を前に荒れたり，２つの小学校からくる子どもたちが，上手につき合えなかったり，中学校の教員と信頼関係がつくれなかったりして，意欲や生活がめちゃくちゃになる子どもたちを見てきた。しかし，最近の７年生の落ち着いた姿や，地域への聞き取りなどの取組で出会う子どもたちの姿，授業でコミュニケーションタイムの意味を理解して，仲間と交流しながら課題解決する姿に成果を感じている。それらが，学力面での成果につながっていることもうれしい。

子どもたちは，運動会の手伝いや，「いまとみらい科」の「まちの温度計をあげよう」などの学習を通して力を発揮したとき，「ありがとう。うれしかったよ」「あんたらの力ってすごいなぁ」「またおいで」など，さまざまな心を温める言葉をもらっている。感謝されること，自分のがんばりに対して評価されることで，子どもたちは，自分が役割を果たせたことを実感し，自分の力や自分の大切さに気づく。それと同時に，自分より小さな子どもや，高齢者，地域で活躍する人たちなど，他者の存在に出会い，自分と同じようにその大切さにも気づいていけると感じている。

・地域から見る成果をもたらした要因

長年，地域と学校が一丸となって，さまざまな取組をおこなってきたにもかかわらず，なかなか成果が出なかった中で，今回なぜこのような結果に結びつくことになったのか。

ひとつ目は，「先生が変わったから，子どもが変わった」ということである。はっきりいうと，はじめて，先生たちが本気で変わろうとした。今までも，管理職，担当者レベルでは，濃密な話もしてきたし，連携もしてきた。しかし，そこで話されたことが，組織的に３校の教職員で共有され，全体化されていたかといえば，必ずしもそうではないと感じていた。それが，今回の指定では，みんなで動き，考え，生み出す必要があり，３校の先生たちが顔を合わす機会も数倍増えたのではないか。忙しくする姿を見て，学校のことを心配もしていたが，多くの先生が，研究を自分事としてとらえていると感じた。やっと，教育の当事者として研究と向き合い，授業改善や地域連携などにかかわろうとしてくれるようになった。学力向上のためには，もちろん家庭や地域も努力しなければならない。放課後，子どもたちに学習の機会を提供する取組もおこなっているが，１日６時間という多くの学習時間がある学校の授業の存在は大きい。学力向上には，授業改革が必要だと何度も論議してきたが，それが少しずつ実ってきていると感じる。

２つ目は，“ほんまもん”との出会いを学校が大切にしたこと。「人」との出会いもあるし，「文化」や「教材（物）」との出会いもある。地域には，“ほんまもん”があふれている。熱い思いをもってまちづくりに参画している人も多い。“ほんまもん”の教材を授業で扱うことが増えた。保育所・幼稚園は，体験させ，実感させる“ほんまもん”を通して教育をおこなっている。そのことと，小中学校がやっていることのつながりも感じられるようになった。“ほんまもん”は，子どもの心に響く。子どもをあなどってはいけない。つくりごとやきれ

いごとでは，子どもの意欲に火はつかない。その点で今回，先生の話を一方的に聞くだけの授業ではなく，子どもたちの学習意欲をほり起こしたいという授業改善への意気込みや工夫を感じた。

3つ目は，子ども理解の共有である。いくら授業がうまくても，ここを抜きにしては，成果も何もない。子どもは正直である。自分たちを大切にし，理解しようとする姿勢が先生にあるかどうかを見抜いている。子どもを見る視点は，どんなに人が入れ替わってもぶれてはいけない。子どもを深く見取ること。子どもの行動の背景や奥深くにある本音を見ようとすること。受け止め，寄り添い，大切だからこそ，切り込もうとすること。そんな深い子ども理解なくして，子どもの成長はない。この“根っこ”がこの校区の肝であるし，今回の研究のベースになったことを忘れないでほしい。

この地域には，子どもたちが，社会を生き抜いていく力を育む全国でも先進的な取組を進める「富田青少年交流センター」がある。常に子どもたちの課題と向き合い，子どもたちが本来もつ力を引き出すことにチャレンジしてきた。ここでの大人と子どもの関係は「パートナー」であって，大人は子どもに教える立場という，上から目線ではない。何をどうすればいいのか，どうすれば課題を解決できるのか，子ども自身に考えさせるサポートをおこなう。その場限りの「手厚さ」は，子どもの自主性を奪うという失敗からも学んできた。子どもに「体験させる。考えさせる。悩ませる。ぶつからせる。任せる」ということは，大人がお膳立てしてレールに乗せるより，数倍手間がかかる。準備もいる。時間もいる。でも，そうやって，子ども自身の意欲をほり起こし，子ども自身にあゆませるから，子どもは気づき，成長するのである。社会は多様な人がいる。違いがあっていい。どの子もこの子も大切にされるし，いていいのだ。そんな社会の基礎となる大切なことを学べるようなプログラムも用意している。多様な他者と協力して，折り合いをつけて物事を進めていく魅力的なプログラムや，子どもが自分の生活をデザインしていく生きる力を育むプログラムを，地域の子どもたち，そして，全市的に提供している。今回の「いまとみらい科」のベースとなる考え方は，ずっと前からこの地域にあったのである。学校の研修会で青少年交流センターの話をさせてもらう機会がここ数年増えている。この研究を通して，先生たちが地域の取組に興味をもってくれるようになったことを感じている。

・今後に向けて

「成果は出た。でも，浮かれとったらあかん」。座談会で学校・地域ともに一番盛り上がったのがこのフレーズであった。課題はまだまだ山積している。悩む子どもや保護者の姿は絶えない。次の階段も見えている。そのことへの互いの決意がこのフレーズにある。

この校区の合言葉は，0歳から18歳である。ひとつの見方をすれば，就学前教育との会議を減らしてまでも，小中9年間について，集中して研究を進めた結果，一定の成果が出た。しかし，9年間は子どもが成長していく上で，あくまでも一部分である。中1ギャップと同じように小1プロブレムもある。「はい。今日から1年生なんだから，小学校のルールに慣れなさい」ではないのだ。1年生と就学前の子どもたちが協働する学習スタイルなど，もっと，互いの意見を交流し，練り上げることで双方にとって効果的な学習になるとも感じてい

る。就学前教育と小学校とのつながりについては，もう一度紡ぎ直してほしいと感じている。

今年度の地域公開研究発表会を見ていて，多くの人の入れ替わりがあり，新しい教職員が増えたことを実感した。その中で，校区の学び方のスタイルである「ソローコミーソロ」の意味を，先生が理解できていないのではないかと思う授業もあった。とくに中学生を見ていると，子どもたちのほうが，「コミュニケーションタイム」の意味を理解して，テーマを深めているように感じた。また，2つの小学校の小小一貫については，ずいぶん進んだことを感じながらも，まだまだ危うさを感じている。今後も注目していきたい。

この校区・地域の強みは“互いの顔が見える関係性”である。子どもを中心に置いて，教育機関同士はもちろん，地域と学校が話せる。卒業後も子どもの人生は続いていく。学校だけで育てるものでもない。縦も横も，互いのテリトリーだけで物事を考えていては，子どもが幸せな人生を切り拓いていく姿を見通すことはできない。

今回の一連の取組が，全国的に評価されたことはうれしい。先生たちの変化もうれしい。何より子どもの成長がうれしい。だからこそ，ちゃんと成果と課題を分析して，次のミッションを見据える必要があると感じている。学校も地域も「浮かれとったらあかん」のである。はじめ（序章）に戻るが，この地域は懐が深い。学校の先生はどんどん入れ替わるが，地域はずっとここにある。ずっと長くここで生きる人がいる。子どもの成長を長く見守り，引き受けるのは地域である。だからこそ，学校ががんばるときには，いくらでも受け入れるし，協力は惜しまない。子どもの幸せのために，教育の質を高めたいから，互いにはっきりものをいう。確かな信頼関係を根底に連携協働する。それがどこより厳しく，ぬくい四中校区教育連携会議『つなぬく』のプライドであり，長年の築き上げてきた関係性である。

エピソード：行政はどう見ていたか

四中校区は，研究指定と行政をうまく活用し，大きな成果を出したのではないか。行政が，研究開発学校に一番期待したのは，「小中一貫教育」に関する成果であった。しかし，研究開発学校は，新しい教科をつくることを強く求めるものであった。校区は，自分たちがめざしたいものと，市の小中一貫教育，文部科学省の新教科に対する期待，その3つに折り合いをつけ，うまく融合させた。その象徴が9年間を一貫する「いまとみらい科」であり，「S－RPDCA」学習サイクルであったのではないか。

高槻市が，小中一貫教育で「学習指導」,「生徒指導」,「地域連携」の一貫をめざしていることは，序章にもある。「いまとみらい科」や，「いまとみらい科」を生み出した3校の協働は，まさしくこれらの一貫を具体化していくものであった。「いまとみらい科」は9年間のカリキュラムである。9年間の縦の枠を弾力化し，特色ある教育課程を編成することで，子どもたちに生きる力を育むべく効果的な学びを生み出した。また，小中で共通する学び方も提案した。その過程では，度重なる小中合同研修会をもったという。顔の見える協働を小中の教職員が進めることで，生徒指導の一貫が進み，「中１の指導が年々スムーズになっている」との声も届いている。また，「いまとみらい科」は，多種多様な地域の方や行政の各課との協働に支えられている。「いまとみらい科」により，家庭・地域・行政・企業等との横の連携が広がり，新たな関係性を提案することとなった。

校区が研究開発を進めるにあたり，教育委員会として，常に連携を図り，できうる支援を考え，ともに進んできた。高槻市では，「めざす人間像」を「自らの能力や可能性を最大限に伸ばすとともに，市民としての自覚と責任をもち，創発性のある社会づくりに貢献できる人」としている。これは，家庭・学校・地域が子どもを中心においてコミュニティを形成することで実現していくものである。そう考えると教育は「まちづくり」でもある。今，「地域と連携した特色ある学校づくり事業」という施策を進めている。この施策は，四中校区が「いまとみらい科」の開発を軸に進めたキャリア教育を全校区に広げるものであり，高槻の未来を担う子どもたちを育むものである。校区があゆんだ研究の過程は，決して平坦な道ではなかったと記憶するが，これらの経験こそ，他の校区の参考になるものである。地域等と連携した特色あるキャリア教育及び小中一貫教育のモデル校として，研究成果をおさめられたことに感謝したい。

【高槻市教育委員会事務局】

2. 研究の課題

これまで述べてきたように，この4年間確かな手ごたえを感じてきた。しかし，残る課題は大きいとも感じている。

自分が好きである

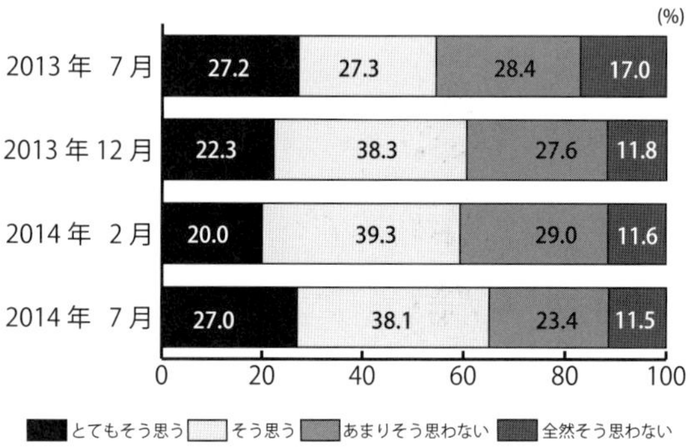

「校区効果測定」では，「自分が好き」と肯定的に答える子どもが，65.1％となっている。平成26（2014）年度「全国学力・学習状況調査」では，「自分にはよいところがある」と肯定的に答える9年生が62.7％（全国比－4.4ポイント）となっている。平成19（2007）年度「全国学力・学習状況調査」における同じ質問では，肯定的な回答が44.8％（全国比－15.7ポイント）であったことから考えると，ずいぶん向上してきてはいるものの（平成19年度→平成26年度＋17.9ポイント），自尊感情を育む取組をずっと続けてきた校区としては，「自分が好き」と思える子どもたちを増やす取組を継続する必要性を強く感じている。校区にとって，一番気になる項目である。

また，研究を通して，子どもたちの成長を見てきたからこそ，私たちはこの研究を継続発展させていくことの大切さと難しさを強く感じるのである。

平成26（2014）年度，3校のうち2校の校長が替わったことに象徴されるように，教職員の入れ替わりは避けられない。子どもたちにはじめて出会う教職員も，研究を支え，校区をつくっていく一員なのである。人が入れ替わろうとも，時代が変わろうとも，子どもは，この校区で育つ。「今の課題に向き合い，未来をよりよく生きる」子どもを育み続けるには，研究の継続と発展こそが大きな課題なのである。

もちろん，授業改善の取組も課題は大きい。以下，3点の課題を記す。

(1) 授業力 ―― 教科の授業改善 ――

私たちには，まだまだ授業力が足りない。「なんで勉強なんかせんとあかんの」。そんな子どもたちに学ぶ意味を感じさせるような授業にはまだまだなっていない。子どもたちにつけたい力を育む授業についても課題がある。子どもたちの顔があがっていない授業も見受けられる。自分がしゃべりすぎてしまう教員も多い。

授業はわかりやすい

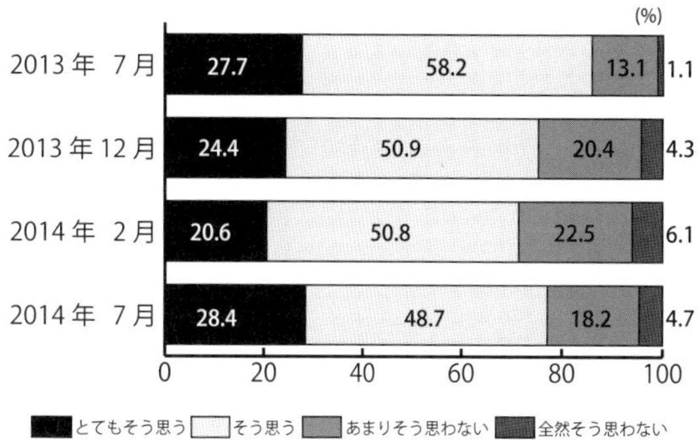

校区効果測定では，「授業はわかりやすい」と肯定的に回答する子どもが，平成26（2014）年度7月時点で，77.1％となっている。グラフの通り，常に向上傾向になっているわけでない。学習意欲を育み，主体的に学ぶ姿を引き出す授業づくりは道半ばである（第7章参照）。

(2) 子どもたちの社会参画

「絶対にやってはならないことは，躊躇なき前年度踏襲である」。これは藤田晃之教授（筑波大学）からいただいた言葉である。「いまとみらい科」を毎年継続するうちに,「昨年度はこうした」と単元の取組内容が蓄積されてくる。これまで新しいものを生み出す難しさを経験した教職員にとって，経験や教材の蓄積があるということは，大きな安心材料である。しかし，子どもたちは毎年異なり，地域・学校の課題も少しずつ変化する。同じ教材を，何も考えずに使おうとすると，目の前の子どもたちに合わせたものとはならず，つけたい力が育まれない可能性もある。前年度までの取組を活かしながらも，実施したときの反省点を反映し，単元内容の精選や改善を図る必要がある。目の前の子どもの実態からスタートし，その子どもたちにつけたい力を育む魅力的な単元となるように，教材研究をおこなう必要がある。また，子どもたちの社会参画の場を保障し続けるためには，日ごろから教職員がアンテナ高く「社会参画の場」をほり起こさなくてはならない。

さらに，課題として，教職員の指導方法により，子どもたちの自主性を奪ってしまうことが見受けられる。子どもたちがせっかく動こうとしているのに，しっかりやらせようと注意したり，よかれと思って準備しすぎたりすると，社会参画の意欲を奪ってしまう。失敗も含めて，自分で考え，アクションするのが社会参画であると考えるが，どうしても教職員は,「成功させなければ」「ちゃんとさせなければ」という指導観から脱却しきれないのである。教職員が，「子どもたちにつけたい力とは何か」「社会参画力とは何か」を常に問い続ける必要がある。教職員が取組の意味やねらいを明確にもっておかないと，子どもたちに社会参画力を育むことはできない。

(3) 小中一貫

3校で研究を継続していくには，今ある小中一貫推進システムや取組の改善・充実をさらに図ることが大切である。次にあげる点は，常に課題となることである。3校で丁寧な調整をしながら進める必要がある。

- 人材育成（校区新転任者オリエンテーションをはじめとする研修会の充実）

- 研究推進事務局体制の維持・充実（「次は自分が」という意識をもつ）
- 年度末におこなう次年度に向けての日程調整
- 年度途中におこなう日常的な日程調整とその役割を担う人の明確化
- 研究を推進する組織づくり（誰が・いつ・どのように・何を・いつまでにするのか）
- 一貫研の内容・回数・時間・会場等の調整（研究授業を含む）
- 各校間の連絡調整窓口の明確化及び教職員への連絡の徹底（組織づくり）
- 各校の取組と校区の取組との連動
- 小中教科部会の充実
- 子ども・保護者・地域を巻き込んだ小中一貫教育の充実

子どもたちの育ちを考えた上で，小中一貫の継続は重要であるが，小中一貫はあくまでも目的ではなく手段である。教職員が入れ替わっても，子どもも教職員も育む校区づくりを進めることが課題である。

第7章

校区の未来・チャレンジは続く

――Action　子どもの笑顔が見たいねん！
四中校区は今も未来もがんばります――

すべてを次に活かす。「いまとみらい科」から各教科へ。まちとのさらなる協働へ。自分とみんなの温度をあげ続けるために。

第７章　校区の未来・チャレンジは続く
―Action　子どもの笑顔が見たいねん！
四中校区は今も未来もがんばります―

1. 改善の取組

現在，校区では前章で課題としてあげた３点についてすでに改善の取組を始めており，地域・家庭との協働をさらに進める取組もおこなっている。どれも途上ではあるが，その一端を紹介したい。

(1) 授業改善の取組

「なんで，国語勉強すんの？」
「勉強したことは役に立つん？」
これまで「いまとみらい科」に取り組む中で，子どもの姿を通して成果と手応えを感じることができた。しかし，より多くの時間を占める教科の授業については，改善が進んでいなかった。
「理科を学んだら，こんなにわくわくする！」
「今日学んだことは，将来につながっていて，社会のここに活かされてるんや！」
各教科には学ぶべきすばらしい価値がある。それなのに，その本質を置き忘れてしまってはいないだろうか。私たちが子どもたちと一番多くの時間を過ごすのは授業。授業の質をもっとあげたい。「学ぶ価値」と出会わせたい。
「いまとみらい科の成果を各教科へ」をテーマに，キャリア教育の視点をいかした授業改善を進めることになった。
「参画」の要素が強い「いまとみらい科」では，目を輝かせ，友だちと協力しながら取り組んでいる子どもたちが，教科の授業では，教員中心の教え込みの授業もまだまだ見受けられる中，わくわくして取り組めない。授業に集中できない。教員の子どもに対する注意の声が響き渡るといった姿が見られた。
こうした実態を踏まえ，「いまとみらい科」の成果を教科の改善に活用できないかと議論を開始した。ただし，「いまとみらい科」と教科の授業は違いも大きい。「いまとみらい科」は，「答えなき問い」に対して，子どもたちが地域の方などいろいろな力を借りながら，協力して解決していくことをめざすのに対して，教科の授業は決まった答えに至るために，自分ひとりで問題を解く力を身につけることが求められる。「教科書の内容を教えないといけない」「受験等を考えると，とにかく教科書を終わらせないといけない」など，「いまとみらい科と教科の授業は違う」という考えも強く聞かれた。

しかし，答えがあり，到達すべき点が明確な教科授業の内容も，子どもにとっては，新しく学ぶことであり，答えは自ら発見し，解決して獲得していかなければならない。そのように考えると，「いまとみらい科」と教科の学習の共通点も多く浮かびあがり，「いまとみらい科」の要素を教科の授業改善に活用できると考えた。

そのためには，教科の授業改善と「いまとみらい科」の取組を整合し，小中一貫の組織も活かすことにした。

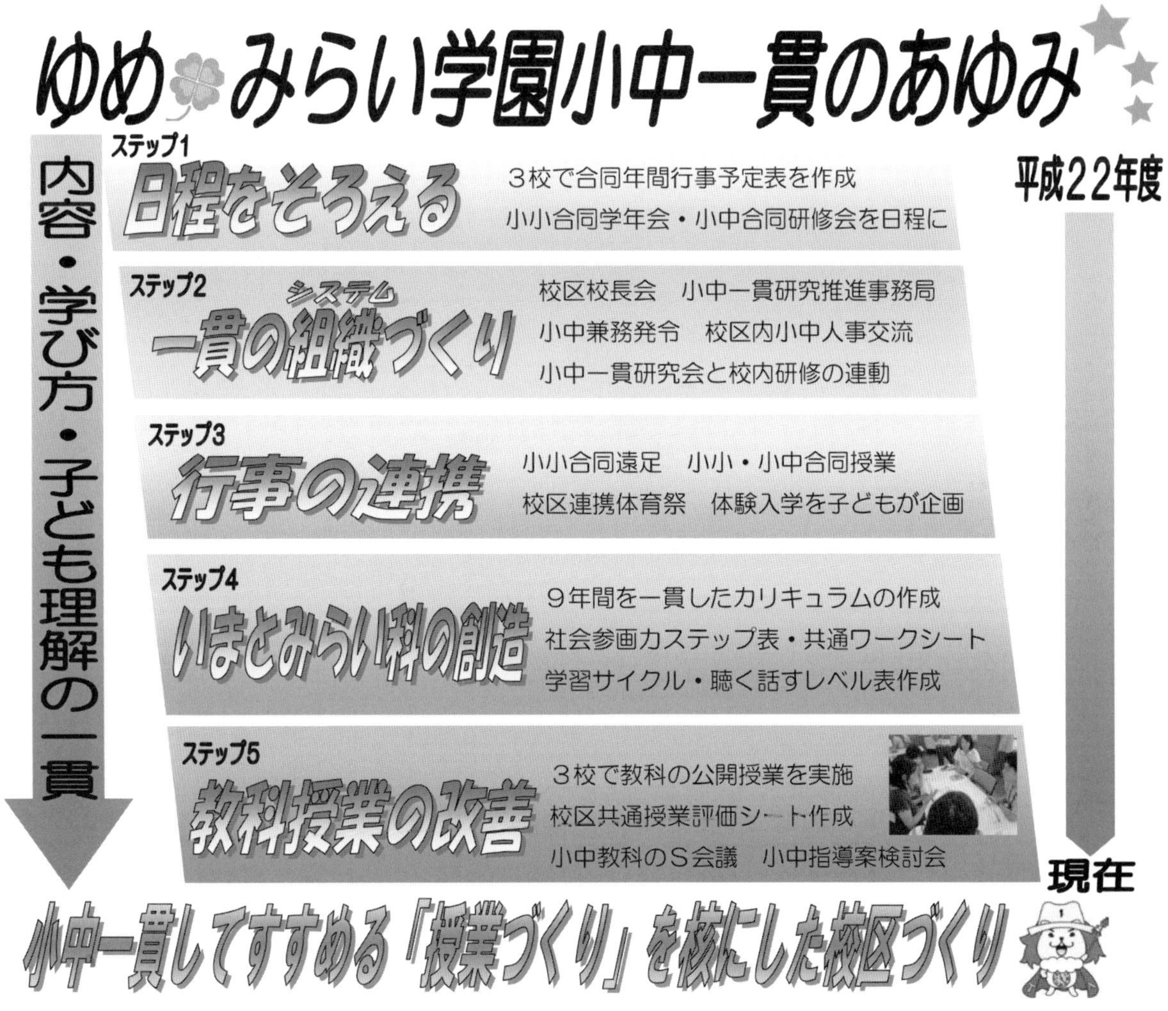

ゆめみらい学園小中一貫のあゆみ
内容・学び方・子ども理解の一貫
平成22年度
ステップ1
日程をそろえる
３校で合同年間行事予定表を作成
小小合同学年会・小中合同研修会を日程に
ステップ2
一貫の組織づくり
システム
校区校長会　小中一貫研究推進事務局
小中兼務発令　校区内小中人事交流
小中一貫研究会と校内研修の連動
ステップ3
行事の連携
小小合同遠足　小小・小中合同授業
校区連携体育祭　体験入学を子どもが企画
ステップ4
いまとみらい科の創造
９年間を一貫したカリキュラムの作成
社会参画カステップ表・共通ワークシート
学習サイクル・聴く話すレベル表作成
ステップ5
教科授業の改善
３校で教科の公開授業を実施
校区共通授業評価シート作成
小中教科のＳ会議　小中指導案検討会
現在
小中一貫してすすめる「授業づくり」を核にした校区づくり

「いまとみらい科」から教科へ

教科と「いまとみらい科」の取組を整合させるため，次の４点で取組を進めることにした。

- なぜそうなるのか，解決すべき課題と子どもたちの関心を近づける導入の重要性（Ｓの大切さ）
- 課題解決に向けて，教科と共通した学習サイクルで取り組むこと
- 自分なりの考えをもって（ソロⅠ），それをもとに友だちと協力しながら課題解決に取り組むとともに（コミュニケーション），何を学んだか，各自が可視化（言語化）する（ソロⅡ）学習形態とする
- 学んだことと日常生活のつながり（リアリティ）を常に意識し，子どもたちが意欲をもって学習に取り組めるようにする

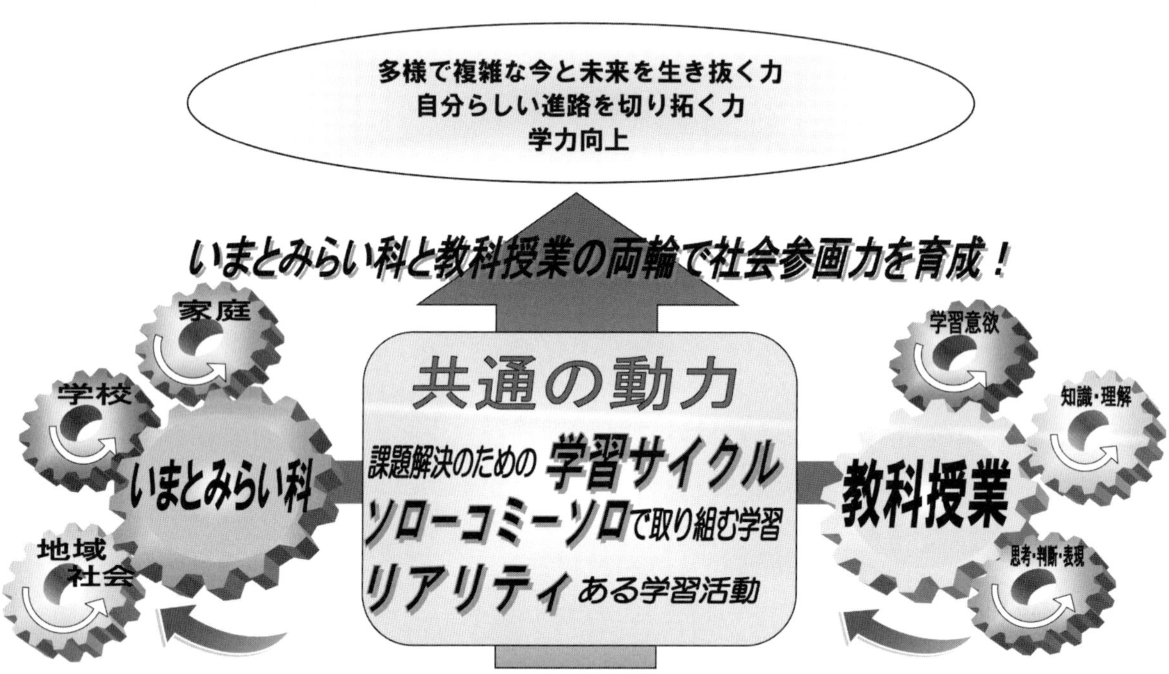

「いまとみらい科」で「学びの空洞（学び方・内容・気持ちの３つのずれ）」を埋めようとしたのと同じように教科の授業でも「学びの空洞」を埋める授業づくりについて，研究の具体化を試みた。

「学びの空洞」を埋めるには，学習意欲を育み，主体的な学びを創造することが必要である。教科でも「参画」を取り入れ，教員主導の「教え込み授業」から脱却することで，それらがなし得ると考えた。

教科授業で「学びの空洞」を埋めるには，

・学び方　社会参画力を育むＳ－RPDCA 学習サイクルを活かす
　　　　　「R 学びの倉庫」＝既習事項や経験を活かす
・内容　　学校の学びと実社会をつなぐリアリティを追求する

小中9年間の縦のつながりを意識する

・気持ち　S（単元への願いやリアリティある主発問などを通して教材と子どもをつなぐこと）へのこだわり

子ども自身の知りたい！　解きたい！　学びたい！　をほり起こす

上記のように，「いまとみらい科」の成果であるS－RPDCA学習サイクルを活かして教科授業を学ぶことで，「学びの空洞」を埋め，課題解決を図ることができるのではないかと考えた。

① 教科の学習サイクル――教科でも「学びの空洞」を埋める――

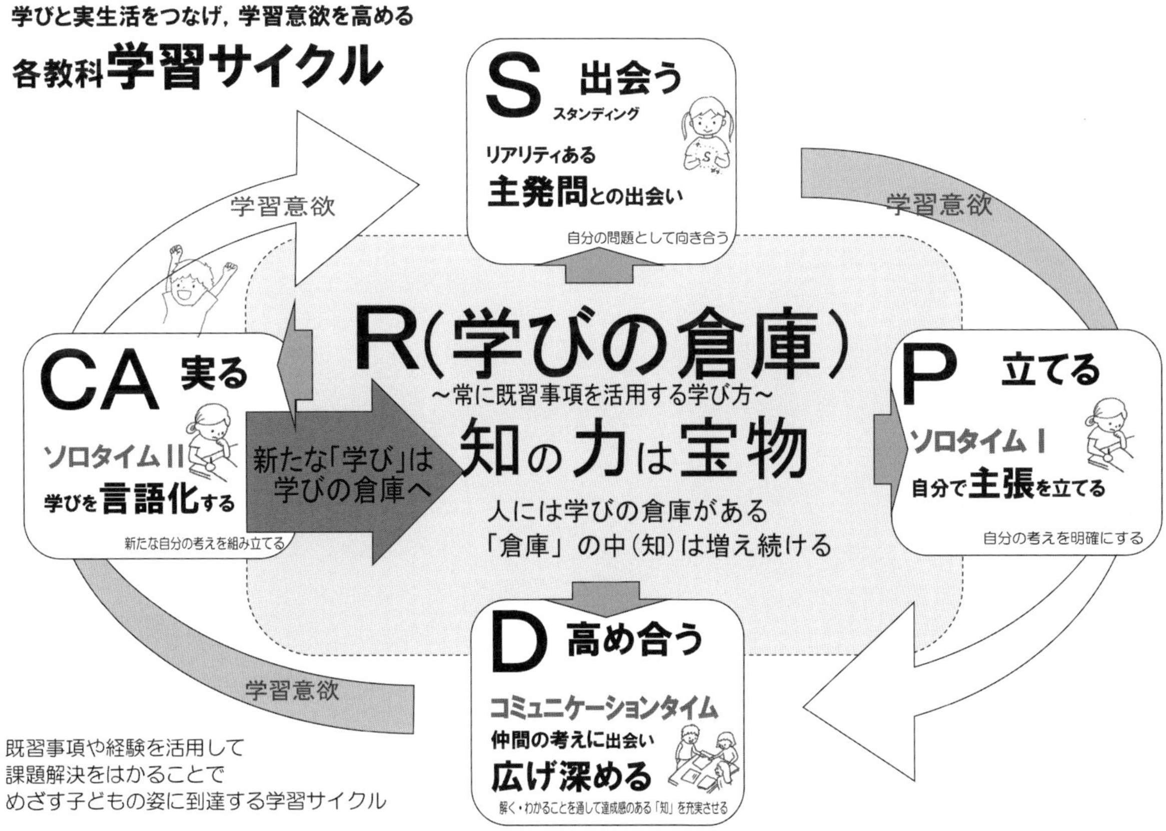

学びと実生活をつなげ，学習意欲を高める
各教科学習サイクル
S 出会う
スタンディング
リアリティある
主発問との出会い
自分の問題として向き合う
学習意欲
学習意欲
R（学びの倉庫）
～常に既習事項を活用する学び方～
知の力は宝物
人には学びの倉庫がある
「倉庫」の中（知）は増え続ける
新たな「学び」は学びの倉庫へ
CA 実る
ソロタイムII
学びを言語化する
新たな自分の考えを組み立てる
P 立てる
ソロタイムI
自分で主張を立てる
自分の考えを明確にする
D 高め合う
コミュニケーションタイム
仲間の考えに出会い
広げ深める
解く・わかることを通して達成感のある「知」を充実させる
学習意欲
既習事項や経験を活用して
課題解決をはかることで
めざす子どもの姿に到達する学習サイクル

経験の浅い教職員が大半を占めるようになった校区を見たとき，教科の授業改善を進めるひとつの拠りどころとなる授業の枠組みを開発する必要があった。この枠組みにさえ入れればいい授業ができるといった教材研究の幅を狭める枠組みではなく，「この授業で伝えたいことは何か」「この力をつけてほしいからこの資料で考えてほしい」「この教材にどう出会わせれば学習意欲は喚起されるのか」など授業改善を進める手立てとして，授業をつくる枠組みを変える必要があると強く感じたのである。

・SとRの大切さ

S
A
アクション
R
リサーチ
スタンディング
C
チェック
P
プラン
D
ドゥー

右の図は，本書でも幾度となく紹介した「いまとみらい科」の学習サイクル図である。「いまとみらい科」では「S」を常に意識して学習を進めるために中央に「S」を置いた。教科においても「S」が大切であることに変わりはない。しかし，教科の授業を見たとき，この問いを解き明

かしたいという，わくわく感や学習意欲をほり起こす出会い「S」を設定できているかというとまだまだ課題が大きかった。解決すべき問いと子どもたちの興味関心にはずれがあり，問いが自分事とは感じられず，傍観している実態があった（学びの空洞化）。そんな実態を解決するためには，興味関心がもてる導入について工夫していくことが求められた。

また，教科授業においては「R」も常に意識したいと考えた。なぜなら，校区の授業を見たとき，既習事項を活用することに大きな課題を感じていたからである。学習課題を解決する際，前学年や前単元，前時に得た活用すべき知識があるはずである。しかし，子どもたちの思考を見ると既習事項を活かしきれていない実態があった。既習事項を根拠にして考えを組み立てるのではなく，思いつきや推測だけで意見を述べるようなことも多かった。

・R「学びの倉庫」の問い直し

校区では，子どもが今までの学習で習得してきた既習事項が，「学びの倉庫」に入っているとイメージしてみた。ある課題を解決しようとした際に活用できる「知」を，倉庫から出して使うイメージである。倉庫の中が整理できておらず，どこに何があるのかわからない状態では，必要なときに活用することはできず，宝のもち腐れになってしまう。また，せっかく学んだ新しい「知」をきちんと収納できなければ，学びの倉庫の中身「知」は蓄積されない。人には「学びの倉庫」があり，大きく豊かに「知」を増やし続ける。そして，一人ひとりが自分の「学びの倉庫」のよき使い手になってほしいと考えた。これらのことから，教科の学習サイクルはRを中心に置き，次のように整理した。

「S」出会う …解きたくなる問い（主発問）との出会い
「R」広げる …常に「学びの倉庫」（めあて達成のために既習事項）を活用
「P」立てる …自分で主張を立てる（ソロⅠ）
「D」高め合う …仲間の考え方に出会い高め合う（コミュニケーション）
「CA」実る …学びを言語化し，新しく自分の「学びの倉庫」へ（ソロⅡ）
それが次の意欲へ（ソロⅡ）

② 学習形態（ソローコミーソロ）の問い直し（第3章1.（3）②参照）

校区が長年取り入れてきた学習形態「ソロタイムⅠ－コミュニケーションタイム－ソロタイムⅡ」と学習サイクルを整合させた。この学習形態は，自分とみんなの力を使って問題解決をしていくという解き方であり，子どもが自分の「学び方」そのものを獲得する形態でもあり，学年や教科を超えて取り入れることができる。それぞれの教科授業でどのようにすればこの学習形態を活かしていけるのか，今一度問い直しながら実践を進めた。

ソロⅠ（ソロタイムⅠ）

教科の授業では，「いまとみらい科」と比較してより自分の力で問題解決をしていくことが求められる。そのためにはまず，「自分でしっかりと考える時間＝ソロⅠ」を設定することが重要である。主発問に対して自分はどう考えるのか，どう関係してきたのか主張を立てる時間を設ける。その際，大きな手立てとなるのが「学びの倉庫」である。「ソロⅠ」が不十分な状態で，仲間の意見に出会ったとしても学びは深まらない。答えそのものではなく，「こういうふうに考えたら答えが出せると考えた」，「この知識を使ってここまでは考えたけれど，その先で悩んでいる」といった思考の過程を大切にするソロⅠを経験させる。

コミ（コミュニケーションタイム）

自分ひとりの学びには限界がある。仲間はどんな考え方で解こうとしているのか，どんな答えを導き出そうとしているのか，ともに学ぶ仲間の「学び」に出会う時間を設定する。

ただし，質の高い「コミュニケーションタイム」とするには，信頼関係を基盤とした学級集団づくりが欠かせない。「違うことはすばらしい」「わからないと安心していえる」「間違っても大丈夫」と子どもたちが感じられる安心安全な関係があってこそ，豊かな「コミュニケーションタイム」となり，学びでつながる集団へ発展していく。

ソロⅡ（ソロタイムⅡ）

つけたい力がついたのか，めざす姿となったのか，子どもも教職員も見取る時間である。新しい学びが子どもたち一人ひとりに実り，新しい「知」となり，学びの倉庫に入るのである。

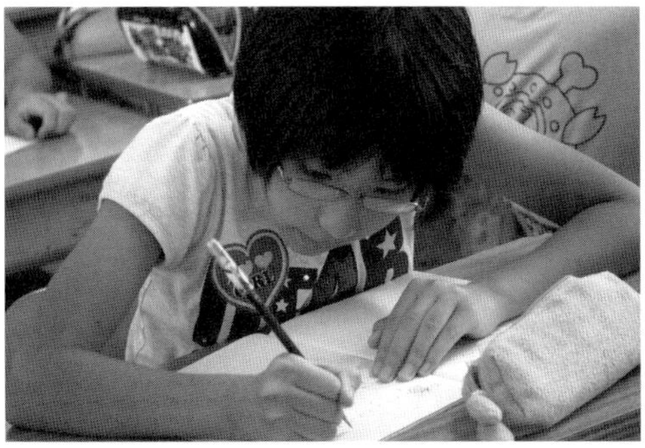

■「いまとみらい科」と教科共通の授業（単元）イメージ

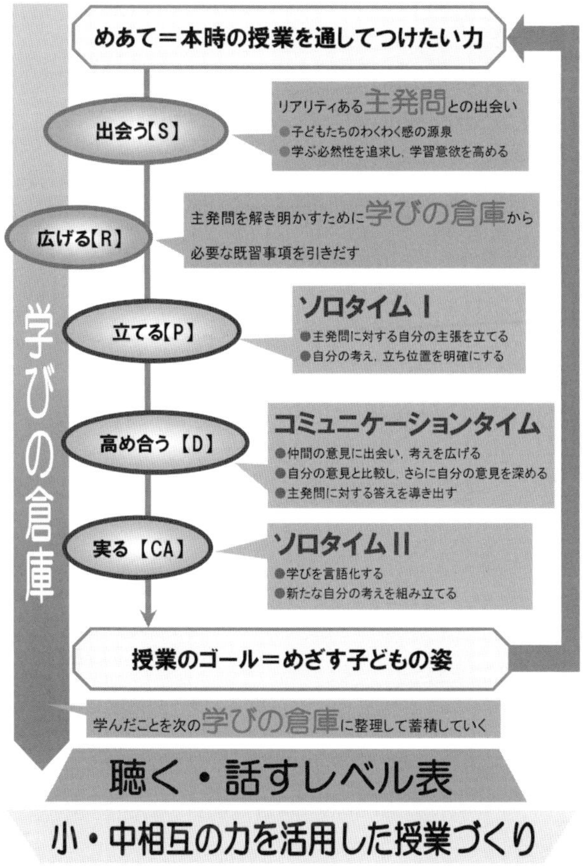

めあて＝本時の授業を通してつけたい力
出会う【S】
リアリティある主発問との出会い
●子どもたちのわくわく感の源泉
●学ぶ必然性を追求し，学習意欲を高める
広げる【R】
主発問を解き明かすために学びの倉庫から必要な既習事項を引きだす
立てる【P】
ソロタイムⅠ
●主発問に対する自分の主張を立てる
●自分の考え，立ち位置を明確にする
高め合う【D】
コミュニケーションタイム
●仲間の意見に出会い，考えを広げる
●自分の意見と比較し，さらに自分の意見を深める
●主発問に対する答えを導き出す
実る【CA】
ソロタイムⅡ
●学びを言語化する
●新たな自分の考えを組み立てる
授業のゴール＝めざす子どもの姿
学んだことを次の学びの倉庫に整理して蓄積していく
学びの倉庫
聴く・話すレベル表
小・中相互の力を活用した授業づくり

③　リアリティの追求

「いまとみらい科」でこだわってきた「リアリティの追求」を教科でもめざした。自分たちの学びが社会に役立っているという実感が「学びの空洞」を埋めることにつながる。教科にも同じことがいえるはずである。「なぜ学ぶのか？」の答えもここにある。教科で学んだことは日常生活につながっている。社会で活かされている。自分が生きている日常生活や実社会と学んだことがつながっていると思えたとき，子どもにとってその学びは「リアル」になる。もっと学びたくなる。教科の授業でのリアリティをもっと追求していくことにした。

「なぜ勉強しなければならないのか」と子どもに問われたとき，毎日授業をしているのに，どきっとする自分がいる。

もっと日々の授業と向き合いたい。今日はどんな学びに出会ってもらおうかわくわくして子どもたちの前に立ちたい。自信をもって「学ぶ意味」を伝えたい。そんな願いで授業づくりを進めることにした。

④　学ぶ意味と向き合いたい

・小中教科部会

教科の授業改善を進める中で，「小中教科部会」を立ち上げた。3校の教職員が9つの教科に分かれて，その教科の9年間のつながりや，学ぶ意味，小中連携を進める上で気になっていることなどを話し合う場である。「小中教科のS会議」と名づけて，国語，社会，算数・数学，理科，音楽，図工・美術，保健体育，技術・家庭，外国語の部会で，1年間に3回の会議（平成25年度）をおこなった。

その中で「なぜその教科を学ぶのか？」という問いに向き合うために，「学習指導要領」と「私たちの願い」と「子ども」を結ぶ教科の「S（学ぶ意味）」を考えた。小中のメンバーでこの教科でつけたい力は何だろう？　学ぶ意味は何だろう？　とKJ法をしたり，話し合ったりする中で，現時点の「教科のS」をつくることができた。

教科のSイメージ

多くの教科で，小学校側から，「中学校の先生の専門性や教科に対するプライドに刺激を受けた」との声が聞かれた。また，中学校側からは，「小学校の丁寧な指導方法に学ばせてもらった」との声が聞かれた。「小中教科のＳ会議」を通して，自分の教科の魅力にあらためて気づいたり，自分の教科がいかに大切か再認識できたりする中学校の教職員もいた。会議後，四中の職員室で各教科のＫＪ法の模造紙を見せ合い，自分の教科の自慢話に花を咲かせる姿があった。

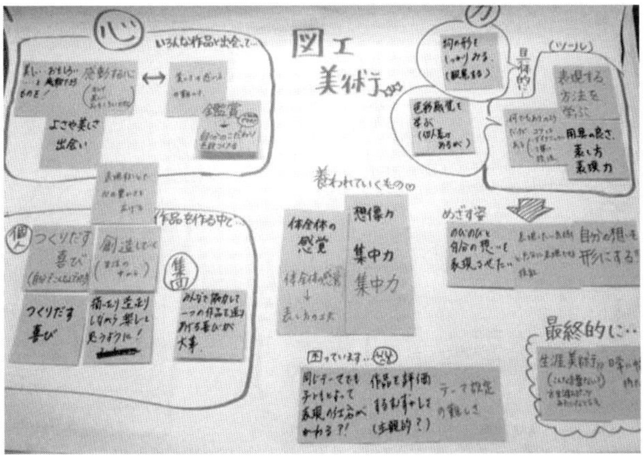

小学校と中学校ではシステムが違う。互いに強さと弱さがある。だからこそよさを活かし合い，力を合わせられると心強い。今回立ちあげた小中教科部会は，授業改善，そして校区の教育力をあげることにつながっている。

・校区が考える教科のＳ（学ぶ意味）

「小中教科のＳ会議」を経て作成した各教科のＳ（学ぶ意味）を次のように構成した。

教科のよさの		
第１段階	習得　「すばらしいな」	なぜわくわくするのか知る
第２段階	活用　「やってみたいな」	わくわくを試してみる
第３段階	探究・継続・日常化「広げてみたいな」	わくわくを広げる

国語

・気持ちや考えを伝え，理解するために言葉を学ぶ教科
・気持ちや考えを適切な言葉を使い，わかりやすく表現できる
・日常生活の中で，言葉を大切に使う

社会

・国土や過去から学び，今の社会のしくみを考える教科
・よりよい未来の社会をつくろうとする
・社会の一員として生きようとする

算数・数学

・数や図を使って表現したり処理したりする方法を学ぶ教科

・見通しをもって筋道を立てて考えたり，説明したりする
・算数・数学で学んだことや考え方を生活の中で活かしていく

理科

・自然や身の周りのできごとがどのようなしくみで起きているのかを学ぶ教科
・観察や実験を通して自然や身の周りのできごとを調べられる
・自然や身の周りのできごとの不思議やおもしろさに関心をもち続ける

音楽

・音楽の楽しさや美しさを感じとる力をつける教科
・音楽の楽しさや美しさを表現できる
・音楽によって人生を楽しく豊かにする

図画工作・美術

・創ったり描いたり観たりする力をつける教科
・自分なりの美しさやこだわりを表現できる
・身の周りのものに美しさや価値を見出し続けようとする

技術・家庭

・ものづくりの達成感を味わい，家庭生活の大切さを学ぶ教科
・生きていくために必要な力を身につける
・工夫して未来の生活をよりよくしようとする

保健体育

・運動文化を知り，体を動かすよささを実感する教科
・役割を考え，責任をもって仲間と協力できる
・生涯にわたって健康に気をつけ運動を楽しむ

外国語

・外国語を通して，言葉や文化について学ぶ教科
・外国語を通して，いろいろな国の人に自分の考えを伝えられる
・より多くの人とつながるためにコミュニケーションをとろうとする

上記の「教科のS」は，あくまでも平成25（2013）年度の会議で話し合われたことである。教科の魅力は何か，学ぶ意味は何か，これからも常に問い続けることが必要であると考えている。

これまで教科の授業改善について述べてきたが，校区で考えてきたことを反映させようと作成し，実践した授業案の例を次に紹介する。

・1年生「算数」

この授業で一番大切にしたことは，わくわくするような教材との出会いを子どもたちに味わわせることだった。子どもたちは，教材に興味を抱いたとき，はじめて「なんで？」「どうやってするんやろ？」と疑問をもつ。そして，「考えてみよう！」と学習意欲がかきたてられる。そこで，本時では，「ちょうのうりょくを見つけよう！」という問いを立てた。その結果，日常の遊びやゲームとつながるような感覚で授業が始まり，子どもたちは問いを解いていった。

この授業で最も学ばせたかったことは，「10のまとまり」で考えることが便利であるということだ。日常生活には，“10”のまとまりを用いる場面が数多くある。お金，お菓子のパック，スタンプカードのポイントなど，10でまとめられているものや，10集まることでお得なことがたくさんある。授業では，教師の意図した超能力といわれるものを見つけ，「足して10になればいいんや！」と考えて納得する子どもたちの様子が見られた。また，本時に至るまで，「たあす島」「びっくり船長」というようにストーリー仕立ての連続教材を使った。わくわくする教材との出会いを通して，興味・躍動感をもって，学びを深めていった子どもたちであった。

1年算数科学習指導案

1【単元名】

たしざん（2）

2【単元の目標】

○1位数と1位数をたして，和が11以上になる加法の場面と計算の技能を確実に身につける。

○加法が用いられる場面を式に表したり，式を読み取ったりする。

3【単元のStanding（子どもへの願いと単元の価値）】

子どもたちは，これまでのたしざん（2）で扱った「たあす島」のお話の世界に入り込み，意欲的に学習できている。しかし，10のかたまりの大切さをまだまだ実感できていない子も多い。

そこで，じゃんけんなどの勝負ごとやゲームが大好きな子どもたちの実態から，ゲーム感覚で10の大切さを導く楽しさを経験し，10を用いることによる足し算の便利さ，おもしろさを感じてほしいと考えている。また，子どもたちとの交流をくり返しても，なかなか自分の気持ちを声に出せない子もいる。自分もやってみたい，解いてみたいという気持ちをもたせることで，自分の意見をいえるきっかけにしたり，交流することによって，自分の考えが広がる楽しさを感じたりする学習にしたい。生活の中で10という数が身近に溢れており，いかに重要な数であるかに気づかせたい。

4【単元のResearch】

◆本単元について

5の数構成と10の数構成を理解し，1位数と1位数の繰り上がりの足し算・繰り下がりの引き算を学習した。この単元では，「10のまとまりといくつ」の考えで，計算ができることを理解させ，10のまとまりと実生活の場面とを結びつけ考えさせたい。

◆本単元に関連する学習内容

【1年生】 ・120までの数 ・加法と減法	【2年生】 ・1,000までの数 ・乗法の意味 ・交換法則	【3年生】 ・1億までの数 ・4位数までの加減 ・小数・分数 ・除法の意味　除法
【4年生】 ・億・兆の単位・整数の除法・和差積商の概算 ・小数の加減 ・同分母分数の加減 整数の除法 和・差・積・商	【5年生】 ・倍数　約数 ・小数の乗除 ・異分母分数の加減 ・分数の乗除	【6年生】 ・分数の乗除 ・分数・小数の混合計算
【7年生（中1）】 ・正の数・負の数 ・文字を用いた式 ・一元一次方程式	【8年生（中2）】 ・文字を用いた式の四則計算 ・連立二元一次方程式	【9年生（中3）】 ・平方根 ・式の展開と因数分解 ・二次方程式

◆他教科との関連

【国語】　考えたことや思ったことを，文で書き，まとめる。

【生活】　新しく発見したことや気づいたことを絵や文で表し，まとめる。

【聴く話す】聴く・話すレベル表をもとに，みんなの方を向いて話すこと，話し手の方に体を向けて聞くことに日々取り組む。相手の考えを聞きながら，新しい考えに出会う喜びを感じる。

◆いまとみらい科（社会参画力ステップ表）との関連

教員や友だちとともに楽しんで活動する（①ーイ　主体性）。

身近な社会（家庭・学級・地域）を知り，よいところを見つける（①ーエ　課題発見力）。

聞いたり話したりすることを楽しむ（③ーキ　コミュニケーション力）。

5【単元の評価】

算数への関心・意欲・態度	数学的な考え方	数量や図形についての技能	数量や図形についての知識・理解
1位数と1位数の加法で繰り上がりのある計算に進んで取り組み，その計算のしかたを考えようとしている。	1位数と1位数の加法で，繰り上がりのある場合の計算が正しくできる。	繰り上がりのある加法の計算のしかたを，具体物や言葉，式，図を用いて表現して考えている。	1位数と1位数の加法で，10のまとまりに着目することで，繰り上がりのある計算の意味やその方法を理解している。

6【単元のPDCA（指導の流れ）】

本単元が，足し算を使う場面であること，足し算（1）で学習した10までの足し算の計算方法が使えることに気づかせる。そして，計算の技能を確実に身につけさせ，習熟を図る。数は10ずつまとめて数えると便利なことや，10が生活でいかに重要で身近に溢れているかということに気づかせる。

◆単元計画（13/13）

時　数	内　容
8	1位数と1位数の計算のしかたに気づき，計算練習をする。
3	カードを使って，習熟をはかる。
2	既習事項の確かめをする。 （2／2　本時「せんせいの　ちょうのうりょくを　みつけよう！」）

7【本時について】

◆めあて

・超能力を見つける過程で，数の仕組みを見つけ，10のまとまりで考えると計算しやすいことに気づく。

・生活の中で，10ずつまとめて数えると便利なことや，いかに身近に溢れているのかに気づく。

めあてを達成するための主発問

◆主発問

せんせいの　ちょうのうりょくを　みつけよう！

主発問を解き明かすことで
到達してほしい子どもの姿

◆めざす子どもの姿

数の仕組みを理解し，実生活の中で，10のまとまりの便利さに気づくことができる子ども。

◆本時の学習計画

<table>
<tr><th></th><th>広げる（R）学びの倉庫
（めあて達成のために
活用すべき事柄）</th><th>子どもの学習活動</th><th>ねらいを達成するための
手立て</th><th>評価
（評価方法）</th></tr>
<tr><td rowspan="5">出会う
(S)</td><td rowspan="5">・3つの数の足し算の解き方の掲示物</td><td></td><td>・3つの数の足し算の解き方の掲示物を用意する。</td><td></td></tr>
<tr><td colspan="3">問い（主発問）　せんせいの　ちょうのうりょくを　みつけよう！</td></tr>
<tr><td>今日の課題を知る。</td><td>・今日の課題を示す。
（□と□で10を作る）</td><td></td></tr>
<tr><td colspan="2">4　+　□　+　□　=　14</td><td></td></tr>
<tr><td>好きなカードを選び，式の□に数を入れる。</td><td>・超能力を示す。
・教師が2つ目の□に数を入れ，式を成立させる。</td><td></td></tr>
</table>

(P) ソロⅠ 立てる 主張を立てる	・ヒントカード	なぜ先生に答えがわかるのか考える。 ・「計算が速いから」 ・「大人やからかな」	・ワークシートを用いる。 ・タイルや数字カードなどを使用して考えさせる。	カードやタイルを使って考えることができているか。
(D) コミュニケーション 高め合う	・聴く・話すレベル表のスキル	考えを交流する。 ○ペア交流 ○全体交流 ・「10 になっている」 ・「順番に解かないほうがわかりやすい」 ・「1 本増えているから，10 増えている」 超能力のひみつがわかる。	・ペアでの話し合いでのポイントを意識させる。 ・レベル表を意識させる。 ・考えをわかりやすく可視化する。	自分の考えが話せているか。 友だちの意見が聞けているか。 話し合い活動を楽しんでおこなえているか。
(CA) ソロⅡ 実る 学びの言語化	・本日の学習をまとめた板書 ・自分の生活を見つめる。	超能力が使えるかどうかためす。 ・みんなで考える。 ・友だちと一緒に考える。 8＋□＋□＝18 ・ペアで発表する。 ・「6 と 4 で 10 をつくりました」 ・5 と 5 で 1 本ふえているから ・「8 と 2 で 10 ができるから，前で 10 をつくりました」 身の回りに 10 が使われているかを考える。 生活の中に 10 のまとまりが溢れていることに気づく。	・ワークシートを用いる。 身近な 10 の提示 ・身の回りで 10 のまとまりになっているものを提示する。 ・生活の中にある 10 のかたまりに興味をもたせる。	

・8年生「理科」

「いまとみらい科」の成果を教科の授業改善につなげていく研究の中で生まれ，子どもたちの学習意欲を引き出すことに成功した8年生理科の学習指導案である。「大気の動きと天気の変化」の単元において，いかに子どもたちがそのことを身近に考えることができるかに着目して授業案を考えた。校内で研究協議をする中，理科が専門ではない教職員から，「そういえば，四中って雨が降る前に近くにある製菓工場からチョコレートのにおいがしますよね？　その謎って授業の中で解き明かすことはできませんか？」という問いが出された。その問いを理科の教職員や大阪府教育センターの指導主事，さらには藤田晃之教授（筑波大学）にもアイデアをいただきながら，四中の立地と風向きの関係性を考えることで謎を解き明かす授業になっていった。子どもたちは，「それ，ある！」といいながら，これまでの「学びの倉庫」を活用して，リアリティある主発問を，意欲的に解き明かそうとした。授業の後も，雨が降る前になると，「チョコレートのにおいがしてきた！　これって何でやと思う？」と後輩に学んだことをうれしそうに伝える姿が見られた。

8年理科学習指導案

1【単元名】

2章　大気の動きと天気の変化　　（単元　地球の大気と天気の変化の一部）

2【単元の目標】

身近な気象現象に進んでかかわり，大気中の水の凝結に関する観察・実験や気象観測，天気図や雲画像を活用した分析・解釈などを通して，天気の変化の仕組みと規則性を理解する。

3【単元のStanding（子どもへの願いと単元の価値）】

最近の天気予報は，単なる天気の予報だけでなく，防災の観点からも重要になりつつある。一方で，漠然とテレビの天気予報を見ていて，なぜそのような予報になるのかということに対して，生徒の関心・興味が高いとはいえない。基本的な気象知識を身につけ，日常生活の中で，自分で判断できる力を育みたい。

テレビなどの天気予報だけでなく，実際に自分のいる場所・時刻の気象情報も総合して，雲の様子や風，気温の変化から天気の変化を予想し，部活動や外出など生活の中で活かせる力を育みたい。

4【単元のResearch】

本単元は，暖気と寒気がぶつかり合った時の天気の変化を扱っている。低気圧や前線の通過を題材にして，天気が大きく変化する仕組みを詳しく考える。また，次の単元の日本の天気に関係する4つの気団がもたらす四季の特徴へとつながる内容である。

1章　空気中の水の変化との関連

【3年生】
・温度計の使い方

→

【4年生】
・水の状態変化
・水の自然蒸発と結露
・空気の温度による体積変化

→

【7年生（中1）】
・水の状態変化
・飽和水溶液
・大気圧

→

2章　大気の動きと天気の変化との関連

【4年生】
・気温の観察
・1日の気温と天気の変化

→

【5年生】
・雲のようすと天気の変化
・雲の変化の予想
・雲画像

→

3章　天気の動きと日本の四季との関連

【4年生】
・もののあたたまり方のちがい
・季節と生物

→

【5年生】
・台風の進路と天気の変化

→

【9年生（中3）】
自然と人間
・人間と環境
・自然と人間のかかわり

→

5【単元の評価】

自然事象への 関心・意欲・態度	科学的な思考・表現	観察・実験の技能	自然事象についての 知識・理解
気象観測，天気の変化，日本の気象に関する事物・現象に進んで関わり，それらを科学的に探究するとともに，自然環境の保全に寄与しようとする。	気象観測，天気の変化，日本の気象に関する事物・事象の中に問題を見いだし，目的意識をもって観察，実験などをおこない，事象や結果を分析して解釈し，自らの考えを表現している。	気象観測，天気の変化，日本の気象に関する事物・事象についての観察，実験の基本操作を習得するとともに，観察，実験の結果の記録や整理など，事象を科学的に探究する技能の基礎を身につけている。	観察や実験などを行い，気象観測や天気の変化，日本の気象に関する事物・現象についての基本的な観念や規則性を理解し，知識を身につけている。

6【単元のPDCA（指導の流れ）】

「お天気マスターになろう」という目標を立てた上で，天気に深く関係する雲のでき方について学習する。その後，雲の移動や発生に関係する日本付近の風や気圧配置などの大気の動きについて学習する。それらを総合してさまざまな気象データから今自分のいる場所の天気予報をする。

7【本時について】

◆めあて

低気圧，高気圧の動き，風のようすについて理解する。寒冷前線や温暖前線における雨の降り方の違いや，通過に伴う気温や風の変化を理解する。

めあてを達成するための主発問

◆主発問

チョコレートのにおいがすると雨が降るしくみはどうなっているのだろうか？

主発問を解き明かすことで
到達してほしい子どもの姿

◆めざす子どもの姿

今まで習ったこと（低気圧の通過，前線の通過）を用いて，しくみを説明できる子ども。

◆【本時の学習計画】

	広げる（R）学びの倉庫（めあて達成のために活用すべき事柄）	子どもの学習活動	ねらいを達成するための手立て	評価（評価方法）
出会う（S）		・四中校区には，「チョコレートのにおいがすると，雨が降る」という都市伝説が存在することを確認する。		
問い（主発問）　チョコレートのにおいがすると雨が降るしくみはどうなっているのだろうか。				
立てる（P）ソロⅠ 主張を立てる	・天気図，等圧線と風の関係 ・前線の通過に伴う気象要素の変化 ・日本付近の低気圧と高気圧の動きの規則性 ・日常の生活体験	・日本に前線（低気圧）が通過したときの，大阪の風向きなどの変化を考える。 ・自分なりの考えをもつ。	・イメージしやすいように具体的な地図，天気図などを用意する。 ・既習事項の見える化。	
高め合う（D）コミュニケーション		・班で考えを交流する。 ・学級で交流する。	・都市伝説解明までどこまで来たかを見える化する。	
実る（CA）ソロⅡ 学びの言語化		・四中付近の地図を使って，発問に対しての答えを自分なりに文章で表現する。 ・前線（低気圧）が近づいてくると風向きが変わりチョコレートのにおいがし，その後，前線が通過し雨が降ることを確認する。 ・おばあちゃんの知恵袋「雷がなるとへそを隠す」について考える。		・風向きの変化について記述できているか，ワークシートで評価（思・表）

これらは，キャリア教育の視点を生かした授業改善の一例である。学んだことと実生活とのつながりが感じられたとき，子どもたちの学習意欲が高まる手ごたえを感じることができた。これからも学ぶ意義を感じられるような授業改善を継続することの必要性を感じている。

一方で，実生活や将来とのつながりを見いだしやすい教材や単元ばかりではない。「学んだことは実生活や将来につながっている」「学んだことは，自分の力になっている」。そんなキャリア教育の視点を，教科授業に，どのように落とし込んでいけばよいのか，大きな課題が残っている。

エピソード：“教科の魅力にあらためて出会い輝いた教職員”

転勤1年目，高槻四中で数学の研究授業をすることになり，戸惑うことばかりだった。「S－RPDCAサイクルって何だ？」「リアリティのある発問って？」「なぜこんなに難解で書きにくい指導案フォーマットなの？」など。自分で理解できない項目を勝手に削除して指導案を書くなどもしたが，それらについて，一つひとつ丁寧に説明してくれた事務局の方，数学科の先生方には本当に感謝している。

思い返せば，中学校数学科は，第6次教員定数改善計画でTT加配を引き受けたころから，常に授業改革に取り組んできた。もう20年以上も前，ちょうど私が川西中で勤務していたときに，学校週5日制の研究指定を受けた。同時に数学科はTT加配をいただき，授業改善に取り組むこととなった。当時，四中では文部省の研究指定を受けており，大々的な公開授業があり，私も参観させてもらった。これまでの「キャッチボール型（教師と生徒のやりとりが主）」から「バレーボール型（生徒同士がつながる形）」へ授業を変えていこうという流れであったと思う。川西中から八中に転勤し，TT担当になったときに，やはり授業改善についての研究指定を受けており，全校あげての公開授業をおこなった。その際，数学だけでなく，全教科で取り組んだことが，とてもありがたかった。その後，如是中に移り，「全教科で取り組む，言語活動の充実」という研究テーマに取り組んだ。鳴門教育大学の葛上先生をアドバイザーとして，「グループ活動をするには，その必然性がなければならない」など，数々の貴重な指導助言をいただいたことを覚えている。

如是中数学科は，どのような授業をおこなえばよいか，常に模索していた。子どもたちのやわらかい頭で問題に取り組み，考える楽しさを味わってほしい。課題解決のためには，多様なアプローチのしかたがあることを知ってほしい。正解にたどり着いたときのうれしさを感じてほしい，などなど。数学が得意な子も不得意な子も，輝くことができる問題を工夫し開発することが大きな課題だった。毎週の教科会議では，各自が教材をもち寄った。苦しさもあったが，教材を教科全体の先生方と工夫し考えることは，楽しみでもあった。

さて，四中に転勤し，研究授業に取り組むことになったのだが，ここでは鳴門教育大の金児先生との出会いがとても大きなものとなった。「四中の研究授業は，通常の研究授業ではなく，小中一貫教育に取り組んでいることを前提に，9年間の学びを見通した授業でなければならない」との指摘を受けた。指導案に1年～9年の学習内容を書いているのはそのためかと，はじめてその意味がわかり，小学校の学習指導要領を読み，9年間の学習内容を整理した。読みながら，自分が小学生だったころの記憶がよみがえり，「図形の最初は『まる』『しかく』だったよなあ」とか，「『平行四辺形』って名称はこのときに習ったんだよなあ」とか，懐かしく思い出した。
　研究授業で取り組もうとした「星型五角形の角の和」は，研究授業でよく取りあげられる，ありがちな課題である。ただ，少し難しい課題でもあるし，答えを知っている子はすでに知っているし，はたして子どもたちが活発に思考をめぐらし，意欲的に取り組んでくれるかが不安だった。そのような中，金児先生から「星型を考える前に小学校で学んだブーメラン型で考えさせたらどうだろうか。小学校では，角の和を，図形を切り取って並べて求めているが，演繹的な求め方は学んでいない。この課題も多様な解き方があり，子どもたちがいろいろな解法を見つけてくれるのでは」との助言をいただき，まずブーメラン型について考え，次に星型について考えることで，スムーズに授業を展開することができた。
　多くの方に参観してもらい，よい評価をいただいたことで，研究授業後，生徒たちの学習に向かう姿勢がより前向きになった。何より，それまで授業にあまり取り組んでくれなかった生徒が，「僕，角度の問題ならできるねん」といって，前向きに取り組むようになったことは大きい。彼は，図形に続く確率の単元でも学習に熱心に取り組み，定期テストではそれまでとは打って変わったよい成績をあげた。
　研究授業に取り組むことは，とても苦しいことだが，それ以上に，得られる子どもたちの反応が楽しみである。担当者個人だけで指導案を考えるのではなく，本校のように，小学校の先生方も含めた多数の先生方が指導案づくりに協力し，知恵を絞っていただけるのはほんとうに心強い。この研究体制を継続してもらいたいと願っている。
【第四中学校　井上　太一郎（平成 25 年度〜）】

(2) 子どもの社会参画の取組

「いまとみらい科」の社会参画は，身近なところから始まる。自分たちの学校・校区は自分たちでつくる。学校・校区づくりに積極的に参画する子どもたちの姿が見られるようになった。子どもたちがつくる，子どもたちの文化。そんな子どもたちの参画が，次のエネルギーを生み出していく。

・校区児童生徒議会　ゆめみらい学園誕生

　校区皆で呼び合える校区の名前をつくりたい。小中一貫を進めるなかで，そんな思いが高まってきた。もちろん，校区の子どもたちと一緒に決めたい。そこで，四中生徒会を中心にして「校区学園名プロジェクト」が始まった（平成 25（2013）年度）。

　校区すべての子どもたち，保護者，まちの人，教職員から校区学園名を募集した。思いの込められたたくさんの素敵な候補が集まった。校区 3 校で学園名を決めようと，「校区児童生徒議会」を立ち上げた。両小学校の児童会役員，そして四中の生徒会が，はじめて一堂に会した。机は各校がよく見えるように三角形

にし，進行は四中生徒会が務めた。まずは自己紹介から，少しずつ緊張がほぐれていく。そして話は本題へ。一つひとつ丁寧に，その候補に込められた思いを大切にしながら，話し合いは進められた。

「クローバー学園には校区の３校と地域っていう思いが込められていて，すごくいいと思います」

「三ツ星学園も，３校がずっと輝くようにっていうところがいいと思います」

「『いまとみらい科』は，この校区にしかないものやから，いまとみらいって言葉は入れたいです」

「どれもいい名前ばっかりやから，全部を混ぜた名前にできればいいと思います」

自分たちの校区の名前を決めるために，真剣な話し合いが続き，行き詰まると，授業でいつも使っているコミュニケーションボードを活用した。

「クローバーと三ツ星は，それぞれとてもいい意見なので，マークにして入れたらいいと思います」

この四中生の意見をきっかけに，一気に意見がまとまっていった。「四中校区のすべての人が，いつまでも夢をもって未来に輝けるように」という願いを込めて「ゆめみらい学園」。その前には，私たちだけの宝物である「いまとみらい科」をヒントに，「―― いまとみらいにかがやく ――」を入れた。そして３校と地域を表したクローバーは「ゆめ」と「みらい」の間に，三ツ星は校区名の右上にマークとして刻まれた。

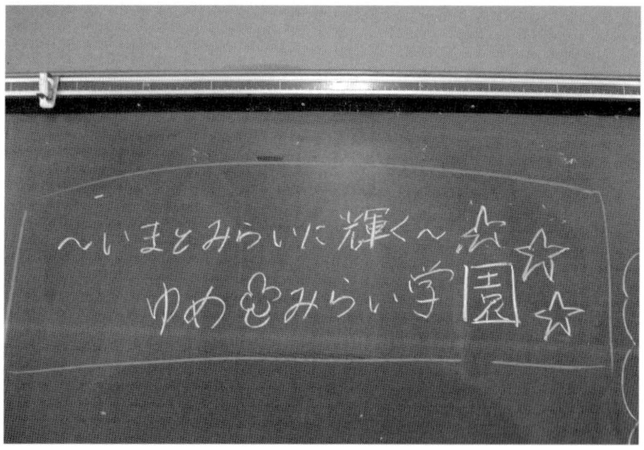

自分たちの校区の名前だから，自分たちが責任をもって決める。参画への意欲が，子どもたちの力を引き出していった。みんなでつくった，みんなの校区学園名。この学園名「―― いまとみらいにかがやく ―― ゆめみらい学園」を各校でアピールし，みんなで愛着をもって呼び合っていこうと確認し合い，はじめての校区児童生徒議会は終了した。

学園名を教職員に伝えるために，生徒会の子どもたちが一貫研で報告をした。教職員を目の前にして，メモを見ずに，自分たちの言葉で丁寧に語る姿に，子どもたちの成長を感じた。

「小学校のときのことを思うと，あの子がこんなにも成長するなんて，本当にうれしい」

「子どもたちが自分の言葉で報告する姿に，これまでの小中一貫の成果を感じました」

「子どもたちが真剣に話し合って決めた素敵な学園名を大切にしていきたいです」

一貫研のコミュニケーションカードには，こんな教職員の声が綴られていた。

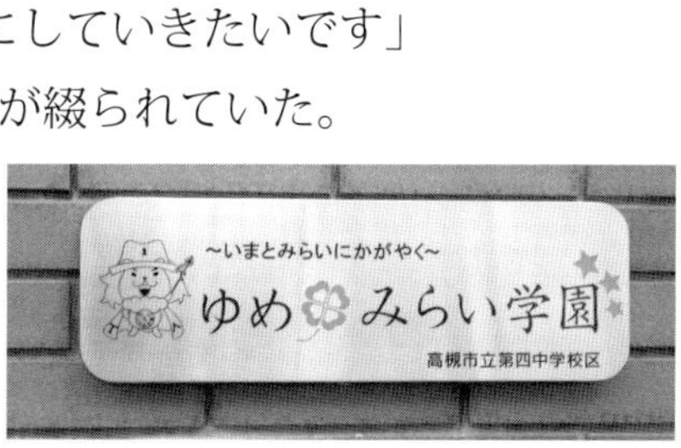

現在，愛着をもって呼ばれている校区学園名「ゆめみらい学園」は，校区のいろいろなところに見られるようになった。３校の校門には，校区学園名のプレートも設置されている。

校区児童生徒議会は，その後も続き，次は，学園名のキャッチフレーズを決めようと，「ゆめみらい学園キャッチフレーズプロジェクト」がスタートした。「ゆめみらい学園」の「ゆ」「め」「み」「ら」「い」のそれぞれの文字に，言葉をあてはめて考えた。まず，校区児童生徒議会ではじめの「ゆ」の文字を話し合って決めた。活発な話し合いの結果，「友情の輪を広げて」に決まった。その後の文字については，今回も校区の子どもたち，保護者，まちの人，教職員から募集した。

ゆ　友情の輪を広げて
め　芽ばえるキズナを
み　未来につなぐ
ら　楽な道ではないけれど
い　いっしょに輝こう

集まった意見をもとにして，一文字一文字丁寧に考えていった。「ゆめみらい学園」にぴったりで，誰でもイメージできていいやすいものにしたい。たくさんの人の思いを大切にして，キャッチフレーズを決めていった。

次年度（平成 26（2014）年度）の児童生徒議会は，「自分たちが校区の温度計をあげるためにどのような取組ができるか」を考えた。そして，児童生徒議会で企画，実施したのが「ゆめみらい学園クリーン大作戦」である。日ごろの感謝の思いを込めて，自分たちのまちを自分たちで掃除したいとの意見が出され，実行に移した。この日に向けて，各校でたすきや腕章，キャラクターのプレートなどを作成し，ゴミ袋や火バサミをもって出発した。その道中ではまちの方に積極的にあいさつをし，多くの励ましの声をいただいた。

「ゴミを探していると，普段は気づかない地域の細かいところを見ることができて，地域のことを知ることができたと思います」

「自分たちを見てありがとうやごくろうさんなどの声をもらい，うれしかった」

子どもたちは，自分たちでつくった企画に，充実感を得ることができた。

自分たちの校区は，自分たちでつくる。子どもたちが自分たちのできることを考え，実行に移す場が，児童生徒議会である。これからも，子どもたちの参画する校区づくりを進めたい。

(3)　教職員を育む取組 ――人の入れ替わりを乗り越える――

連携型小中一貫教育・研究開発において，「校長も 3 人，違う文化」の学校が一貫して研究をおこなうには，乗り越えるべき課題はたくさんあった。しかし，この間の教職員の声を一貫研のコミュニケーションカードから拾ってみると，次のような言葉に出会う。「子どもはすばらしい。「いまとみらい科」を進めるなかで，今一度そう思えました」「いつまでも先輩に甘えていてはい

けない。『すねない。寝ない。投げ出さない』。変わる努力をします」「この教科を教えることの楽しさを，この年で気づくことができて幸せです。出会いに感謝しています」「この仕事の本丸は授業。いい授業がしたい。いい学級がつくりたい」「働く教職員が元気になる学校をつくりたいです」。このように子どもとともに変容し，意欲を取り戻した教職員。自分の弱さと向き合おうとし始めた教職員。教科を教える喜びを思い起こし，研究を活性化していった教職員。個性を活かし，学校づくりを担おうとする教職員など，多くの教職員の変容があった。子どもたちの可能性を思い，子どもたちとともに変わろうとする教職員の姿は校区の財産である。この中には，当初，研究に前向きになれなかった教職員や，新転任者の声も含まれている。なぜ，このような変化が教職員に起こるのか。それは，この研究において，教職員を育むシステムがいくつかできたことに起因すると考えている。

一公立学校である限り，教職員の異動は避けられない。校区でもこの数年で多くの教職員が異動した。教職員の入れ替わりがあっても，教育課題に対する取組を継続していくことはどの学校でも課題である。そして，そのことに対し，どう対応すればいいのかと考えても，即効的な答えはないが，「日々の積み重ねにより教職員を育む学校文化の醸成」が大切なのだと考える。そこで，教職員を育む要因を４つの「出会い」としてあげてみたい。

①組織との出会い
　一貫研・小中教科部会・教科会議・各校及び校区の各種運営推進会議など
②情報との出会い
　一貫研・一貫研ニュース・各種職場ニュース・HP・ブログなど
③人との出会い
　一貫研・子ども・保護者・地域の人・学生・校種を超えた教職員など
④学びとの出会い
　一貫研・「いまとみらい科」の開発・学習指導要領・校区研究授業・先進校視察・研究者など

そう考えると，この間，校区の教職員には，この４つの出会いが，継続的にあったのではないかと考えている。そして，今後さらに進む世代交代を考えるとき，これらの教職員を育む出会い（システム）をより充実させていく必要性を痛感する。

また，教職員が「出会い」を成長のチャンスとするためには，校長が校区・学校経営のビジョンを明確に示し，子ども理解のあり方，研究や取組のねらいをしっかりと伝えることも必要不可欠である。子どもたちの未来は今つくられている。「教育は人」といわれる。子どもと同じように，教職員を育み続ける校区でありたい。

(4) 地域・家庭との協働

これまでも，校区は地域，家庭との連携を土台に教育活動をおこなってきたが，子どもたちが地域・家庭で力を育むためには，保護者と，そして地域との協働がさらに必要となった。

①地域とのさらなる協働

・わがまちキャラクターの着ぐるみ誕生

「まちの温度計をあげよう」の単元で３年生が生み出した富田商店街のわがまちキャラクター『とんちゃん』。まちの人にアピールする中で，多くの人に愛着をもってもらえるようになった。そんな中，富田商業協同組合の方から，「ぜひとも『とんちゃん』を着ぐるみにしたい」との提案をいただいた。そして，資金面でも全面的に協力をいただき，地域のイベントの場で，子どもたちがつくったわがまちキャラクターの『とんちゃん』が等身大で登場した。子どもたちの歓声とともに，このキャラクターの誕生にたずさわってきた教職員も，感無量の思いであった。その他のわがまちキャラクターも写真撮影用のパネルにしていただいた。平成 25（2013）年度の研究発表会では，着ぐるみの『とんちゃん』と写真撮影用パネルが参会者を出迎えた。現在，富田商店街を歩くと街灯の横の宣伝パネルなど，いたるところに『とんちゃん』が登場し，まちの温度をあげている。

・ドリームパンケーキ販売

８年生の「まちの温度計をあげよう」の取組で協働が始まった，地域の障がい者支援施設『サニースポット』。平成 24（2012）年度に，『サニースポット』にある「カフェクローバー」で子どもたちが考案したメニュー『いまパフェ』が販売された。その後は７年生の単元『みんなにやさしいまちホッとシティ』など，毎年四中生と『サニースポット』との協働が続いている。昨年度はカフェメニュー第２弾として四中生が考案したメニュー『ドリームパンケーキ』が販売された。子どもたちの夢をかなえ，そして食べた人にも夢を与えるパンケーキになるようにとの願いが込められたメニューとなった。また，このパンケーキの料金の一部は，東北の復興

支援のために使っていただけることにもなり，多くの人においしく食べてもらった。

・ゆめみらい学園，高槻ケーブルテレビで放映！

平成 26（2014）年度，高槻ケーブルテレビより取材の依頼があり，現在高槻市教育センターより指定を受けている「授業改善推進モデル校区」としての取組を中心に，取材を受けた。2つの小学校では，教科の授業，四中では 9 年生の「いまとみらい科『マイタウンミーティング』」の授業を取りあげてもらった。

その模様が 11 月に放映され，終了後は動画サイトにもアップされ，子どもたちの笑顔いっぱいの表情や真剣に学習に取り組む姿を多くの方に見ていただいている。

ここでは，子どもたちの参画の模様の一部をあげた。現在，「いまとみらい科」は，通常の教育課程の中で総合的な学習の時間「いまとみらい」として，取組を継続しており，子どもたちの社会参画は続いている。学校とまちの間に生まれた Win-Win（ウィンウィン）の関係が深まる中で，社会参画の場は広がっている。

社会参画は，子どももまちも元気にする。そんな社会参画を，もっと引き出す校区であり続けたい。

②家庭との協働

・校区ナビ

家庭・地域が学校の取組に協力してくれている。こんなときだからこそ，学校の取組をもっと家庭・地域に知ってもらいたい。そのためには，学校の情報を発信していく必要がある。

そこで高槻市教育委員会の施策「地域と連携した特色ある学校づくり事業」を活用し，「校区ナビ」を作成した。そして，校区の全家庭に配布した。「校区ナビ」には校区のさまざまな情報を集めた。

たとえば，年間行事や学校生活のルール，「いまとみらい科」や教科の学習で大切にしていること，子育てについて相談できる情報を集めたコーナーなどである。保護者にわかりやすいように，取組を図式化したり，レイアウトを工夫したりした。学校と家庭が互いの役割を果たしながら，子どもの育ちを支えていくことが必要であり，この校区ナビがその一助になってほしいと考えている。

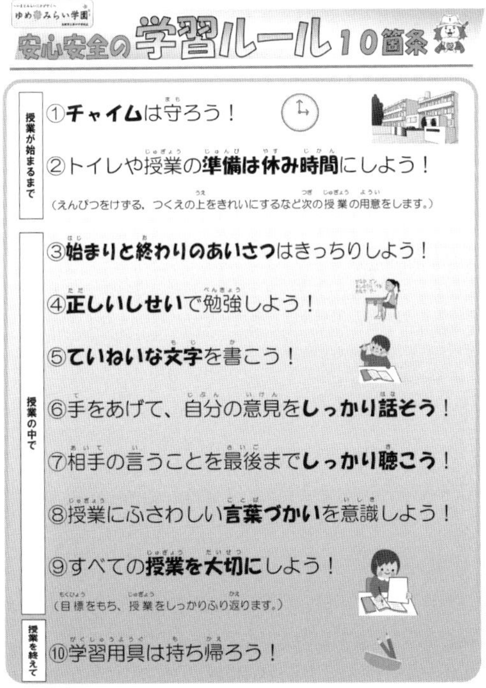

・家庭学習支援リーフレット

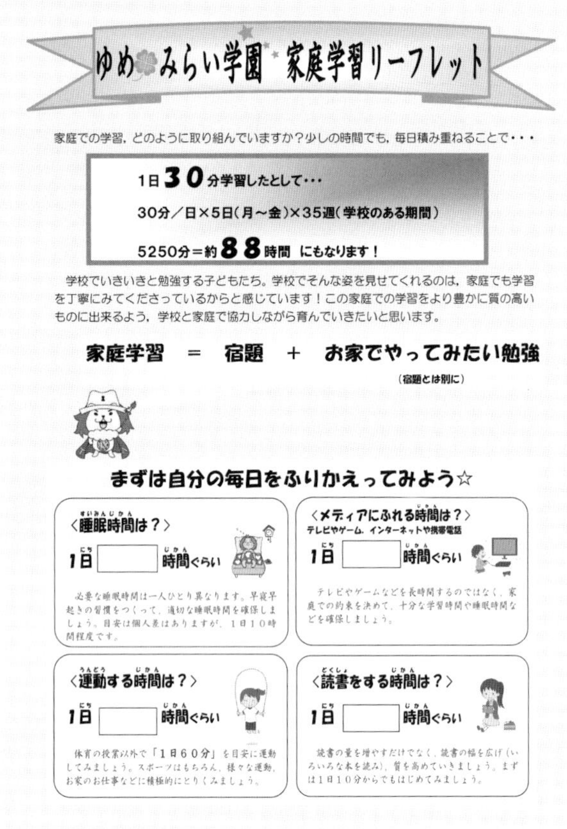

ゆめみらい学園 家庭学習リーフレット

家庭での学習，どのように取り組んでいますか？少しの時間でも，毎日積み重ねることで・・・

1日**30**分学習したとして・・・

30分／日×5日（月～金）×35週（学校のある期間）

5250分＝約**88**時間 にもなります！

学校でいきいきと勉強する子どもたち。学校でそんな姿を見せてくれるのは，家庭でも学習を丁寧にみてくださっているからと感じています！この家庭での学習をより豊かに質の高いものに出来るよう，学校と家庭で協力しながら育んでいきたいと思います。

家庭学習 ＝ 宿題 ＋ お家でやってみたい勉強（宿題とは別に）

まずは自分の毎日をふりかえってみよう☆

〈睡眠時間は？〉
1日 □ 時間ぐらい
必要な睡眠時間は一人ひとり異なります。早寝早起きの習慣をつくって，適切な睡眠時間を確保しましょう。目安は個人差はありますが，1日10時間程度です。

〈メディアにふれる時間は？〉
テレビやゲーム，インターネットや携帯電話
1日 □ 時間ぐらい
テレビやゲームなどを長時間するのではなく，家庭での約束を決めて，十分な学習時間や睡眠時間などを確保しましょう。

〈運動する時間は？〉
1日 □ 時間ぐらい
体育の授業以外で「1日60分」を目安に運動してみましょう。スポーツはもちろん，様々な運動，お家のお仕事などに積極的にとりくみましょう。

〈読書をする時間は？〉
1日 □ 時間ぐらい
読書の量を増やすだけでなく，読書の幅を広げ（いろいろな本を読み），質を高めていきましょう。まずは1日10分からでもはじめてみましょう。

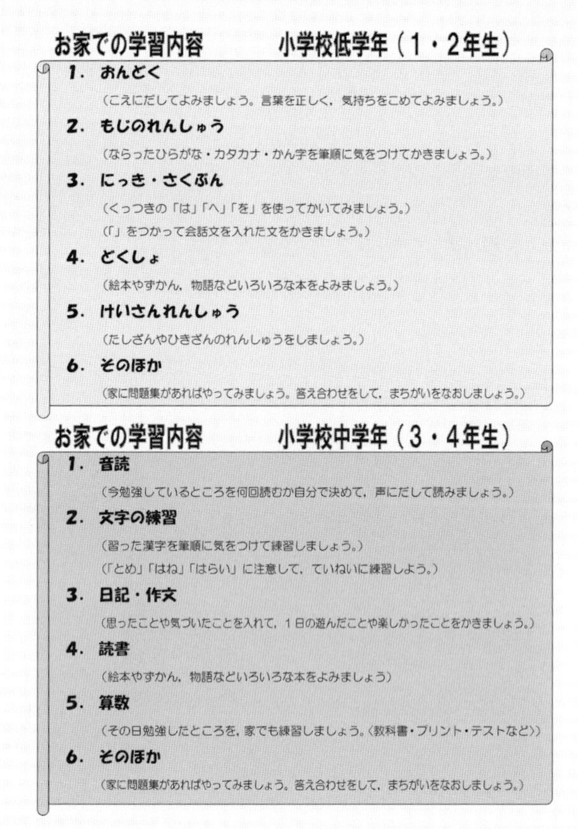

お家での学習内容　小学校低学年（1・2年生）

1. おんどく
（こえにだしてよみましょう。言葉を正しく，気持ちをこめてよみましょう。）
2. もじのれんしゅう
（ならったひらがな・カタカナ・かん字を筆順に気をつけてかきましょう。）
3. にっき・さくぶん
（くっつきの「は」「へ」「を」を使ってかいてみましょう。）
（「」をつかって会話文を入れた文をかきましょう。）
4. どくしょ
（絵本やずかん，物語などいろいろな本をよみましょう。）
5. けいさんれんしゅう
（たしざんやひきざんのれんしゅうをしましょう。）
6. そのほか
（家に問題集があればやってみましょう。答え合わせをして，まちがいをなおしましょう。）

お家での学習内容　小学校中学年（3・4年生）

1. 音読
（今勉強しているところを何回読むか自分で決めて，声にだして読みましょう。）
2. 文字の練習
（習った漢字を筆順に気をつけて練習しましょう。）
（「とめ」「はね」「はらい」に注意して，ていねいに練習しよう。）
3. 日記・作文
（思ったことや気づいたことを入れて，1日の遊んだことや楽しかったことをかきましょう。）
4. 読書
（絵本やずかん，物語などいろいろな本をよみましょう）
5. 算数
（その日勉強したところを，家でも練習しましょう。〈教科書・プリント・テストなど〉）
6. そのほか
（家に問題集があればやってみましょう。答え合わせをして，まちがいをなおしましょう。）

子どもたちに自学自習力を育みたい。それは学校の願いであると同時に，保護者の願いでもある。しかしながら，「どれくらい勉強すればいいのか」「何を勉強すればいいのか」という具体的な方法に困っている家庭があることも事実である。そこで，具体的に目的や方法を示し，家庭の悩みにもこたえられるような家庭学習支援リーフレットを作成し，配布した。

リーフレットには，「家庭で何を勉強すればいいの？」という悩みにこたえられるように，1～9年生までの学習内容の例を載せた。まずは家庭学習の習慣をつけるために，子どもたち一人ひとりに，関心のあることから取り組んでほしい。「これだったらできそう」「こんなことにチャレンジしてみたい」と思ってほしかったのである。家庭学習での毎日の積み重ねは大切である。

家庭学習の習慣は，子どもたちが，これから出会うさまざまな課題を自分で解決していく力のベースとなり，学力向上につながると考えている。学習習慣や自学自習力は，家庭との協働がなければ，育むことはできない。

・学びんぐ Week

家庭学習支援リーフレットを配布するだけでは，家庭学習の習慣をつけるまでに至らない。将来的には，一人ひとりが自ら課題を見つけて学習してほしいが，まずは「やってみよう」という機会を設定することを大事にした。それが中学校の定期テスト期間に合わせて，校区でおこなう家庭学習強化週間『学びんぐ Week』である。この期間は「学びんぐシート」をもち帰り，家庭学習の内容を記録する。それを学級担任と保護者が点検し，励ましの言葉を返すようにした。

＜取り組んだ小学生の声＞

- 中学生気分で楽しかった
- 問題を考えるのが大変だったので，中学校になったら問題集を買おうと思う
- 勉強に集中できた１週間だった
- 中学のいい練習になった
- 何をやるかわからなくて困った

＜保護者の声＞

- シートがあることで，家に帰ってすぐ宿題をするようになった。自分で勉強するようになってうれしい
- テスト勉強するお姉ちゃんと同じ時間に自分で決めた勉強をすることを楽しんでいた
- 最初ははりきっていたけど，どんどん適当になった
- 勉強時間や内容にむらがあった

上記のように設定された期間があり，学校と保護者，そして周りの友だちも一緒にやることで，家庭学習に意欲的に取り組んだ子どもたちがいた一方で，悩みの声も聞かれた。今後，学年便りの発行や個別の相談などを丁寧におこなうことで，悩みを解決していかなければならない。これからも子どもたちの自学自習力の向上のために，家庭と連携していきたい。

～いまとみらいにかがやく～
ゆめ みらい学園
高槻市立第四中学校区

第2回 学びんぐシート

年　組　なまえ（　　　　　　　　　　）

月日	曜日	家での学習時間	学習内容（したこと）	家庭の印	先生の印
		時　分～　時　分			
		時　分～　時　分			
		時　分～　時　分			
		時　分～　時　分			
		時　分～　時　分			
		時　分～　時　分			
		時　分～　時　分			
		時　分～　時　分			
		時　分～　時　分			

学びんぐWeek!!をふり返って

家庭より

2. 校区の未来

・地域のほっとステーションになりたい

学校は，人を育むところである。今も未来も，子ども・保護者・教職員……かかわるすべての人を育み，大切にする校区でありたいと思う。

学校は，「地域の核」となる存在になるべきだとの論議がある。子どもたちを中心において，今日も汗をかく教職員がいる。「なんでもいってや」。元気な地域の方の姿がある。「おらが学校」。誰より学校のことを愛している人がいる。「子どもたちに本を読んでやりたい」。長年ボランティ

ア活動をしてくださる方の姿もある。「先生，うちの子ちゃんと見たってな」「いつもありがとう」「おかげさまで」。人が集うから，学校には，毎日ドラマがある。教職員と子ども，子どもと子ども，子どもと地域，地域と地域。人と人とがつながる場所なのである。

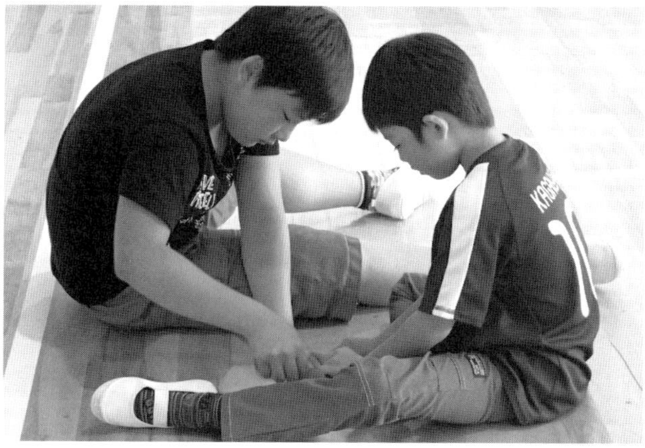

8年生が平成25（2013）年度･26（2014）年度と取り組んでいる，地域に絵を描く学習がある（第4章参照）。「いまとみらい科」で，この単元を進めるにあたり，地域の方を招いたり，子どもたちが地域に出て行って話を聞かせてもらったり，たくさんの出会いがあった。それだけでなく，高槻市役所の住宅課をはじめ，行政の方との出会いもあった。

また，みんなの力を集めて絵を描こうと，校区に広く呼びかけておこなわれた土曜日の活動には，赤大路小学校，富田小学校，第四中学校，その保護者，地域の方，行政の方，教職員など，寒い雨の日だったにもかかわらず，100人を超える人が手形を押すために列をつくった。呼びかけた8年生たちは，「めっちゃうれしい」「小学生がこんなに来てくれるなんて」と興奮していた。これは，“文化”が人をつないだ例ではないかと考えている。落書きという地域の課題を知り，子どもたちはまちの願いを受け止め，“アート”という文化創造を通して，まちの温度をあげようとした。それは，子どもたちや保護者が参画してみようと思える活動だった。3校の子どもたち・保護者・地域・行政のベクトルがそろった。「いまとみらい科」という「人と人とをつなぐ」学習を開発してきて，忘れられない1日となった。

同じように，子どもたちが生み出した歌“わがまちソング”もまちの文化をつくっている。メロディーに載せて，大好きなまちのことをアピールする姿は胸を打つ。子どもたち自身が歌を通してまちの温度をあげることで，そこに人が集う。まちのお祭りなどのイベントから出演依頼がくる。学習を進めるにあたり，地域の方にゲストティーチャーをお願いすることもある。

このように，学校がきっかけとなって，人が集い，人の力が集まり，文化を生み出すことができる。校区は，これからも，地域の「ほっとステーション」として，人と人とをつなぐ場所でありたい。

参画の喜びは，人のエネルギーの源になる。「ゆめみらい学園」は，人のエネルギーを生み出す「ほっとステーション」をめざしたい。

エピソード：“ 校区のこれから　現校長の決意 ”

教育の目的は，「人格の完成をめざし，平和で民主的な国家及び社会の形成者として必要な資質を備えた心身ともに健康な国民の育成」である。また，義務教育の目的は，「各個人の有する能力を伸ばしつつ社会において自立的に生きる基礎を培い，また，国家及び社会の形成者として必要とされる基本的な資質を養うこと」であると教育基本法に示されている。そして今，国では「小中一貫教育の制度化の在り方」について精力的に論議されており，近いうちにその内容も明らかになることと思われる。

私はこの 4 月から第四中学校区「ゆめみらい学園」赤大路小学校の校長に着任したが，平成 8（1996）年 10 月の第 1 回「四中地区地域公開授業研究会（国語）」が開催されて以来，学力向上推進事業や小中連携によるキャリア教育の推進など，文科省，府教委，市教委の委嘱や指定を毎年受けながら，中学校区として真摯に取り組んできたことがあらためてわかった。このような取組を地道に重ね，つないできた中で，ようやく富田小学校，赤大路小学校，第四中学校の 3 校を『ゆめみらい学園』と称し，チームとして共通の目標である「めざす子ども像」を定め，課題や方針を確認しながら実践研究を進めることができるようになったのである。

そして，ここ数年間は，国の動きを見ながらも，校区の子どもたちの実態を見定め，「0 歳から 18 歳まで」を合言葉に，保護者や地域の願いを受け止め，課題克服に向けた解決方法を求めてきた。「子どもたちには，将来幸せに生きていってほしい」。私たちは，子どもたちの課題解決こそが研究の原点であることを肝に銘じ，地域や関係機関と協働しながら，子どもたちの生きる力をつけていくために研究実践を続けていきたい。

変化のめまぐるしい今の時代では先が見えづらく，大人も子どもも夢や希望をもちにくくなっていると感じる。身近な家庭や学校，地域に目を向けながら，課題を見つけ，考え，仲間とともに解決する「いまとみらい」は，子どもたちが生きることの意味を考え，夢や希望を育み，主体的に学ぶ，まさにキャリア教育の理念とつながっていると実感している。アンケート調査では「学んだことを毎日の生活に活かしている」や「失敗してもあきらめずにもう一度チャレンジする」と答えている児童生徒の増加や，「自分のまちが好きである」と答えている児童生徒が 8 割を超えているなどの成果も表れている。

ゆめみらい学園では，「小中一貫」と「いまとみらい」をすべての教育活動の基盤としながらも，その基礎となる学力を確かなものとするために，平成 25（2013）年度からあらためて授業改善に取り組んでいる。この研究実践はまだ途についたところであり，これからも充実と発展が必要であると感じている。

終わりになるが，こうした取組が保護者や地域の皆様，教育関係者の皆様の大きな支えの中で進めてこられたことに感謝するとともに，子どもたちがじりつし，主体的に生きることができるよう，今と未来を生き抜く確かな学力と豊かな心を育むために，『チームゆめみらい学園』が互いの役割をしっかりと認識し，連携協力しながら，研究を進めていきたいと思う。そして，子どもも大人も，地域も育つ中学校区となるよう，手を携えてあゆんでいきたい。

【小澤　康信　赤大路小学校　校長（平成 26 年度～）】

終章

あらためて考えるこの校区の価値

子どもは未来。

終章　あらためて考えるこの校区の価値

何が変わったのか，なぜ変わったのか　―― 校区を 20 年以上見てきた立場から ――

筆者が校区にかかわりだしたのは，1990 年代初頭である。当時の社会状況はバブルがはじけ始め，景気の後退局面であったが，まだ，一億総中流という考え方が浸透していた。人々の中にも，高校を卒業しさえすれば，それなりの生活が送れるという考えが根強かった。そのため，校区は，高校に行けない子どもたち，高校に行っても中退してしまう子どもたちの将来を危惧し，さまざまな取組を進めていた。当時，筆者がかかわっていたのも，そうした子どもたちであった。放課後に一緒に勉強したり，遊んだりもした。しかし，その子たちの現実は厳しかった。

それから 20 年が過ぎた。失われた 20 年と称されるように，その後，本格的な景気回復が見られず，現在に至っている。20 代のものは，景気がよい時代というものをほとんど知らずに，社会に出ている。社会の格差も広がってきている。2014 年の労働力調査によると，多くのものが働き始める 25 ～ 34 歳の非正規雇用者の比率は，41.8％であり，失業者も含めると，半数近くのものが，不安定な生活を送らざるをえなくなっている。20 年前と同様の厳しさを抱える子どもとともに，違う厳しさをもつ子どもが多くいた。夢を見いだしにくい，未来を展望しにくい，そうした社会の中で，子どもたちは成長していた。その結果，本書に示されたように，子どもたちは「一生懸命」生きにくい時代となっていた。研究が始まる前は。

校区が，「いまとみらい科」に取り組みだして，5 年が過ぎようとしている。校区の行事で，普段の授業で，子どもたちの「一生懸命」な姿が，多く見られるようになった。なぜ子どもたちは，「一生懸命」な姿を見せ始めたのか。その要因は，これまで筆者らが取り組んできた「力のある学校」研究（志水編，2009）の特徴と重なる。「力のある学校」研究の主たる目的は，すべての子どもたちの学力を保障することであるが，そうした学校では，子どもたちの力をバランスよく伸ばすという意味で，この 5 年の校区の歩みと重なるところが多い。

1.「力のある学校」研究から

「力のある学校」研究は，欧米で進められてきた「効果のある学校」研究を，日本に適用したものである。「効果のある学校」研究は，人種的にマイノリティであったり，経済的に厳しい家庭背景であったりする子どもたちの学力を，支配的な白人ミドルクラスの子どもたちのそれと比べ，遜色ない学校を見いだし，それらの学校がどのような特徴をもっているか明らかにしようとするものであった。これらの研究の出発となったのが，1966 年に発表された「コールマン報告」と呼ばれる研究結果である。その結論部分で，社会集団間の学力格差を解消するシステムとして，学校はほとんど役立たないということが示された。こうした結論に異議を唱える形で，「効果のある学校」研究はスタートしたのである。

「効果のある学校」研究は，さまざまな研究者が取り組んできたが，初期の研究で，最もインパクトのあったのが，エドモンズ（1979，1981，1986）の研究である。エドモンズは，「効果のある学校」（1986）の特徴として，次の５点をあげた。

① 校長のリーダーシップ
　学校が子どもの力をつけることを目的とした組織である限り，その組織を統轄する人間が，目的上のリーダーシップを発揮すること
② 教員集団の意思一致
　学校の課題について，教員が共有し，その改善に向けて，協力して取り組むこと
③ 安全で静かな学習環境
　安全で清潔で静かな環境，そして，それを創り出す文化
④ 公平で積極的な教員の姿勢
　マイノリティの子どもに対する高い期待
⑤ 学力測定とその活用
　学力テストを活用し，その結果をもとに，取組を改善

エドモンズの研究で明らかになった特徴は，現在の視点からすると，自明のものが並んでいる。しかし，エドモンズの研究は，1960年代から70年代におこなわれたことに着目する必要がある。「効果のある学校」研究の出発点となったコールマン報告は，人種に対する差別を撤廃する公民権運動の一環として，1960年代におこなわれた。公立学校における人種差別が違憲であるとする「ブラウン判決」が示されたのは1954年であり，学校教育においても，人種差別の影響が少なからず残っていた時代であった。また，管理職も，現在のように，大学院でマネジメントのことを学んだものがつとめるのでなく，一般的な教員の中から選ばれていた。マイノリティの子どもたちも多くの子どもたちと同じ力をもっている，学校を運営する上で，管理職のリーダーシップが重要であるという考えは，むしろ少数派であった。その時代において，どのようにして，上記の特徴をもち得たのか。

エドモンズの文献をあらためて見てみると，各学校は，上記の５つの特徴をめざして取り組んでいたわけでないことがわかる。マイノリティの子どもたちの学業成績を高めたい，そうした思いが教員の中で共有され，そのための取組を進めた結果，上記のような特徴を有したと解釈できるのである。つまり，上記の特徴は，結果として導き出されたと考えるほうが，現実に近いのである。そのことは，日本で，我々のグループがおこなった研究でも示されている。

最初にも触れたように，「効果のある学校」研究を，日本にも適用し，日本で「しんどい子（家庭背景の厳しい子どもたち）」の学力を保障する学校の特徴を，我々は「力のある学校」研究で明らかにした。その特徴として示されたのが，次の８つの項目である（志水編，2009，p.71）。

①気持ちのそろった教職員集団
②戦略的で柔軟な学校運営
③豊かなつながりを生み出す生徒指導
④すべての子どもの学びを支える学習指導
⑤ともに育つ地域・校種間連携
⑥双方向的な家庭とのかかわり

⑦安心して学べる学校環境
⑧前向きで活動的な学校文化

これらの項目も，先に見たエドモンズの5つの特徴と同じく，自明のものが並んでいる。筆者も，調査のため，複数の学校の観察をおこなったが，それらの学校が，こうした特徴をつくりだすために，意識的に取り組んでいるということはなかった。むしろ，すべての子どもたちの学力を保障したいと取り組んだ結果，教職員集団の意識がそろっていった，子どもたちの力をより引き出すためには，自然に，家庭と双方向的なかかわりが強まった，ということが，観察した学校の共通点として導き出され，8つの特徴となったのである。

2. 校区のあゆみ

校区の研究開始時の状況（2010年度初頭）を，先に見たエドモンズの5つの特徴と比較すると，ひとつ大きな違いがある。今回の研究は，中学校区で取り組まないといけない制約である。これまで，保育所から高校までの連携を進めてきた校区であったが，小中一貫はハードルの高いものでもあった。エドモンズの5つの特徴のうち，とくに重要と考えられる最初の2つに，この点は強く影響した。リーダーシップの観点で見ると，校区には，小学校2校，中学校1校の3名の校長が存在し，いずれの校長も自校の取組にはリーダーシップを発揮できていたが，他校の取組に影響を与えることは簡単ではなかった。さらに，教員集団の意思一致についても，2小学校と中学校は，それぞれ抱える課題が異なる部分もあった。この校区は，社会状況の厳しさを，とくに強く受けている部分もあり，取組が停滞することも多かった。

(1) 1年目（平成22（2010）年度）

1年目，筆者が校区に深くかかわりだしたのは，1月からであった。この時点では，校区の取組は十分整理されていなかった。校区の子どもたちに必要と考えられるもの，これまで総合的な学習の時間などで取り組んできて残したいものが，詰め込まれていた。これでは，子どもの課題解決は困難であったし，教員の間にも，これでよいのか，という不安な声が聞こえてきた。

次年度の研究の方向をどのようにすればよいか，事務局は大いに悩んでいた。そのため，1月から3月の間に，筆者は校区を6回ほど訪問した。また，当時，事務局の中心として窓口をつとめた山本先生との間で，30回ほど，メールのやりとりをした。そこで議論したのが，「この研究をなぜするのか」「何をめざすものなのか」「それは，どのような形でおこなえばよいのか」の3点であった。

その中で，「新しいことを始めるためには，今まで取り組んできたことを，一度リセットする必要がある」として，これまで総合的な学習の時間で取り組んできたことを一度，計画から外すこととした。また，「子どもたちに力をつけるためのプロセスを明確にしないといけない。それも，一度で身につくものではなく，何度も繰り返す必要がある」と議論した結果，学習サイクルの原型が生み出されてきた。さらに，「子どもたちが課題解決に動き出すためには，その課題を自分の問題として考えることが必要だ」とする議論から，「スタンディング」を取り組みの柱にすることが確認されていった。

そうした議論の中で，「いまとみらい科」としての形が定まり，単元も，整理される形となった。

文部科学省に提出した研究開発実施計画書を見ると，

・子どもにとっての実生活を「家庭（命）・学校・地域・社会」というカテゴリーでとらえる。
・子どもが日々直面している課題を題材として扱う。
・今の問題を整理し，未来を改善する取組を実践する。
・学校での課題解決を実践しながら，自分の立つ位置，生き方を常に問い続ける。
・「いま」の社会と自分との関係を見つめ，「みらい」と自分との関係を考える時間とする。
・さまざまな題材を通して，「課題解決のプロセス」「学び方」を学ぶ時間とする。
・「たちどまる→集める（情報）→動き，動かす（体験・実践）→つなげる（生き方）」を単元共通の学習サイクルとする。
・「ソロⅠ（個）－コミュニケーション（集団）－ソロⅡ（個）」という学習プロセスを大切にする。

と，ほぼ，取組の基本が固まったのである。なぜ，短期間に，校区の方向性が整理されたのか，その鍵が，その文書の前文に示されている。

> この研究の原動力となるのは，目の前の子どもの姿である。
> いじめや不登校，学ぶ意欲の低下など，今，学校にはさまざまな課題がある。学校は，課題を前にさまざまな指導を繰り返してきた。しかし，その指導が子どもに届いている感，積み上がっている感，学校での学びが子どもの生き方を豊かにするものになっている感がもちにくい。
> なぜ，指導が有効に効果を発揮しないのか，子どもの変化，その背景にある社会の変化を明らかにしながら，今の子どもに届く学びのプロセスと，指導のあり方について研究開発することが求められていると考えた。

「校区の子どもたちに力をつけたい」「校区として課題とした子どもの実態を改善したい」という，これまで大切にしてきたはずの目的がようやく前面に出ることで，小中一貫という枠組みの中でも，教員集団の考えが統一されるようになった。また，3校の校長も，校区の子どもたちの力をつけるという目標の下，それぞれの学校の取組をこれまで以上にリードするとともに，学校間の意見交換も盛んになっていった。研究の歯車が動き始めた。

(2) 2年目（平成23（2011）年度）

研究の方向性が定まったとはいえ，それを具体化するには，課題は山積であった。山本先生からのメールにも，子どもに力をつけたい，と思いつつも，新しく取り組むことへの戸惑いが示されていた。また，研究を推進する事務局レベルと，実際に授業をおこなう担任レベルの認識とにずれがあることに苦悩する姿も見られた。

夏を過ぎ，先生方とやりとりを繰り返すことで，「いまとみらい科」の具体的な単元計画が固まっていった。そして，平成24（2012）年1月21日に中間発表会を迎えた。結果としては，子どもたちの前向きに取り組む姿に，取組の一定の成果を見いだすと同時に，子どもたちが主体的に課題解決するというよりも，形だけなぞっている姿も一部ではあるが見られた。これは，致し方ないことであった。子どもたちも，教員も，はじめて「いまとみらい科」に取り組んだのであり，そのよさを十分実感できていなかったところもあった。

しかし，中間発表会で，事務局がおこなった研究の取組のプレゼンには，子どもたちの成長した姿が示されていた。授業場面での子どもたちの変化，「いまとみらい科」を学んだことで，子どもたちが日常の課題解決に自ら動き始めた姿が，プレゼンに描き出された。これらの姿は，まだ一部にとどまっていたが，子どもたちの成長につながるのだ，という手応えが，教員の中で共有され，何よりも，子どもたちが一番実感し始めていた。そして，この校区の子どもたちは力があるのだ，その力を伸ばすことができる，という意識が，教員だけでなく，地域の人たちにも浸透し始めていった。

(3) 3 年目（平成 24（2012）年度）

校区の取組が，キャリア教育と接合し，よりダイナミックな展開を生み出すこととなった。どういう子どもたちを育てるのか，そのためにどういう力が必要なのか，校区の中で，より明確に共有されるようになった。これは，今まで焦点を当ててきた「しんどい子」だけでなく，すべての子に必要であり，「しんどい子」たちも，その力をつけて卒業させたいという思いが強くなった。そして，これまでの取組が間違っていないこと，この方向で進むことに確信がもたれるようになった。

子どもたちも，「いまとみらい科」の時間で，自分たちが課題解決することに慣れ始めてきた。学年を超え，学校を超え，共通の学習サイクルで回り始めた成果が，徐々に子どもたちの成長となって現れ始めた。子どもたちが成長すると，自分たちで動き出すようになる。当初は，教員が，子どもたちを動かしている部分も多かったが，子どもたちの動きを見守る教員の姿が，これまで以上に見られるようになった。

11 月 10 日の発表会は，2 年目の中間発表会より，成長した子どもの姿が見られた。静かな環境で，安心して学ぶ子どもたちの姿があった。また，子どもたちの成長を調査等で確認し，取組の修正もおこなわれていった。このように，3 年の間に，小中一貫の取組というハードルの高い状況ではあったが，「効果のある」校区になっていた。

一方，新たな課題も生まれてきた。それは，教科の授業改善の必要性である。「いまとみらい科」に一生懸命取り組む子どもたちが，教科の授業では，学びに関心をもてていない姿がみられた。ただ，「子どもたちに力をつけたい」という思いを忘れずに，取組を進めていけば，授業改善も進む，という確信をもった教員の姿がそこにあった。授業改善の取組にすぐに取りかかりだしたのは，当然の成り行きであった。

3. まとめ

校区の取組が進んだのは，まず，「子どもたちに力をつけたい」，そのために何ができるか，と，校区にかかわるさまざまな立場の人が，気持ちをそろえ，考えた結果であろう。次に，これまでの校区は，「しんどい子」に力をつけたい，そのために，ハードルが低くなっている部分も見られた。しかし，子どもたちを取り巻く環境が厳しくなる中で，校区のすべての子どもたちに力をつけていく，そして，「しんどい子」にも同様に求めていくことが必要となった。そして，校区の子どもたちは，その力をもっているという確信が，校区の大人たちに共有されるようになった。最後に，その状態に到達するための考えるシステム（S － RPDCA）を共有できたことである。問題はある，しかし，その問題は解決できる部分もある，と考えるようになり，それを自分事として行動するようになった。これは，校区にかかわる大人だけでなく，子どもたちにも浸透していった。

「なぜ」するのか，「何を」するのか，そして，「どう」するのか，それらがひとつの方向で動くようになったことで，校区に子どもたちの「一生懸命」な姿があふれるようになった，それがこの校区の成し遂げたことと確信している。このことが，他の校区にも広がり，「ゆめみらい学園」に続いてほしい。また，「ゆめみらい学園」も，子どもたちの「今」に立ち，そして，子どもたちの「未来」を切り拓き続けてほしい。

【葛上　秀文（鳴門教育大学　准教授）】

＜参考文献＞

Coleman, J, S. et al. (1966), *Equality of Educational Opportunity*, U.S. Government Printing Office.

Edmonds, R, R. (1979), Effective Schools for Urban Poor, *Educational Leadership* Vol.37-No1.

Edmonds, R, R. (1981), Making public schools effective, *Social Policy*. September/October,pp.6-63.

Edmonds, R, R. (1986), Characteristics of Effective Schools, Neisser, U (ed.) *The School Achievement of Minority Children,* Lawrence Erlbaum Association, pp.93-104.

鍋島祥郎 (2003),『効果のある学校－学力不平等を乗り越える教育』, 解放出版社

志水宏吉編 (2009),『「力のある学校」の探求』, 大阪大学出版会

4. 校区の私たちから読者の皆様へ

一人ひとりのSに火が灯されて

四中に赴任して7年。3回目の『いまみフェスタ』が幕を閉じた。これまでのたくさんの人たちの支えを思い浮かべながら，年々成長する子どもたちの姿に胸が熱くなる。今回のフェスタは，『3Days（6年生3日間体験入学）』最終日と重なる。今も子どもたちはさまざまな課題に日々直面している。それでも7年生の4月の様子は確実に変化してきている。これまでの4月は互いの小学校の力関係を競うかのようなトラブルも多く，目が離せない状態であった。今はこの3Daysを経験し，安心して前向きに入学してくる。2小学校の連携には感謝している。

平成23（2011）年度の研究発表会。6年生の中学体験を準備する7年生の舞台裏はてんやわんやだった。子どもたちは反抗期真っただ中。担任は疲弊していた。全国の参観者を廊下で待たせながら，教室の中ではもめごとが続出……，と当時，地域連携担当だった私は走りまわった格好悪い思い出がある。その揺れ動く子どもたちに，声をかけてくださったたくさんのつながりが当時を支えてくれた。

一貫研で四中に来る度に練習をのぞき励ましてくださった小学校の元担任。落ち着かない子どもたちを心配して，冬休みに台本係に話しに来てくれた高校生たち。愚痴ひとつこぼさず頑張り続けた担任。その間黙って膨大な仕事をこなしてくれた事務局の仲間。「どうせこけるなら前向きにこけよう」と，多忙期にもかかわらず全力を尽くされた9年生教師集団など，各人のプライドをかけた仕事があった。力不足でいっぱい迷惑をかけたけれど大切な校区のみなさん。いっぱいのごめんなさいと，いっぱいのありがとうを伝えたいと思う。

【第四中学校　大垣典子】

伸びしろを考えるサイクル

ふり返ると初年度は，研究の担当者でありながら，進めていく見通しのもてなさ（というか壮大さ）に焦っていた1年だった気がする。これまで，「子どもに力をつけたい」という思いはもっていた中で，研究開発校としての研究のしかたやアプローチのしかたを変えるという，学校の立ち位置の変化に教職員全体が戸惑っていたことも思い出される。3校で顔を合わせる場を重ね，話し合ううちに，手探りながらも各学年で取り組む課題や内容が共有されていき，「3校でやるんだ」という空気感が徐々につくり出されていった。

2年目は，5年生担任。「今おこなう活動がどんな力をつけようとしているのか」を子どもたちに伝え確認しながら，実践する「いまとみらい科」の授業は悩むことも多かった。よく覚えているのは，「遠足プロデュース」の単元だ。「ほんまに自分たちで考えた場所に行くねんで」「何をするか，どんな目的で行くのか，なぜそこなのか，とことん考えて」ともちかけると，はじめての取組に「ほんまに行くねんな」「せんせ，ほんまやな」と子どもたちは，何度も確認してきた。グループで，学級で，学年で何時間もかけて行き先について討論を重ね考えた。6年生4月，摂津峡への遠足を果たし，自分たちで考え練り上げたことが実現できる，という達成感を一緒に感じることができた。

子どもたちに力をつけることを意識し，成長を目にするたびに，「次の伸びしろを考え続ける」意識のサイクルをもてたことが，教師として大きな財産になったと感じている。

【赤大路小学校　酒上　悦子】

四中校区を出て

私は，研究開発１年目は担任として，あとの３年間を事務局として研究にかかわった。研究が進むことで，少しずつ子どもや教職員が変わり，保護者，そしてまちに変化が見られるようになった。研究の成果が見られる中で，あらためて教育という仕事の専門性の高さ，中学校区がチームとなり，まち全体で子育てをおこなっていくことの大切さとその効果を感じた。また，私自身が，本当に子どもの学びや育ちを考えてこられたかなど，教職人生を問い直す機会になった。

現在は，四中校区を離れて仕事をしている。現任校は，長い校区連携を土台に，今年から小中一貫教育校として歩みだした中学校である。そこで日々子どもと接しながら，小中一貫教育が５年目となり，子どもたちの成長が積み重なりだした四中校区のすごさを感じている。積み重ねの１つは，２小のつながりである。規模も地域性も違う小学校が一貫を続けることで，子どもも大人もつながりが深くなった。つながりの深さが，中学校へのスムーズな接続を可能にすることは，四中校区の子どもたちが実証している。２つ目は，学習スタイルである。１年ごとに途切れずに，学習スタイルがくり返されるというのは，一貫教育ならではだと思う。３年目より，子どもたちが明らかに変わってきたと感じる。長い時間をかけ，取組を継続する必要があるのだと思う。３つ目は，社会で生きていくための９年間の育ちを見据えたカリキュラムを開発したことである。

現任校は，その入り口にすでに立っている。ここから中学校区で取組を積み重ねていくことが，「未来をつくること」になると思う。

【前赤大路小学校　北畠　真】

「いまとみらい科」の醍醐味

研究担当者になった１年目。担任の先生と一緒に「いまとみらい科」の開発に取り組んだ。校区を何度も歩いたり，旬なものを新聞やインターネットから探したりした。形になるまでに何度も話し合いを重ね，たどり着いたのが「わがまちキャラ」づくり。本当に形になるのだろうか。そんな不安も抱えつつ取組はスタート。中学校の先生，保護者，学生，まちの人たちが自分にできることがあればと，次々に協力してくれた。そのことで，子どもたちにも火がついた。「今日はいまとみらいある？」「楽しみやねん」「次は，どんなことできるかな」。子どもたちの前向きな言葉に取組が走りだしたことを感じた瞬間だった。そして，「だんだんおもしろくなってきたなぁ」。一緒に担当していた先生の言葉に何より元気が出た。担任として取り組んだ「いまとみらい科」でも，学校校区で話し合いを重ねるたびに，可能性が広がっていく楽しさを感じることができた。子どもたちだけでなく，教職員自身もいろんな人たちとの出会いを楽しみながら，チームで取り組むことができ

る。これこそ,「いまとみらい科」の醍醐味。私にとっても,「いまとみらい科」は学びのエンジン。今，目の前にいる子どもたちをしっかり見つめ，とことん話す，できることを一緒に探す，最後までやりきる，できたことを確かめる（子どもだけでなく，教職員もＳ－RPDCA で学んでいく）。チームでおこなう本当の『教材研究』は，私にとって大きな経験となった。これから教員を続けていく中で，この経験を大切にしながら，どんな場所でも，しっかり『チーム』をつくって，子どもたちと向き合っていきたいと強く思う。

【富田小学校　中井　阿矢】

誇りをもって

私は,「ゆめみらい学園」が大好きだ。私は, 初任校での６年間を終えて, この「ゆめみらい学園」に来た。富田小学校で１年間, 第四中学校で５年目を迎えている。つまり, 私にとっての第２の教員人生そのものが, この「ゆめみらい学園」である。

この６年間，大変なこともたくさんあったし，しんどかったことも，悔しい思いをしたこともたくさんあった。でも，それ以上にとにかく楽しく，毎日が充実していた。教員として, 大切なかけがえのないことをたくさん学ばせてもらったと思っている。そんな私を支えてくれたものが, ２つある。ひとつは, 子どもたちの輝く姿である。９年生の「みらいのまちを考えよう」の単元では，子どもたちの意欲あふれる姿に，心から感動した。９年生の子どもたちが，まちの未来を考え，積極的に自ら手をあげて自分たちの意見を語り合う姿は，このまちの未来を感じるものだった。あの姿は，今でも目に焼きついている。子どもの可能性は無限大である。子どもたちの可能性を引き出すこの仕事を誇りに思っている。もうひとつは,「チームゆめみらい学園」の教職員である。ともに支え合える教職員のチームワークなくして，この取組はあり得なかった。ときにはぶつかり，思いがすれちがうことも当然あった。それでも，よりよい取組をつくり出し，子どもたちに力をつけるためにあゆんだ結果，チームとしての一体感を感じられるようになった。今後も，大切にしていかなければならないと思っている。

今，私は事務局として校区全体に携わる立場で仕事をしている。これからも感謝の気持ちを忘れず，誇りをもって「ゆめみらい学園」の未来をひらいていきたい。

【第四中学校　馬場彰一】

ひとことが大切にされる学校を

「たとえばですけど，歌なんてどうですか？」

あるひとりの教職員の言葉から“わがまちソング”の取組が生まれた。「いまとみらい科」で新たな取組を創造するということは，新しいことにチャレンジする楽しさと同時に，“産みの苦しみ”を幾度となく経験することとなった。

まちの温度計をあげるために３年生で何ができるだろうと学年会で相談していた。あれは？　これは？　とさまざまな案を出してはみるものの，「それじゃ去年と一緒やん」「二番煎じではおもしろくない」「そんなんほんまにできるん？」となかなかコレ！という決め手に欠いた。そんなとき，ひとりの教職員が「歌にするってどう？」とアイデアを出してきた。子どもたちが元気な歌声を聞かせてくれていたこと，自分自身が子どもと歌をつくるのが好きだったこともあって，「絶対コレや！」とその場で確信した。この言葉を発端に，アイデアが膨らみ，子どもたちともＳを共有することができ，深みのある取組となった。教職員のひとことが取組を劇的に変化させたというと，大げさかもしれない。しかし，そのひとことがなければ取組が生まれなかった。経験の浅い教職員・中堅・ベテランに関係なく，一人ひとりの言葉が大事にされる。そして，一人ひとりの子どもたちを大切にする取組をともに築くことができたことは，私にとって大きな財産だ。

私はこの研究に担任と，研究推進者という２つの立場で携わった。担任という立場でとてもありがたかったことがある。それは自分の実践を価値づけし，後押ししてくれた事務局の存在だ。新たな取組を始めるとき，自分では「これおもしろいんちゃう！」と思ってやってみる。しかし，本当に子どもたちの課題解決に迫ることができているのか，力をつけられているのか，不安になることもある。そんなとき，事務局が一貫研で話題に取りあげてくれたり，「一貫研ニュース」に掲載してくれたりすることが，何より励みとなった。そして，それが次のチャレンジへの意欲となった。

研究４年次から研究を推進する立場となったが，自分自身が実践者の後押しや価値づけができてきたかは定かではない。しかし，これからも子どもたちの課題解決に向けたチャレンジと，それを価値づけするという研究のサイクルが回り，取組が子どもたちの力となることを願っている。

【富田小学校　槇野　麻人】

本づくりにかかわって

この本づくりにかかわることになって，自分たちの取組をしっかりふり返る機会を与えられた気がしている。まず心に浮かんできたのは，迷いながら進むもどかしさと，新しい光が見えたときの喜びのくり返しだったなあということだ。はじめは，「今までやってきたことの延長でいい」と，どこかで高をくくっている自分がいた。しかし，歩き始めてみると違った。今までと同じではだめだった。誰もしたことのない新しいものを創り出すことが必要だった。だからこそ，校種の違う小中のメンバーが，違う小小のメンバーが手を組み，ともに生み出す営みを続けることができたのだと思う。もうひとつは，悩んだら戻れるところを共有したことだ。もっとよいものをと工夫しているうちに本筋を見失い，袋小路に入り込みそうになる。そんなとき，「すべては子どもたちの課題解決のために」を思い起こすことでまたベクトルがそろって前へ進むことができた。そして，この取組のエネルギーとなったのは，子どもたちの笑顔と地域の温かい応援だった。

私は富田小で11年，間に１校はさんで，赤大路小で４年，合計15年この校区で仕事をしてきた。教えた子たちが同僚になったり，保護者になったりしている今，この校区で過ごしてきた時間と人々とのつながりを愛おしく思い，四中校区との不思議な「縁」を感じている。どんな出会いにも何かしら意味があると思う今日このごろ。この本を手にとられたという「縁」が，新しいことにチャレンジしたり，長年の懸案事項に取り組まれたりする際の後押しになればと思う。

【赤大路小学校　久保　公子】

本書の発刊にあたって

富田小から四中へ異動した。「あなたみたいに，本当に各校での勤務をさせてもらえる人は，全国でもめずらしい」。そういわれて気づく。勤務するための机は校区で３つ。名札も３つ。３校ともで電話の対応もする。子どもたちにも教職員にも接する。小中一貫・研究開発推進のための３校兼務発令。「３校を回り，３校の一貫を進め，校区の課題解決を図ること」。私のミッションはひとつだった。

私のことを，「いのししみたい」という人たちがいる。誰より私のことを理解し，叱り，支え，励まし，私が信頼する人たちがそういうので，当たっているのだろう。この４年間をふり返ると，見えなくても進んでみて，見えたらもっと進んでみて，不安や憤りに震え，同じくらい喜びにも震えてきた。３校の教職員仲間とはたくさんぶつかりもした。なかなか研究が見えない中，ある校長と研究のことで論議をしていたら，悔しくて泣けてきた。それでも互いに一歩も引けなくて職員室で論議を続けた。そんな格好悪い私に，あとから仲間たちが気を遣って声をかけてくれたこともあった。また，事務局メンバーに対しても，「さっきの発言やったら逃げてるやん」。互いにぎりぎりのところで「意地」のある仕事をしているから，遠慮はなかった。信頼関係ができていくからこそ，きつい「つっこみ」をし合いながら，校区の教育の“温度をあげていく”営みを続けた。激しくて，なんとも愛おしい４年間だった。恥ずかしげもなくいうが，私には校区に仲間がいた。ずっとひとりではなかった。ひとりでは，思い込みが激しくて，視野が狭くて，弱い自分でも，「子どもたちと教職員が少しでも幸せになる研究を進める」そんな原点を忘れないよう働きかけてくれる大切な“人”が職場にも地域にもいた。

「本にまとめるべきだ」。そんなお話をいただいた。なかなか決心できなかったが，平成26（2014）年度，自分を含めた校区教職員の異動の状況をみたとき，「今逃したら，もうない」と思い発刊を決意した。この本をまとめるにあたり，徹夜会議を経ながら，あらためて自分たちの軌跡をたどった。本書をはじめから読んでいただいた方は，「いつから前進するの？」とやきもきされたのではないかと思う。それくらい，暗中模索のページが前半続くからである。不器用だったかもしれないが，これが校区がたどった道すじなのだ。

今回，私は指導主事として「いまみフェスタ2014」に立ち会った。数年をふり返りながら，子どもたちと教職員が変わっていく姿に「未来」を見た。そして思った。「子どもたちも先生も捨てたもんやない」。なかなか生きづらい社会ではあるが，「社会だって捨てたもんやない」と。この仕事は，人の生き方にかかわることがある。なんて怖くて，尊い仕事なのだろう。発刊にあたり，声を寄せてくださった協働者のメッセージも心にしみるものであった。本書をまとめながら，私は幸せであると感じている。

危なっかしい“いのしし”に走ることを許し，温めて続けてくれた校区の子どもたち，教職員仲間，地域の方，本の業務に奔走する私を黙って支えてくれた今の職場の方に心から感謝したい。最後になるが，多岐にわたりご指導いただいた研究者のみなさまに感謝したい。

私たちの軌跡が，誰かの「元気」につながることを願っている。

【山本　佐和子　富田小学校（平成20年度～23年度）第四中学校（平成24・25年度）高槻市教育委員会（平成26年度～）】

子どもたちが描く　10年後の社会
9年生の声より
**もっと人や地域と
つながりが強いまち**
～そのために，これから10年間
自分から働きかけたい～

平成 24（2012）年度第四中学校卒業生の言葉より（抜粋）

私たちは 3 年間，「いまとみらい科」とともに成長し，いまの自分とみらいの自分を見つめながらあゆんできました。最初のころは何をするにも積極的になれず，“人とのかかわりの大切さ”に気づけませんでした。しかし私は，「いまとみらい科」の活動の中で“協力することの大切さ”や“人とのかかわりの大切さ”について知り，みらいに生きる自分にとって，今の自分に何が必要なのかを実感し，みらいの自分にとって役立つさまざまな力を得ることができました。

卒業を迎えた今，「いまとみらい科」で学んだことは，すべて私たちの「いま」につながっていると実感しています。だからこそ今の 1，2 年生にも私たちのように「いまとみらい科」の活動を通していまの自分を見つめ直し，みらいの自分のために何か役に立つものを得てほしいと思います。そして，この「いまとみらい科」の活動ができることを誇りに思い，残りの中学校生活で自分がどのように成長していくのかを実感してほしいと思います。

子どもたちはまちの未来

私たちの仕事は未来をつくること
夢と希望を育むこと
人と出会い　学びと出会い
世界を広げる喜びを伝えること

自分とまわりを幸せにできる子に育ってほしい

今と未来を切り拓く子どもを育みたい

～いまとみらいにかがやく～

ゆめみらい学園

高槻市立第四中学校区

高槻市立赤大路小学校
校長　小澤　康信

高槻市立富田小学校
校長　野呂瀬　雅彦

高槻市立第四中学校
校長　沖田　厚志

■執筆者一覧【五十音順】　　※所属等は平成 26（2014）年度時点

井上　太一郎　（高槻市立第四中学校　教諭）
大垣　典子　（高槻市立第四中学校　指導教諭）
沖田　厚志　（高槻市立第四中学校　校長）
小澤　康信　（高槻市立赤大路小学校　校長）
越智　健太　（高槻市立第四中学校　教諭）
小野　忠夫　（高槻市立阿武野小学校　校長　前高槻市立富田小学校　校長）
北畠　真　（高槻市立五領中学校　教諭　前高槻市立赤大路小学校　教諭）
葛上　秀文　（鳴門教育大学　准教授）
久保　公子　（高槻市立赤大路小学校　指導教諭）
酒上　悦子　（高槻市立赤大路小学校　教諭）
辻　智子　（高槻市立第四中学校　教頭）
辻井　進　（元高槻市立赤大路小学校　校長）
中井　阿矢　（高槻市立富田小学校　教諭）
中井　貴彦　（高槻市立富田小学校　教諭）
西田　佳弘　（高槻市立赤大路小学校　教頭）
野澤　陽介　（高槻市立第四中学校　教諭）
野呂瀬　雅彦　（高槻市立富田小学校　校長）
羽倉　陽三　（高槻市立富田小学校　教諭）
服部　建　（前高槻市立赤大路小学校　校長）
馬場　彰一　（高槻市立第四中学校　首席）
濱田　知成　（高槻市立第四中学校　指導教諭）
平澤　朋子　（高槻市立赤大路小学校　教諭）
槇野　麻人　（高槻市立富田小学校　教諭）
松山　健次　（高槻市立富田小学校　教頭）
山本　佐和子　（高槻市教育委員会教育指導部教育指導課　指導主事　前高槻市立第四中学校　首席）

■本書の作成にあたってインタビュー等に直接ご協力いただいた方々【敬称略　五十音順】

今井　司　（障がい者支援施設サニースポット　施設長）
内田　三花　（花パン　店主）
岡井　寿美代　（元教育連携会議「つなぬく」メンバー）
岡本　茂　（タウンスペース WAKWAK　代表理事）
黒藪　輝之　（高槻市総務部　危機管理監　高槻太鼓演奏者）
高麗　敏之　（たかつき交通まちづくり研究会　代表）
菅原　憲一　（高槻市教育委員会教育管理部地域教育青少年課富田青少年交流センター　社会教育主事）
高取　佐智代　（前大阪府北部農と緑の総合事務所　農の普及課　副主幹）
樽井　弘三　（高槻市教育委員会教育指導部　部長）
中村　吉博　（高槻市教育委員会教育指導部教育指導課　指導主事）
濱田　真奈　（高槻市立第四中学校平成 26 年度 9 年生　前期生徒会長）
日置　孝文　（富田自治会連合　会長）
藤田　ゆかり　（教育連携会議「つなぬく」メンバー　高槻市立富田幼稚園　園長）
桝谷　綾子　（教育連携会議「つなぬく」メンバー　高槻市立富田保育所　所長）
万井　勝徳　（高槻市子ども未来部　部長代理）
皆谷　裕介　（高槻市都市創造部都市づくり推進課　職員）
森川　勇　（マスミダンススクール）
吉川　芳宏　（高槻市都市創造部住宅課　副主幹）
吉田　仁志　（教育連携会議「つなぬく」地域アドバイザー）

■監修

藤田　晃之　（筑波大学人間系　教授／前文部科学省初等中等教育局児童生徒課　生徒指導調査官〈キャリア教育担当〉）

編集会議　平成 26 年 12 月 8 日

ゼロからはじめる小中一貫キャリア教育
大阪府高槻市立第四中学校区「ゆめみらい学園」の軌跡

2015年　4月　1日　初版第1刷発行

監修者　藤　田　晃　之
編著者　高槻市立赤大路小学校　富田小学校　第四中学校
発行者　村　山　秀　夫
発行所　株式会社　実業之日本社

〒104-8233 東京都中央区京橋3-7-5 京橋スクエア
電話 03-3535-5414（編集）
03-3535-4441（販売）
http://www.j-n.co.jp/

印刷所・製本所　大日本印刷株式会社

ISBN978-4-408-41672-4（教育図書）